화이트 스페이스 전략

비즈니스 모델 혁신으로 성장의 돌파구를 만드는 법

마크 W. 존슨 지음 | PwC컨설팅 옮김

REINVENT
YOUR
BUSINESS
MODEL

21세기북스

모든 중요한 것을 몸소 실천하며 가르쳐주신

어머니 아드리아나,

사랑하는 아내 제인과 아이들

크리스티나, 마크, 캐서린, 엘라, 윌리엄에게 이 책을 바친다.

이들은 내게 무엇이 가장 중요한지를

매일 일깨워준다.

구전에서 활자로의 전환은 본질적으로 소리에서 시각적 공간으로의 전환이다. (…) 인쇄물은 텍스트를 구성하는 단어뿐 아니라 페이지에 있는 단어의 정확한 상황과 단어 사이의 공간적 관계까지 통제했기 때문에, 인쇄된 종이 위의 공간 자체, 즉 '화이트 스페이스White Space'는 모던 그리고 포스트 모던의 세계로 곧바로 연결되는 중요한 의미를 갖게 되었다.

— 월터 옹Walter Ong —

2024년 5월 오픈AI가 ChatGPT 4o를 공개한 후 한 달 뒤, 앤트로픽은 클로드 3.5 소네트를 출시했다. 클로드는 많은 성능 지표에서 ChatGPT 4o를 능가했다. 다시 한 달 뒤, 메타가 라마 3.1 405B를 공개하자 오픈소스 LLM(거대언어모델)의 성능이 상용 LLM을 앞선 것 아니냐는 평가도 나왔다. 이처럼 최근 디지털 기술의 발전 속도는 경이롭다.

이렇게 기술이 비약적으로 발전하는 시대에 기업이 간과해서는 안 될 중요한 교훈이 있다. 바로 기술 자체에 매몰되지 말아야 한다는 것이다. 기술 도입이 지속 가능한 경쟁 우위를 보장하지는 않는다는 사실을 기억해야 한다. 새로운 툴이 아무리 뛰어나도, 기업 본연의 경쟁력으로 연결되지 않는다면 그 가치는 제한적일 수밖에 없다.

2022년 PwC는 《비욘드 디지털》이라는 책에서 이를 지적하며 디지털화 자체는 목표가 될 수 없으며, 진정한 경쟁력을 확보하기 위해서는 일곱 가지 핵심 원칙을 기반으로 더 깊이 있는 변화를 추구해야 한다고 제언했다. 그 후 2년의 시간이 흐른 지금, 디지털 기술은 더욱 성숙했고, 특히 생성형 AI의 출현은 우리가 이전에 상상하지 못한 방식으로 산업 전반을 변화시키고 있다. 이 시점에 기업에 중요한 것은 단순한 기술 도입을 넘어서, 가치를 창출하고 전달하며 확보하는 방식을 근본적으로 전환하는 것이다. 이것이 바로 비즈니스 모델의 혁신이다.

디지털 기술이 급속도로 발전하는 지금이야말로, 기업이 사각지대를 인지하고 새로운 비즈니스 모델로 시장 내 입지를 강화할 수 있는 기회이다. 기술의 변화는 비즈니스 모델의 변화를 수반해야 한다. 그렇지 않으면 기술을 도입해도 단기적인 성과에 그칠 위험이 크다.

비즈니스 모델을 혁신하는 과정에서 조직 내부에서 반발과 우려가 일어나 필요한 자원이 혁신 아이디어에 배분되지 못하는 등 여러 난관에 직면할 수 있다. 하지만 이를 극복하고 비즈니스 모델 혁신을 완수한 선진기업은 새로운 성장의 발판을 마련할 수 있었고, 이는 책속의 여러 사례에서 확인할 수 있다.

이 책을 통해 국내 기업들이 비즈니스 모델 혁신의 중요성을 깨닫고, 변화의 여정에서 실질적인 도움을 얻을 수 있기를 희망한다. 나아가 글로벌 경쟁 구도하에서 새로운 기회를 발굴하고, 더욱 탄탄한 입지를 다질 수 있기를 바란다.

PwC컨설팅 대표
문홍기

혁신은 비즈니스 모델 구축에서 시작된다

10여 년 전 나는 마크 존슨Mark Jonson 그리고 SAP의 헤닝 카거만 Henning Kagermann과 함께 비즈니스 모델의 재구성 원리를 〈하버드 비즈니스 리뷰〉에 설명한 바 있다. 그로부터 몇 년 후, 마크는《혁신은 왜 경계 밖에서 이루어지는가》에서 기존 연구를 다듬고, 명확히 하고, 방대하게 확장했다. 새로운 기술이 계속해서 시장을 재편하고 있는 오늘날에도 그 내용은 더욱 의미 있는 것으로 인정받고 있다. 이 책에서 얻을 수 있는 가장 중요하면서도 가장 잘 알려지지 않은 인사이트 중 하나는 새로운 서비스와 기술만으로는 기업을 성장시킬 수 없다는 것이다. 성공과 실패의 핵심은 기술과 함께 실행되는 비즈니스 모델에 있다.

하버드 비즈니스 리뷰 프레스에서 이 책을 새롭게 개정해 재발간하게 되어 기쁘고, 이렇게 소개할 수 있어 자랑스럽다. 마크 존슨은 하버드 비즈니스 스쿨에서 나의 제자였고, 이후 컨설팅 회사인 이노사이트Innosight를 함께 시작한 공동 창립자이기도 하다. 그 후에는 나의 스승이자 파트너가 되었다. 교수로서 그러한 제자를 얻는다는 것은 가장 보람된 일이 아닐 수 없다.

비즈니스 모델 혁신에 대한 우리의 연구가 수년간 이어지면서, 그 용어 자체가 이제는 공허하고 진부한 표현이나 유행어가 되어버렸기에 때로는 이 용어를 폐기하고 싶다는 생각이 들기도 했다. 비즈니스 모델의 기본 원칙을 깊이 이해하면 경영 이론가뿐 아니라 실무자에게도 상당한 도움이 되기 때문에 안타까운 일이 아닐 수 없다. 강력한 리더는 원활한 비즈니스 모델을 구축(또는 재구축)하는 방법을 알아야 경쟁사의 도전을 막는 동시에 조직 내에서 혁신을 주도할 수 있다.

본질적으로 비즈니스 모델은 다음 네 가지 요소로 구성된다.

1. **가치 제안** 고객에게 필요한 과업을 고객이 수용할 수 있는 가격으로 수행하는 제품 또는 서비스.
2. **자원** 제품이나 서비스를 개발하고 제공하는 데 필요한 인력, 기술, 시설, 장비, 자금, 브랜딩, 원자재 등.
3. **프로세스** 조직 구성원이 반복 가능, 확장 가능, 지속 가능한 방식으로 제품을 생산 및 공급하기 위해 수립한 방법.
4. **수익 공식** 기업과 주주를 위해 기업이 가치를 창출하는 방식. 매

출 모델(가격별 판매량에 따른 수익의 규모), 비용 구조(직접·간접 비용, 규모의 경제), 단위 마진 목표(수익성을 위해 필요한 거래당 마진), 자원 속도(리드타임, 처리량, 재고 회전율 등 수익성 달성을 위해 필요한 자원 사용 속도) 등.

위 네 가지 요소 각각에 다이얼이 달려 있다고 생각해보자. 각 요소의 다이얼이 모두 제대로 설정되면 고객과 기업 모두 필요한 것을 얻을 수 있다. 그러나 기업이 첫 수주 제품을 설계, 제작, 배송하는 시점부터 천만 번째 제품을 배송하는 시점까지 다이얼의 설정은 수차례 변경될 것이다.

이러한 다이얼은 거의 독립적으로 변경되지 않는다. 한 다이얼의 설정이 다른 다이얼과 충돌하면 다른 다이얼의 설정도 변경해야 하기 때문이다. '변화', 특히 파괴적인 변화가 어려운 이유도 바로 여기에 있다. 가치 제안이 혁신적일수록, 기존 비즈니스에 적용했던 자원, 프로세스, 수익 공식과 양립하기 어렵다. 구체적으로 말하자면, 새롭고 다른 방식은 별도로 떼어내서, 심지어 기존의 검증된 방식으로부터 보호해야 한다는 뜻이다. 마크가 말했듯이, "새로운 분야에서 새로운 게임을 하려면 새로운 게임 플랜이 필요하다."

마크는 브레인스토밍과 초기 계획 수립부터 실행, 가속화, 확장까지 논리적인 단계로 이어지는 구조적이고 반복 가능한 프로세스를 제시함으로써, 비즈니스 모델 혁신의 구조를 명확히 밝히고 있다. 또한 이를 구체적으로 이해할 수 있도록 실제 사례를 공유한다. 명석한 사고력과 뛰어난 설명력을 갖춘 그는 이 책을 통해 화이트 스페이스의 가장 큰 기회를 선점하는 데 필요한 인사이트와 도구를 새 시대의 혁신가들에게 제시한다.

하버드 경영대학원 석좌교수
클레이튼 M. 크리스텐슨

경영은 비즈니스 모델을 발견하는 예술이자 과학

이 책이 처음 출간된 것은 8년 전이었다(지금과 약간 다른 《혁신은 왜 경계 밖에서 이루어지는가: 성장과 쇄신을 위한 비즈니스 모델 혁신》이라는 제목이었다). 그 이후로 경영계에는 많은 변화가 있었다. 세계 최대의 영화 대여업체인 블록버스터는 2010년 파산 신청을 했고, 넷플릭스가 펼친 파괴적인 비즈니스 모델의 희생양이 되어 2013년에 나머지 매장까지 모두 철수했다. A&P 슈퍼마켓(〈월스트리트 저널〉이 한때 '월마트 이전의 월마트'로 평가)은 창립 156주년 직후인 2015년에 문을 닫았다. 슈퍼마켓의 전통적인 비즈니스 모델을 획기적으로 바꾼 홀푸드마켓은 지난 20년 동안 소매업계 전체를 뒤흔든 아마존에 2017년 6월 인수되었다.

림RIM(리서치인모션)의 블랙베리는 거대 테크 기업인 구글의 안드로이드 시스템, 아이폰과의 경쟁에서 밀려 다시는 회복할 수 없는 쇠

락의 소용돌이에 빠졌다. 2014년 핀란드의 테크 기업 노키아는 한때 세계를 주름잡았던 휴대폰 사업부를 마이크로소프트에 매각했다. 적자를 견디지 못한 마이크로소프트는 2년 만에 노키아를 폭스콘에 넘기면서, 적어도 90억 달러의 손실을 입었다. 2015년, 구글은 알파벳('알파에 베팅한다')이라는 새로운 지주회사 산하에 조직을 재편하면서, 공동 창업자 래리 페이지의 표현에 의하면 '새로운 것을 시작하는 사업'에 큰 베팅을 하겠다는 의지를 다졌다. 구글의 '새로운 것' 중 안드로이드 운영체제 등 일부는 성공을 거둔 반면, 일부는 실패작(구글 글래스 등)이었다. 창조적 파괴의 바람은 끊임없이 불고 있다.

10년 가까운 세월 동안 비즈니스 모델 혁신의 예술과 과학이 여전히 얼마나 중요한지 그리고 이 책이 주는 시사점이 얼마나 유효하고 중요한지 거듭 확인할 수 있어서 무척이나 기쁘고도 뿌듯했다. 초판에서 강조했던 바, 디지털 트랜스포메이션과 비즈니스 모델 혁신이 반드시 같지는 않다는 사실은 계속해서 확인되고 있다.

요즘은 누구나 디지털 트랜스포메이션에 대해 이야기하고 있고, 이제는 일종의 캐치프레이즈가 된 것이 사실이다. 하지만 기존 비즈니스에 디지털 요소를 추가하는 것만으로는 근본적인 혁신이 일어나지 않는다. 새로운 기술은 비즈니스 모델에 혁신을 일으킬 수 있지만, 기술은 목적이 아니라 수단일 뿐이다. 나중에 다시 설명하겠지만 밀레니엄 초기에는 멋진 디자인에 모든 기능을 갖춘 MP3 플레이어를 얼마든지 살 수 있었다. 하지만 CD 판매에 타격을 주지는 못했다. 본격적으로 음악 시장을 바꿔놓은 것은 아이팟의 등장이 아니라 애플의 새로운 비즈니스 모델이었다. 마찬가지로 1990년대에 많은 이북 리더기가 시장에 출시되었지만, 그저 참신한 제품일 뿐이었다. 2007년 킨들이 등장해 독자가 한 번의 클릭으로 아마존의 방대한 콘텐츠를 검색하고 개인 기기에서 읽을 수 있도록 하는 비즈니스 모델을 도입하면서, 이북은 독보적인 입지를 차지하게 되었다.

냉장고에 내용물의 재고를 파악할 수 있는 기능을 추가하거나, 손목시계에 착용자의 혈압을 모니터링할 수 있는 기능을 추가한다고 해서, 소비자가 줄을 서서 제품을 구매할 것이라고 장담할 수는 없다. 새로운 기술을 적용하고 제품 포장에 '새로운, 업그레이드된'이라는 문구를 넣는다고 해서, 소비자에게 정말 필요한 기능을 갖춘 경쟁사의 더 저렴하고 우수한 신제품보다 성공할 것이라고는 확신할 수 없다.

최적의 제품이나 서비스를 최적의 방식으로 필요한 고객에게 제공하는 매력적인 고객 가치 제안, 강력한 수익 공식, 핵심 프로세스와 자원이 없다면, 아무리 대단한 신기술이라도 시장에서 주목받지 못할 수 있다. 하지만 새로운 비즈니스 모델을 도입하면 완전히 성숙 단계에 있는 제품도 또 다른 극적인 성장을 이룰 수 있다. 택시 업계를 생각해보라. 소규모 스타트업들이 스마트폰 앱으로 고객이 택시를 호출하고 결제할 수 있게 함으로써 운송 업계의 판도를 바꿨다.

우버는 2011년 샌프란시스코에서 서비스를 시작한 이후, 현재 66개 국 507개 도시에 진출해 있다. 리프트도 1년 후 샌프란시스코에서 출시되어 현재 300개 이상의 도시에서 운영되고 있다.

하지만 가장 중요한 사실은 따로 있다. 혁신은 우버와 같은 스타트업의 전유물이 아니라는 점이다. 세상을 바꾸는 제품과 서비스를 구상하고 구현하여 테스트 후 출시하는 일은 기존의 대기업도 스타트업 못지않게, 아니 어쩌면 더 잘할 수 있다. 쉬운 일은 아니다. 새로운 기회가 있는 미지의 화이트 스페이스를 찾아 도전하려면 진정한 용기가 필요하다. 아무리 예리한 안목을 가진 리더라고 해도 사각지대는 존재하며, 아무리 선견지명이 있고 신중한 사람이라도 오류를 범하고 실수할 수 있다. 이 책에서 소개하는 도구와 방법이 가장 유망한 기회를 포착하고 강력한 확신을 갖고 이를 인큐베이팅하고 활용하는 데 도움이 될 것이라고 믿는다. 하지만 그 과정에는 리스크가 따를 것이다.

출판사로부터 개정판을 준비해달라는 요청을 받고, 저자로서 당연히 감사한 마음이 들었다. 경영 사상가로서 10년 전에 썼던 과감할 만큼 새로운 아이디어를 다시 살펴보면서 비즈니스 모델 가운데 어떤 것이 성공했고 어떤 것이 실패했는지, 그 이유는 무엇인지 살펴볼수 있는 기회이기에 더욱 반가웠다. 예를 들어, 샤이 아가시Shai Agassi의 '베터 플레이스Better Place' 이니셔티브initiative(문제 해결을 위한 새로운 사업 구상-옮긴이)는 전기차를 위한 기발한 아이디어와 정교한 시스템을 갖췄지만 자동차 산업에 혁명을 일으키지도, 세상을 더 친환경적으로 만들지도 못하고 2013년에 문을 닫았다. 무엇이 문제였을까? 이 책에서는 네 가지 비즈니스 모델 프레임워크를 통해 해답을 제시해보고자 한다. 물론 성공 사례도 있다. 힐티Hilti는 리히텐슈타인에 본사를 둔 공구 제조사로, 공구를 판매하던 방식에서 대여 방식으로 전환하는 독창적인 비즈니스 모델을 완벽하게 구상하고 실행한 결과, 두 자릿수 성장을 달성하고 유지할 수 있었다. 다우코닝Dow Corning의 지아미터Xiameter는 고객이 실리콘을 대량으로 주문할 수 있는 저비용, 로터치low-touch(고객과의 직접적인 상호작용을 최소화하는 방식-옮긴이) 서비스 모델로 큰 성공을 거두었다. 이번 개정판에서는 이러한 내용과 다양한 사례 연구를 업데이트하고, 경우에 따라 사후 분석도 제시했다. 새로 추가된 6장에서는 2010년 이후 수행되어 성공을 거둔 다양한 디지털 트랜스포메이션을 살펴본다. 물론 초판의 오류 수정에도 최대한의 노력을 기울였다.

무엇보다 중요한 것은, 이 책을 통해 브레인스토밍부터 고객 가치 제안, 수익 공식의 청사진 수립, 새로운 이니셔티브의 인큐베이션, 출시, 확장에 이르기까지 비즈니스 모델 혁신을 체계적·반복적으로 수행하는 법을 단계별로 확인할 수 있다는 점이다. 이 책에서 가장 중요한 핵심을 꼽으라면 '최고의 경영은 기존의 비즈니스 모델을 실행하는 것을 넘어서, 지속적인 성장과 영속성을 확보할 수 있는 혁신적

이고 새로운 비즈니스 모델을 모색하고 발견하는 예술이자 과학'이
라는 점이다.

이 책을 즐겁게 읽고, 무엇보다 그 내용을 잘 활용할 수 있기를 바
란다.

차례

1부   성장과 변화 없이는 생존할 수 없다

차례

차례

1부
성장과 변화 없이는
생존할 수 없다

01 화이트 스페이스와 비즈니스 모델 혁신

> **전진하지 않는 자는 후퇴한다.**
> 괴테

    2006년 1월 어느 화창한 아침, 캘리포니아 팜데일의 황량한 활주로를 지나다가 우연히 창밖을 내다봤다면, 특이한 것이 눈에 들어왔을 것이다. 비행 준비 중인 대형 경량 비행선이었다.[1] 흔히 보던 모습과는 영 달랐다. 푹신한 핫도그 세 개를 묶어 네 개의 쿠션 위에 올려놓은 듯했고 양 측면과 후미에 커다란 프로펠러가 달려 있었다. 오스카 마이어 위너모빌Oscar Mayer Wienermobile의 비행기 버전이라고 할 법했다(유명 육가공업체인 오스카 마이어는 핫도그 모양의 홍보차량인 위너모빌을 운영했다-옮긴이).

이 기이한 비행선이 짧은 활주로에서 튕기고 부딪히며 이륙해 약 400피트까지 올라가는 광경은 길가에 차를 세우고 지켜볼 만큼 놀라웠을 것이다. 프로펠러가 작동하자 비행체는 활주로를 따라 완만하게 미끄러지다가 활주로와 평행하게 순항했다. 그러고는 반대쪽 끝에서

그림1 │ 록히드 마틴 P-791 하이브리드 비행선

사진: Bob Driver, Gerhard Plomitzer

다시 부드럽게 비스듬히 날아 착륙을 위해 기수부터 수평을 이룬 후 공기부양정처럼 생긴 네 개의 패드로 살며시 착륙했다.

팜데일은 로스앤젤레스 북동쪽의 고지대 사막으로, 전형적인 준교외 지역이다. 항공우주 대기업 록히드 마틴의 유명한 R&D 부서 스컹크웍스Skunk Works가 이 활주로를 시험 비행장으로 자주 사용한다는 것은 지역 주민도 잘 아는 사실이다. 이날 처녀비행에 나선 록히드 마틴 P-791은 하이브리드 비행선의 1/2 크기의 프로토타입으로, 가스로 채워진 동체의 기체역학적 부력과 날개 구조의 기체역학적 양력 그리고 전방 추진력을 결합해 비행을 완수하도록 설계되었다.

이 하이브리드 비행선은 겉보기에는 투박해 보이지만 매우 중요한 두 가지 기능을 갖추고 있다. 첫째, 비교적 좁고 아무런 설비가 없는 공간에서도 이착륙이 가능하다. 지상 위로 뜨기 때문에 활주로가 필요 없고 평평한 착륙면이 없어도 된다. 둘째, 헬리콥터 등 단거리 이착륙 항공기보다 훨씬 더 많은 화물을 실을 수 있다.[2]

비행 성공 소식이 알려지면서 아직 제작이 결정되지도 않았는데 수많은 잠재 고객이 록히드 마틴에 문의를 했다. 경영진은 실험적인 이 비행선이 강력한 신규 성장동력이 될 수 있음을 발견했다. 예를 들어, 광물 회사가 오지에서 귀중한 광물을 채굴하기 위해 중장비를 현장까지 운반하는 데는 상당한 비용이 든다. 하지만 하이브리드 비행선을 이용하면 기계를 손쉽게 띄워 운반할 수 있다. 도로 인프라가 열악해 트럭 운송이 어려운 인도 같은 나라에서는 하이브리드 비행선을 이용해 기존에는 접근하기 어려웠던 지역으로 대량의 제품을 운송할 수 있다.

하지만 이 책의 초판이 출간된 2010년, 구매를 원하는 기업이 문의를 한 지 4년이 지났는데도 록히드 마틴의 하이브리드 비행선은 엄청난 가능성에도 불구하고 아직 상용화되지 못했다. 이유가 무엇일까? 유명한 F-117 나이트호크 스텔스 전투기, F-16 파이팅 팰콘, F-35 라이트닝 II 합동 타격 전투기 등을 납품한 록히드 마틴으로서는 당연히 대박을 터트렸어야 했다. 기술적 난관이 문제였을까? 아니면, 투자금 확보가 문제였을까? 문제는 록히드 마틴 자체였던 듯하다.

화이트 스페이스를 선점하라

그동안 수많은 기업이 새로운 사업 기회가 기존 사업과 맞지 않는다고 판단해 고민만 하거나, 제대로 활용하지 못하거나, 놓쳐버렸다. 잘 알려진 바와 같이 제록스의 팔로알토 연구센터PARC는 애플, 어도비, 쓰리콤3Com을 성공으로 이끈 기술을 이미 보유하고 있었다. 그런데 제록스는 왜 이러한 기술을 활용하지 못했을까? 더 확장해서 생각해보면, 위대한 기업이 혁신적 기회를 수용하지 못하는 근본적인 원인은 무엇일까?

이 질문에 앞서 먼저 기업이 새로운 성장을 위해 시간과 자원을 주로 어디에 어떻게 사용하는지를 살펴볼 필요가 있다. 가장 기본적으로 기업은 가치를 제공하고 보상을 얻기 위해 존재한다. 제대로 작동하는 모든 기업에는 '운영'이라는 고유한 영역이 있는데 이는 고객에게 가치를 제공하고 그 대가로 수익을 창출하기 위해 수행하는 활동을 말한다. 설립 초기의 '운영'은 논리적 경계가 없는 잉크 얼룩처럼 저항이 가장 적은 경로를 따라 유동적으로 움직인다. 조직이 성숙해지면서 운영은 더 구체화되고 경계는 명확해진다. 기업의 노력과 역량은 핵심 영역에 집중된다.

성공적인 기업은 매우 효과적으로 핵심 영역을 강화해간다. 자원확보, 기존 제품 개선, 신제품 개발, 시장 확대, 프로세스 개선을 통한 효율성 증진 등은 모두 핵심 활동을 통해 가치창출을 극대화하는 방법이다. 또한 적절한 실행을 보장하고 규율을 확립하며 조직 전체에 통제력을 발휘하는 핵심 사업 규칙과 지표를 지속적으로 개발하고 개선한다. 명시적이든 암묵적이든, 기업은 고객에게 이익을 주고 가치를 제공하는 방식을 정의하는 비즈니스 모델에 따라 운영된다. 비즈니스 모델은 고도로 발달된 유기체처럼 경쟁 우위를 보여주고, 핵심 자원과 프로세스를 개선하고, 취약점을 제거하면서 기업의 니즈에 완벽하게 부합할 때까지 진화한다.

하지만 완전히 새로운 고객, 또는 기존 고객에게 전혀 새로운 방식으로 가치를 제공할 수 있는 기회가 기업의 핵심 사업 외부에 있다면 어떻게 해야 할까? 새로운 시장을 창출하거나 기존 시장을 크게 혁신할 수 있는 기회가 생긴다면? 하이브리드 비행선과 같은 도전적인 새로운 성장 기회가 나타난다면?

　이러한 기회는 기존의 핵심 사업 기회와는 매우 달라 보여도, 상당수는 기업의 기존 비즈니스 모델에 잘 부합하기 때문에 인접 영역 adjacencies 이라고 한다. 그러나 어떤 기회는 새로운 수익 공식, 새로운 자원·프로세스·전문성, 새로운 활동 관리·통제 방식 등을 도입해 운영 방식을 근본적으로 바꿀 것을 요구하기도 한다. 시장에서 새로운 가치를 창출하려면 기존 비즈니스 모델의 요소를 재검토할 필요가 있는 이러한 기회가 바로 그 기업의 화이트 스페이스에 해당한다.

　경영학에서 '화이트 스페이스'는 미지의 영역이나 소외된 시장을 뜻하는 용어로 사용되어왔다. 하지만 나는 이를 현재 비즈니스 모델

표 1 　화이트 스페이스의 정의

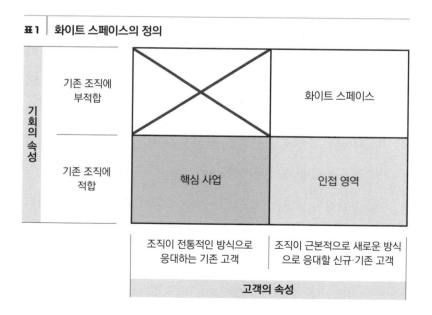

32

에서 정의하거나 다루지 않고 있는 잠재적 활동, 즉 핵심 영역 외부와 인접 영역 너머에 존재하며, 그것을 활용하려면 새로운 비즈니스 모델이 필요한 경우를 지칭하는 용어로 사용하고자 한다. 화이트 스페이스는 주관적이므로 한 기업의 화이트 스페이스가 다른 기업에는 핵심 영역일 수 있다. 중요한 것은 화이트 스페이스는 기업의 일반적인 업무 방식에서 벗어난 활동을 필요로 하며, 고유한 도전 과제를 제시한다는 점이다. 상대적으로 많은 부분이 가정에 기반하고 정보가 별로 없다는 점에서 기업의 핵심 영역과 그 특징이 정반대이다.

화이트 스페이스를 선점하면 매력적인 기회를 얻을 수 있다. 제대로 해낸다면 리더가 원하는 혁신적인 성장을 이룰 수 있다. 물론 화이트 스페이스를 공략하는 것은 위험하게 느껴지고, 지표상으로도 합리적이지 않은 듯 보일 수 있다. 시장이 너무 생소하거나 기존의 핵심 역량이 적용되지 않는 것처럼 느껴질 수도 있다. 한 번 실패한 경험이 있는 경영진이라면 또 다른 실패 위험을 감수하고 싶지 않을 것이다.

록히드 마틴의 화이트 스페이스

록히드 마틴의 관점에서 하이브리드 비행선의 상업화는 저 멀리 화이트 스페이스에 놓여 있었다. 그들의 핵심 사업은 수십억 달러 규모의 전투기, 미사일, 우주 위성, 특수 통합 시스템 작업 등으로 상대적으로 규모가 작고 마진은 높은 분야이다. 록히드(1995년 마틴 마리

에타Martin Marietta와 합병 후 록히드 마틴으로 사명 변경)는 20세기 전반 해군 함정과 기체 제조사로 출발했으며, 정부 조달 시스템을 통해 정부 기관을 대상으로 사업을 운영해왔다. 이 회사는 상당히 복잡한 솔루션을 매우 체계적인 방식으로 소수의 고객에게 제공하는 데 탁월한 강점을 가지고 있다. 록히드 마틴의 모든 제품은 주문 제작이며, 시스템 개발, 안전성 테스트, 항공기 조립에 이르는 모든 공정을 구체적인 요구 사항 또는 사양에 따라 수행하고 비용을 청구한다. 이러한 극단적인 구조는 마진이 사전에 구체적으로 정해져 있음을 의미한다. 게다가 방위산업의 복잡한 조달 프로세스는 신규 진입을 막는 실질적인 진입장벽 역할을 한다. 그 결과 록히드 마틴은 비교적 안전한 틈새시장을 점유하고 있어, 새로운 영역에 진출해야 할 유인이 거의 없었다. 록히드 마틴의 모든 사업은 항공(군용 항공기), 전자 시스템(군용 전자·시스템 통합), 정보 시스템 및 글로벌 서비스(미국 연방 IT 서비스), 우주 시스템 등 4대 전문 사업부에 맞춰져 있기 때문에, 지금까지는 한 우물을 파는 것이 성공의 공식이었다. 오늘날 스컹크웍스라고 불리는 첨단 개발 프로그램은 항공사업부 산하에 있다.

하이브리드 비행선은 록히드 마틴에 있어 완전히 새롭고 불확실성이 훨씬 높은 시장이다. 록히드 마틴은 자사 제품의 잠재적 시장을 정확히 예측하는 데는 능숙하지만, 하이브리드 비행선과 같은 제품은 과거 제작 사례가 없기 때문에 기존의 지표나 시장조사로는 성공 여부를 예측할 수 없다. 잠재적 시장 규모가 크다고 추정만 되는 제품에 막대한 투자를 하는 것은 비합리적으로 보이며, 특히 정부의 계약 보증 없이 록히드 마틴이 모든 위험을 감수해야 할 수도 있다. 일부 유형의 불확실성에는 익숙하지만, 록히드 마틴에는 미지의 시장에 대한 불확실성을 줄이기 위한 프로세스가 없다.

아이러니하게도 얼마나 큰 기회인지를 보여주는 바로 그 요인이 록히드 마틴의 입장에서는 우려의 대상이다. P-791에 관심을 보였던 다양한 고객에게 제품을 판매하기 위해서는 상업화를 위한 영업 인력과 유통 채널, 다양한 산업(광업, 자동차, 해운 등)에 대한 지식과 전문성, 여러 시장에 진출하기 위한 다양한 마케팅 기술 등 폭넓은 역량을 새로 개발해야 한다. 민간 고객은 신경 써야 하는 부분이 제각각 다르고, 산업마다 필요한 솔루션이 조금씩 다르다. 군용 제품은 기준이 명확하고 정해진 사양이 있지만, 이제는 이와 다른 맞춤형 제품을 설계해야 하는 것이다. 마지막으로, 민간 사업은 재무 관리 방식도 완전히 다르고, 록히드 마틴의 기존 사업에 적용되는 정부 회계 기준, 이익률, 현금 흐름과 공통점이 거의 없다.

2006년 어느 화창한 날, 팜데일의 격납고에서 P-791이 이륙한 순간, 록히드 마틴은 이러한 고민에 직면했다. 모두 중요하고 타당한 내용이었다. 활주로에서 느릿느릿 움직이던 비행선이 오스카 마이어 같은 몸체로 하늘을 향해 가볍게 날아오른 그 순간, 비행선은 록히드 마틴에는 엄청난 도전의 영역인 화이트 스페이스로 진입한 셈이었다.

지속적인 성장의 필수 요건

노엄 어거스틴Norm Augustine 전 록히드 마틴 회장 겸 CEO는 "방위 산업의 다각화 수준은 완벽하다"라고 농담 삼아 말한 적이 있다.[3] 하이브리드 비행선은 혁신적인 성장을 이룰 수 있는 엄청난 기회임이 분명하지만, 록히드 마틴의 핵심 사업 영역에서 상당히 벗어난 것도 사실이었다. 당신이 록히드 마틴의 책임자라면 어떻게 할 것인가? 기존 고객에게만 계속 집중할 것인가? 아니면 많은 기업이 실패한 사업이라 할지라도 위험을 감수하고 도전할 것인가?

이는 어떤 CEO도 결정하기 힘든, 쉽지 않은 선택이다. 이번 개정판을 준비하면서 확인한 결과, 록히드 마틴은 결국 그 도약을 이뤄냈다. P-791이 시험 비행에 성공한 지 8년 만인 2014년, 록히드 마틴은 애틀랜타의 하이브리드 엔터프라이즈Hybrid Enterprises와 하이브리드 비행선의 독점 리셀러 및 AS 사업 계약을 체결했다. 즉 항공우주 대기업인 록히드 마틴의 기존 핵심 사업부에 없던 영업, 마케팅, 유통, 커스터마이징 서비스를 시작하기로 한 것이다. 하이브리드 엔터프라이즈는 2018년 첫 납품을 목표로 2015년부터 수주를 시작했다.

화이트 스페이스를 거부하는 것은 거기에 있는 모든 새로운 기회를 외면하겠다는 뜻과 같다. 즉 경쟁자, 파괴자, 산업 불연속성 등에 대응하기 위해 강력한 방식으로 기존 시장을 혁신하거나 새로운 시장을 창출하거나 강력한 방식으로 판도를 바꿀 수 있는 모든 기회를 놓치는 것이다. 화이트 스페이스에 뛰어들지 않겠다고 결정하면 핵심 역량과 인접 영역만으로 조직의 성장 동력을 끝없이 확보해야 하는 상황에 처하고 만다.

실행만으로도 지속적인 성공을 거둘 수 있는 때가 있었지만, 이제 그런 시대는 끝난 지 오래다. 2008년 금융위기 수준의 경제 불황에도 불구하고 경영진은 이해관계자로부터 위험에 대비하며 현재의 난관을 극복하는 동시에 미래를 위한 성장 계획을 수립해야 한다는 요구를 받고 있다. 제품과 시스템이 아직 비교적 초기 단계에 있는 신생 기업, 이제 막 혁신적인 도약을 이룬 성숙 기업은 일정 기간 동안은 핵심 역량을 통해 성장을 이룰 수 있다. 그다음에는 인접 시장으로 진출해서 신규 제품 및 서비스를 개발해 재무 목표를 달성하고, 입증된 성공 방식을 개선하며, 기존 서비스를 강화하고, 심지어 새로운 고객까지 발굴 및 확보해갈 수 있다. 새로운 시장 확대 속도가 둔화되는 시점에는 프로세스 혁신을 통해 상당한 효율성 개선과 지속적인 성장을 이뤄낼 수 있다.

그러나 기존 제품 라인이 완전히 성숙하고, 프로세스 혁신이 효율 한계에 도달하고, 신제품 개발이 둔화되는 시기가 온다. 그때 기업은 성장 격차, 즉 기존 사업 및 구상 중인 인접 영역에서 달성 가능한 성장과 성장 목표 사이의 격차에 직면하게 된다.[4] 범용화, 기술 혁신의 중단, 파괴적 위협, 정부 정책이나 사회의 기대 변화, 경쟁 심화 등은 성장 격차를 심화시켜 핵심 사업의 성장 여력을 크게 약화하는 시장 여건을 조성할 수 있다.

성장 격차가 새로운 개념은 아니지만, 지금 그 어느 때보다 많은 기업에서 성장 격차가 확대되고 있다. 그동안 이를 해결하기 위한 다양한 비즈니스 트렌드와 경영 이론이 등장했다. 1960년대에는 많은 기업이 성장 동력을 확보하기 위해 유사 규모의 저평가 기업을 인수하는 전략을 펼쳤다. 인수합병은 폭넓은 다각화라는 장점이 있었지만, 인수 전과 비교해 대개 성장 속도는 개선되지 않았고 오히려 둔화된 기업도 있었다. 이러한 시도는 회계적인 방편에 불과했고, 1960년대 말 금리가 상승하자 대부분의 대기업에 거품이 끼었다는 사실이 확인되었다. 제너럴 일렉트릭, 유나이티드 테크놀로지스, 버크셔 해서웨이Berkshire Hathaway 등의 예외를 제외하면 대부분의 대기

그림 2 │ 성장 격차의 정의

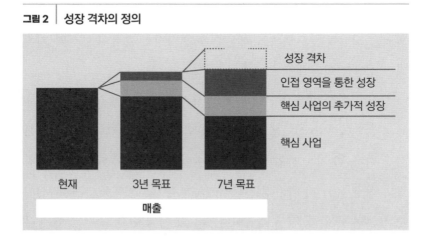

성장 격차
인접 영역을 통한 성장
핵심 사업의 추가적 성장
핵심 사업

현재　　3년 목표　　7년 목표

매출

업은 가치가 하락했다. 1970년대 중반에 이르러서는 대부분 해체되거나 규모가 크게 축소되었다.

1970년대 말과 1980년대 초, 성장을 추구하는 기업은 핵심 사업을 발판으로 확장하면서 특정 분야에 집중했다. 인수 기준은 핵심 사업을 얼마나 잘 보완하는지였다. 핵심 사업의 성장이 신규 성장에 대한 부담을 해소하기에 불충분하다고 판단되면, 사고를 좀 더 확장해 인접 영역을 통한 성장을 추구했다.[5]

핵심·인접 사업을 통한 성장 전략은 견고하고 체계적으로 통합된 비즈니스를 구축하는 데는 성공적이지만, 그만큼 화이트 스페이스에 대해서는 처음부터 실패를 가정하며 포기한다. 이제 대부분의 기업은 그러한 전략적 신중함을 선택할 여유가 없다. 기업에 성장보다 더 근본적으로 필요한 것은 혁신이다. 진화하면서 새로운 차원의 가치를 창출해야 한다. 안락한 핵심 사업에서 벗어나 화이트 스페이스에서 기회를 모색해야 한다는 의미다.

화이트 스페이스를 확보하려면 새로운 기술, 새로운 경쟁력, 새로운 수익 창출 방법이 요구된다. 이를 위해서는 비즈니스의 틀 자체를 혁신하거나 재구성하는, 비즈니스 모델 혁신 프로세스가 필요하다.

아이팟의 진정한 성공 이유

비즈니스 모델 혁신의 장점을 (아마도 의도치 않게) 누렸던 기업 중

하나가 바로 애플이다. 한때 PC 시장의 강자였던 애플은 1990년대에 시장 점유율이 20%에서 3% 밑으로 떨어졌다.[6] 수년간 고전한 끝에 마침내 틈새시장에 자리 잡은 후, 공동 창업자 스티브 잡스는 사업의 황무지에서 돌아와 애플을 바로잡겠다고 선언했다.

잡스는 침몰하는 배를 구하기 위해, 많은 기업이 택한 혁신 전략을 도입했다. 아이맥(유행을 주도하는 제품 디자인에 모니터와 프로세서를 통합)과 저가형 노트북 아이북을 신속하게 출시했다. 또한 마이크로소프트, 어도비 등의 공급업체가 애플용 소프트웨어를 계속 개발하게 했다. 신제품은 모두 엄청난 히트를 기록했지만, 출혈을 막는 데 그쳤다. 그다음의 상황은 아마 다들 아는 얘기라고 생각할 것이다. 2001년, 애플은 세계 최초의 디지털 음악 플레이어 아이팟을 출시해 엔터테인먼트 소비 방식에 혁명을 일으키며 폭발적인 성장 가도에 올랐고, 잡스와 그의 팀이 성공적인 제품 개발로 업계의 판도를 바꾸었다는 이야기 말이다.

하지만 이는 사실과 다르다. 디지털 음악 플레이어를 최초로 시장에 내놓은 것은 애플이 아니라, 1998년 최초의 MP3 플레이어 '리오Rio'를 출시한 다이아몬드 미디어Diamond Media다. 베스트 데이터Best Data라는 또 다른 기업은 2000년 MP3 플레이어인 '카보 64Cabo64'를 출시했다.[7] 그렇다면 애플의 아이팟이 음악계에 혁명을 일으킨 이유는 무엇일까? 애플의 제품이 더 우수해서? 디자인이 더 세련되어서? 물론 그러한 부분도 분명히 소비자에게 영향을 미쳤지만, 다이아

몬드 미디어와 베스트 데이터의 제품도 충분히 기능적이고 휴대성이 뛰어나며 스타일이 훌륭했다. 사실 오리지널 아이팟은 리오의 다이 얼형 디자인과 매우 유사했다.

애플은 좋은 기술을 멋진 디자인으로 포장하는 것보다 훨씬 스마트한 전략을 구사했다. 훌륭한 비즈니스 모델로 포장한 것이다. 음악을 쉽고 편리하게 다운로드할 수 있게 하면 고가의 플레이어에 대한 수요를 늘릴 수 있다는 점을 간파한 것이 신의 한 수였다. 출시 18개월 후, 애플은 하드웨어, 소프트웨어, 디지털 음악을 사용자 친화적인 하나의 패키지로 묶은 아이튠즈 스토어를 출시했다. 이는 가장 위대한 비즈니스 모델 혁신 사례를 떠올리게 한다. 킹 질레트King Gillette는 면도기 손잡이(내구성이 있는 제품)를 무료로 제공해 고마진 소모품인 안전 면도날의 구매를 유도하는 혁신적인 전략을 택했다. 애플은 질레트의 모델을 기반으로, '면도날'(마진이 좋은 대용량 아이튠즈 음악)을 그 어느 때보다 쉽게 이용할 수 있도록 하는 동시에, 마진이 높은 '면도날 손잡이'(아이팟 자체) 구매에 소비자를 락인lock in시켜 높은 수익을 창출했다.[8]

이러한 비즈니스 모델은 가치를 정의하는 방식이 과거와는 완전히 달랐다. 이 모델이 성공하면서 애플은 활력을 얻고 실제로 트랜스포메이션할 수 있었다. 불과 3년 만에 아이팟-아이튠즈 결합 제품은 100억 달러 규모의 제품으로 성장하여 회사 매출의 거의 절반을 차지하게 되었다. 애플의 시가총액은 2002 회계연도 말 54억 달러에 불과했으나, 아이팟-아이튠즈의 성장기였던 2007년 말에는 1,330억 달러로 급등했다.[9] 이러한 디지털 플랫폼은 새롭게 탄생한 애플 브랜드의 바탕이 되었다. 애플은 더 이상 빠르게 범용화되는 PC 하드웨어 시장의 수많은 경쟁자 중 하나가 아니었다. 당시 새롭게 등장한 라이프스타일 미디어 분야의 선두주자가 된 것이다. 이 비즈니스 모델은 나중에 애플이 비디오 콘텐츠와 컨버전스 미디어 분야로 진출하여 더욱 성장할 수 있는 발판이 되었다.

아이팟-아이튠즈의 결합은 하드웨어-소프트웨어 시스템 통합에 대한 애플의 핵심 역량을 위험부담이 적은 방식으로 확장한 것이라는 점에서, 애플이 선택할 수 있는 당연한 전략이라 생각하기 쉽다.

그림 3 | 아이팟·아이튠즈가 애플의 성장에 끼친 영향

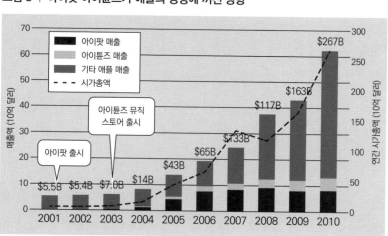

참고: 시가총액 수치는 애플의 회계연도 말 기준이다.
출처: Apple 10k 2003-2010; ycharts.com; Innosight analysis.

하지만 이러한 혁신은 실제로는 비즈니스 모델의 재창조, 즉 진정한 의미의 화이트 스페이스로의 도전을 의미했다. 애플은 원래 컴퓨터 제조사였다. 음악과 미디어 분야에 대한 경험은 부족했고, 대중의 머릿속에 애플이 엔터테인먼트 기술 기업이라는 인식은 없었다. 한편, 1980년대 초부터 휴대용 음악기기 시장은 소니 워크맨 라인이 장악하고 있었다.[10] 사실 음악 업계는 CD 시장의 잠식을 우려해 MP3 기술을 무척이나 미심쩍어하고 있었다. 적대적인 시장에 진출해서, 그것도 실적이 거의 없는 기업이 전혀 검증되지 않은 기술을 출시한다는 건 리스크가 상당한 일이었다. 제품만큼이나 비즈니스 모델 혁신에 창의적인 노력을 기울이지 않았다면 애플은 성공을 거두지 못했을 것이다.

비즈니스 모델 혁신으로 화이트 스페이스를 확보하라

비즈니스 모델 혁신은 수십억 달러의 가치를 재분배하며 모든 산업계에 변화를 가져왔다. 소매업 분야에서는 혁신적인 비즈니스 모델로 시장에 진입한 타겟, 월마트, 아마존 등의 기업이 2016년 업계 전체 시가총액의 93%를 차지하며 전통적인 경쟁사로부터 3,000억 달러 이상의 가치를 빼앗아갔다.[11] 1984년 이후 설립된 기업 중 2006~2016년 〈포천〉 500대 기업에 선정된 39개 기업의 50% 이상이 비즈니스 모델 혁신을 통해 그러한 성공을 거둘 수 있었다.[12]

그림 4 │ 미국 소매산업의 비즈니스 모델 혁신

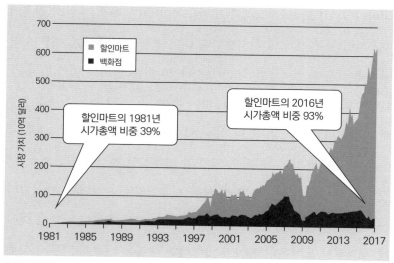

출처: Datastream; Innosight analysis.

그렇기에 비즈니스 모델 혁신은 당연히 경영진의 화두가 되었다. 2014년 보스턴 컨설팅 그룹이 고위 경영진 1,500명을 대상으로 실시한 설문조사에 따르면 1,400명 이상이 자신의 조직에서 어느 정도 비즈니스 모델 혁신을 시도한 적이 있다고 답했다.[13] 그러나 비즈니스 모델 혁신에 대한 관심도 높고 인력과 자원을 자유롭게 투입할 수 있음에도 불구하고, 그러한 혁신을 시도한 기업이 성공한 사례는 드물다. 현재 글로벌 기업의 혁신 투자 중 새로운 비즈니스 모델 수립에는 10% 이하만이 집중되고 있으며, 대부분의 성공적인 혁신 모델은 스타트업에서 탄생하고 있다.[14]

표 2 | 1984년 이후 설립된 기업 중 2006~2016년 사이 비즈니스 모델 혁신을 통해 〈포천〉 500대 기업에 오른 기업

기업명	소개
알래스카 에어 그룹	태평양 북서부 지역에서 주로 운영하는 항공사
브로드컴	'팹리스' 반도체 제조사(아시아 협력사에 제조 아웃소싱)
코그니전트 테크놀러지 솔루션즈	글로벌 IT 컨설팅 및 비즈니스 프로세스 아웃소싱 서비스사
커뮤니티 헬스 시스템즈	취약한 지역을 중심으로 헬스케어 서비스를 제공하는 병원 운영사
다비타 헬스케어 파트너즈	만성 신부전으로 고통받는 환자를 위한 투석 서비스 제공. 전문의가 외래 센터에서 진료
디스커버 파이낸셜 서비스	폐쇄 루프 대출 모델로 운영. 디스커버 카드 소지자에게 대출을 제공하고 총 대출 잔액에 대한 이자, 수수료 수입을 확보
달러 트리	가격을 중시하는 쇼핑객을 대상으로 저렴한 폐업 정리 제품, 범용 제품을 판매하는 할인점
익스피디아	주로 미국 시장을 대상으로, 여유 객실이 있는 호텔과 여행객을 연결하는 온라인 여행 서비스
게임스탑	비디오 게임용 전문 소매점에서 휴대폰, 컴퓨터, 수집용 제품 사업으로 확장 중
제네시스 헬스케어	요양 센터 및 노인 거주 시설 운영사. 급성 질환 치료 후 단기 재활 치료 제공
제트블루 에어웨이즈	저비용 항공사/ 뉴욕의 JFK 공항을 허브로 사용하며 에어버스 A-320 기종 신규 도입, 정식 기내식 대신 간식과 비디오 엔터테인먼트 제공 등을 통해 가성비 항공사로 포지셔닝

기업명	소개
라스베가스 샌즈	최초로 호텔과 콘퍼런스 센터를 결합하여 주중 점유율을 극대화한 부동산 개발사
라이프포인트 헬스	성장 지역, 농촌, 소도시를 대상으로 한 헬스케어 서비스사
머피 USA	월마트 매장 인근 1,100개의 저가형 소매 주유소 운영사
넷앱	소프트웨어 기반 데이터 관리 및 스토리지 솔루션 제공사
넷플릭스	처음에는 우편으로, 그 후에는 온라인 스트리밍으로 운영되던 비디오 대여 시장에서 구독 서비스를 최초로 시작한 기업. 영상 제작 사업 진출
페이팔 홀딩스	최초의 디지털 결제 중개 서비스 중 하나로, 사용자는 클릭이나 이메일을 통해 구매 거래
프라이스라인 그룹	'당신의 가격을 제시하세요(Name Your Price)' 모델을 통해 호텔의 여유 객실 판매를 돕는 대신 그 차액으로 수익을 올리는 온라인 여행사
콴타 서비스	전기 유틸리티 및 통신 회사에 엔지니어링·시공 서비스를 제공하는 전국적인 네트워크
세일즈포스 닷컴	최초의 대규모 서비스형 소프트웨어 개발사. 고객사는 구독을 통해 클라우드 기반 소프트웨어 사용
샌디스크	소매 소비자와 OEM에 플래시 메모리를 제공하는 NAND 데이터 스토리지 기술의 선발 주자
스틸 다이나믹스	철광석 대신 고철로 철강을 생산하는 미니밀mini-mill(전열로 고철을 녹여 쇳물을 뽑아내는 설비-옮긴이) 운영사
유나이티드 렌털스	기업, 유틸리티, 지자체, 주택 소유자에게 건설 및 산업 장비를 제공하는 전국적인 공구 대여사

엄청난 기회와 높은 관심에도 불구하고 비즈니스 모델 혁신을 실행에 옮기는 대기업은 왜 그렇게 적은 것일까? 그 이유는 비즈니스 모델이라는 용어에는 익숙하지만, 그 개념을 제대로 이해하는 사람이 거의 없기 때문이다. 또한 자신의 조직이 어떤 모델에 따라 운영되고 있는지, 새로운 모델을 어떻게 왜 언제 수립해야 하는지도 모르는 경우가 많다.

이 어려운 과제에 대한 해결책은 뒤에서 공개하기로 한다. 2장에서는 성공적인 비즈니스 모델의 요소를 정의하고 이들이 서로 어떻게 연관되어 있는지 설명한다.

2부에서는 비즈니스 모델 혁신을 통해 기회를 창출하기 위한 시장 조건, 화이트 스페이스를 확보해야 하는 이유에 대해 알아본다. 비즈니스 모델 혁신을 통해 조직이 기존 시장의 트랜스포메이션을 이뤄내고 새로운 시장을 창출하거나 전체 산업을 재편하는 방법 그리고 새로운 비즈니스 모델에 혁신적 성장을 위한 최첨단 기술을 도입하는 방법을 살펴본다. 마지막 3부에서는 새로운 비즈니스 모델을 설계해서 수익성 높은 성공적인 기업으로 발전시키기 위한 체계적인 프로세스를 자세히 설명할 예정이다. 또한 불확실한 영역으로의 도전을 가로막는 관리나 행동 측면의 문제에 대해서도 살펴본다.

이 책은 비즈니스 모델 혁신을 관리 가능한 프로세스와 예측 가능한 원칙으로 전환하는 방법을 보여준다. 우수한 비즈니스 제안의 구조를 전반적으로 이해하고, 가장 전통적인 기업도 획기적인 성장과 혁신을 이룰 수 있음을 확인하는 데 도움이 될 것이다.

　새로운 분야에서 새로운 게임을 하려면 새로운 게임 플랜이 필요하다. 비즈니스 모델 혁신은 기존의 핵심 사업과 미래 성장을 위한 화이트 스페이스를 이해할 수 있는 도구와 프레임워크를 제공한다. 이 책이 미지의 세계를 정복하기 위한 지침서가 되기를 바란다.

4-Box
비즈니스 모델 프레임워크

> 언어의 구조는 사고뿐 아니라
> 현실 자체를 결정한다.
> 노암 촘스키

　훌륭한 연기 지도자인 콘스탄틴 스타니슬랍스키Konstantin Stanislavsky의 획기적인 저서《배우 수업》을 보면, "무대 연출상 무대 바로 밖에서 위협적인 상황이 발생하면, 탁자 아래로 숨으라"고 어느 배우에게 지시한 일화가 등장한다. 물론 배우의 역할은 대본과 무대라는 상상의 틀 안에서 실제의 감정과 행동을 창조하기 위해 자신의 인생 경험을 끌어내는 것이다. 하지만 이 배우는 탁자 아래로 숨어야 하는 감정적 동기를 찾아보려 노력했음에도, 스스로를 설득할 수 없었다. 두려움을 느낄 수 없었기 때문에 연기를 할 수 없었다. 콘스탄틴은 그에게 말했다.

"머리로 생각하지 마세요. 그냥 탁자 아래로 내려가 머리를 숙이기만 하세요."

배우는 시키는 대로 했고, 콘스탄틴이 물었다.

"기분이 어떠세요?"

"두려움이 느껴집니다"라고 배우가 말했다.

콘스탄틴은 "두려움 때문에 숨어야 할 때도 있지만, 때로는 탁자 아래에 숨는 행위를 통해 두려움을 느끼게 되기도 합니다"라고 답했다.[1]

콘스탄틴은 대개 창의적 영감에서 구조가 탄생하지만, 반대로 구조에서 창의성이 발휘되기도 한다는 점을 보여줌으로써 서양 예술에 크게 기여했다.

비즈니스 모델 혁신에도 동일한 원리가 적용된다. 대부분의 기업이 새로운 비즈니스 창출에 실패하는 주된 이유는 명확한 동기가 없는 상태에서 실행에 옮기는 것을 두려워하기 때문이다. 직원은 회사와 업계의 정해진 틀 안에서 일하도록 교육받았기 때문에, 현재의 환경에서 즉각적으로 이해되지 않으면 변화 앞에서 주저한다. 감정적으로 와닿지 않으면 탁자 아래로 숨는 연기를 할 수 없었던 배우처럼, 이들은 엄청난 불확실성 때문에 성공의 길이 보이지 않는 상황에서는 비즈니스 모델 혁신이라는 미지의 영역에 도전하기를 거부한다. 탁자 밑에 무엇이 있는지 누가 알겠는가? 자신의 커리어를 걸면서까지 그것을 알아내려는 직원이 누가 있겠는가?

간혹 제프 베조스, 스티브 잡스 같은 선견지명 있는 리더는 비즈니스 모델을 혁신하거나 새로운 모델을 구축하려면 무엇이 필요한지 직관적으로 안다. 하지만 보통의 평범한 사람에게는 미지의 영역에 도전하는 불확실성과 위험을 줄이기 위한 명확한 프레임워크와 관리 가능한 프로세스가 필요하다. 콘스탄틴의 가르침처럼, 창의력을 발휘하려면 새로운 아이디어에 박차를 가할 수 있는 체계적인 프로세스가 필요하다. 비즈니스 모델의 구조를 제대로 이해할수록 더 성공적인 결과를 도출할 수 있다.

본질적으로 비즈니스 모델이란 기업이 고객을 위해 가치를 창출하고 제공하는 동시에, 기업 차원에서도 가치를 확보하는 방식을 반복 가능한 형태로 나타낸 것이다. 물론 가치를 어떻게 창출하고 제공하는지에 대한 개념은 비즈니스의 기본이지만 이를 명확하게 정의하고 있는 기업은 의외로 드물다. 대부분의 리더는 새로운 성장을 추구할 때 회사의 기존 비즈니스 모델, 그 성장의 전제, 자연스러운 상호의존성, 강점과 약점을 제대로 이해하지 못한다. 그들은 새로운 고객을 유치할 기회를 포착하려면 핵심 사업과 기존 모델을 활용해야 하는지, 아니면 새로운 모델이 필요한 화이트 스페이스로 진출해야 하는지를 판단하지 못한다. '가치'는 마치 조직의 표면 어딘가를 떠도는 존재처럼 신비롭고 막연한 개념으로 남아 있다. 실제로 새로운 비즈니스 모델 수립에 서툴다 보니, 대부분은 핵심 사업에 가까운 혁신만이 성공할 수 있다고 생각한다.

공통의 언어가 부족하다는 것도 문제다. 과거 비즈니스 사상가들은 비즈니스 모델에 대한 수많은 정의를 제시했다. 고인이 된 경영 전문가 피터 드러커는 비즈니스 모델을 '경영 이론'이라고 간접적으로 정의했다.[2] 경영 컨설턴트이자 작가인 조안 마그레타Joan Magretta는 비즈니스 모델을 '기업의 작동 방식을 설명하는 스토리'라고 표현했다.[3] 그 외 경영 이론가와 실무자는 경제성에만 집중하거나, 전략과 조직의 대부분을 담아낸 지나치게 방대한 프레임워크를 만들기도 했다.[4] 가치 창출과 전달의 핵심이 되는 비즈니스 시스템의 요소와 이러한 요소가 함께 어우러져 기업의 전반적인 성공에 어떻게 영향을 끼치는지에 초점을 맞추는 경우는 거의 없다고 봐도 무방하다.

가치창출의 가장 핵심적인 요소를 명확하게 표현하기 위해, 나는 4-Box 프레임워크를 제안하고자 한다. 기업은 화이트 스페이스에 대한 지식이 부족하고 상당 부분을 가정에 의존하기 때문에, 확신을 갖고 도전하기 위해서는 먼저 해결 과제를 모두 파악하고 분류해야 한다. 4-Box 프레임워크는 바로 그러한 틀을 제공한다. 이를 체계적으로 활용하면 과거에는 생각하지 못했던 새로운 혁신, 획기적인 성장, 쇄신을 위한 새로운 가능성에 대한 로드맵을 발견할 수 있다.

그림 5 | 비즈니스 모델 설계를 위한 4-Box 프레임워크

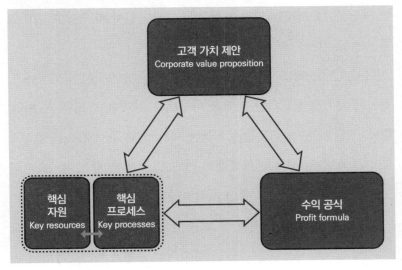

비즈니스 모델의 4대 요소

비즈니스의 기본 설계는 상호의존적인 네 개의 상자로 표현할 수 있다. 번창하는 모든 기업은 강력한 고객 가치 제안(CVP)에 의해 추진되며, 이는 고객의 과업을 보다 효과적이고 편리하며 경제적으로 해결할 수 있도록 도와주는 제품, 서비스 또는 그 조합을 말한다. CVP는 기업이 주어진 가격으로 특정 고객 집단을 위해 어떻게 가치를 창출하는지를 설명한다.

수익 공식은 기업이 자신과 주주를 위해 어떻게 이익의 형태로 가치를 확보할 것인지를 정의한다. 이는 종종 복잡한 일련의 재무

계산을 수익 창출에 가장 중요한 네 가지 변수로 압축함으로써 이루어진다. 그 네 가지는 매출 모델, 비용 구조, 단위 마진 목표 그리고 자원 속도이다.

마지막으로 핵심 자원과 핵심 프로세스는 기업이 자기 조직과 고객에게 가치를 전달하는 방법을 나타낸다. 이러한 중요 자산, 역량, 활동, 루틴, 업무 방식은 기업이 반복 가능하고 확장 가능한 방식으로 CVP와 수익 공식을 이행할 수 있도록 지원한다.[5] CVP 및 수익 공식과 적절히 통합되고 완전히 일치할 때 핵심 자원과 프로세스는 기업이 경쟁 우위를 차지할 수 있는 본질을 제공한다. 성공하는 모든 기업은 의식적으로든 아니든, 효과적이고 체계적으로 통합된 비즈니스 모델을 통해 고객의 실제 과업을 수행하고 있다.[6]

이 놀랍도록 단순한 프레임워크의 강점은 각 구성요소의 상호 의존성에 있다. 성공적인 기업에서는 4대 요소가 일관되고 상호 보완적인 방식으로 서로 작용하면서, 비교적 안정적인 시스템을 만들어 낸다. 이 중 하나라도 변경되면 나머지 요소와 시스템 전체에 영향을 미친다. 별것 아닌 것처럼 보여도 구성요소 간의 부조화나 갈등은 시스템 붕괴로 이어질 수 있다. 비즈니스 모델과 핵심 요소를 관리하는 기본 원칙과 지표에 대해서는 마지막 장에서 자세히 설명하기로 한다. 먼저 각 요소(Box)를 좀 더 자세히 살펴보자.

고객 가치 제안

CVP는 고객이 주어진 가격으로 중요한 문제를 더 효과적이고 안정적이고 편리하고 경제적으로 해결할 수 있도록(또는 과업을 완수하도록) 도와준다.

강력하고 집중된 CVP는 모든 성공적인 비즈니스 모델의 핵심이다. 훌륭한 CVP는 해결되지 않은 소비자의 중요한 문제, 또는 '과업'을 파악하여, 이를 주어진 가격에 적절한 방식으로 수행하는 맞춤형 제품이나 서비스(또는 그 조합)를 제공한다. 훌륭한 CVP를 설계하기 위해서는 먼저 목표 고객의 과업을 완벽하게 이해해야 한다.

그림 6 │ 고객 가치 제안

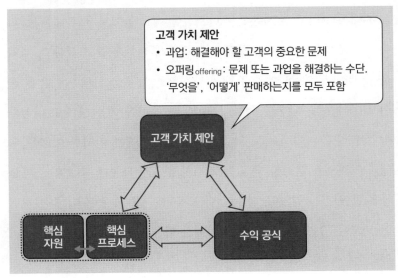

시어도어 레빗Theodore Levitt 하버드 비즈니스 스쿨 교수가 최초로 주장했듯이, 고객은 사실 제품을 구매하는 것이 아니라, 특정 과업을 수행하기 위해 제품을 사용하는 것이다.[7] 예를 들어 그의 유명한 말처럼, 사람들이 철물점에 가는 이유는 드릴을 사기 위해서가 아니라 구멍을 뚫기 위해서이다.[8] 소비자가 구매하는 드릴은 그 작업을 완수하기 위해 사용하는 도구다. 지난 수십 년간 '고객의 니즈', '고객의 목소리'가 강조되어왔다. 하지만 고객의 '과업'을 이해하는 것과 '고객'을 이해하는 것은 다르다. 니즈를 너무 광범위하게 정의하거나 기존 제품 및 서비스와 연관지어서만 생각하는 경우가 상당히 많다. 화이트 스페이스에서 새로운 CVP를 수립하려면 사람들이 어떤 제품을 구매하고자 하는지가 아니라, 해당 상황에서 고객이 해결하려는 문제가 무엇인지를 살펴봐야 한다.

휴대폰 그리고 그 사촌인 스마트폰을 예로 들어보자. 휴대폰은 '집이나 사무실을 떠나 이동 중에도 편리하게 전화를 걸고 싶다'는 과업을 수행한다. 사람들에게 휴대폰 대신 스마트폰을 선택한 이유를 물어보면 대부분 '단순한 커뮤니케이션뿐 아니라 이동 중에도 다양한 작업을 하고 싶어서'라고 답할 것이다.[9] 기존에는 이러한 기능을 수행하고 과업을 달성할 수 있는 기기가 없었기 때문에, 최초의 스마트폰은 큰 인기를 얻었다. 팜Palm, 림(블랙베리 제조사) 등은 더 좋은 캘린더, 더 빠른 연결 속도, 더 쉬운 이메일 앱을 제공해 이러한 과업을 지원함으로써 비즈니스를 구축했다.

업무 회의가 너무 길어지거나, 공항에서 환승을 하느라 비는 시간이 생겼거나, 식당에서 음식이 나오기를 기다렸던 경험을 떠올려보자. 옛날이었다면 당신의 과업은 '짧은 시간을 유용하게 보낼 수 있는 방법 찾기'였을 것이다. 다양한 방법이 있을 수 있다. 잡지나 신문 읽기, 공항 바에 앉아 TV 보기, 오디오북 듣기, 메모하기 등 스마트폰이 있으면 훨씬 더 유용하고 편리하게 시간을 보낼 수 있다. 주식 시세나 뉴스 헤드라인을 확인하거나, 쉽게 게임을 즐기고, 채팅이나 트위터를 즐기는 등 할 일은 무수히 많다. 이 같은 새로운 과업에는 새로운 CVP가 필요했고, 애플 아이폰은 풀스크린 웹 브라우저, 취향에 따라 다운로드할 수 있는 다양한 앱 등을 갖추면서 스마트폰이 얼마나 스마트할 수 있는지에 대한 기준을 재정립했다.

애플은 과거 아이팟의 성공을 토대로 판매-서비스 모델을 다시 도입했고, 다양한 외부 개발자 커뮤니티의 제품을 제공하는 앱 스토어를 구축했다. 이렇게 두 번째 과업을 위한 경쟁에 뛰어들면서 스마트폰 시장의 판도가 바뀌었고, 애플의 성공에 이어 림, 팜 등 경쟁사도 서둘러 움직이기 시작했다. 하지만 안타깝게도 애플을 따라잡기에는 역부족이었다. 팜은 파산 직전까지 갔다가 2010년 HP에 매각되었고, 림은 2013년 블랙베리10으로 재기의 발판을 마련하려 했지만 기대에 미치지 못했다.

"고객이 실제로 구매하는 제품은 기업이 판매한다고 생각하는 것과 다를 때가 많다"는 드러커의 유명한 말처럼, 중요한 과업을 파악하려면 외부의 관점에서 접근하는 능동적인 방식이 필요하다(7장 참조).[10] 노력을 기울이면 수행해야 하는 모든 과업을 정확하게 정의하고 분류할 수 있다.

과업의 다양한 측면을 완전히 이해한 다음에는 고유한 방식으로 해당 과업을 수행하는 오퍼링을 설계할 수 있다. 오퍼링이란 합리적인 가격으로 제공되는 제품, 서비스 또는 그 조합으로, 그 개념에는 구매, 사용, 유지·관리 경험이 포함된다. 예를 들어, 때로는 '무엇을' 판매하느냐보다 '어떻게' 판매하는지에 따라 만족도가 높아질 수 있다. 최초의 일반 용지 복사기로 유명한 제록스914는 1960년대 출시 당시에는 인기가 없었다. 기업은 검증되지 않은 기술에 막대한 비용을 지출하고 싶어 하지 않았다. 그래서 제록스의 조 윌슨Joe Wilson 사장은 IBM의 아이디어를 빌려, 복사기를 임대해주고 장당 사용료를 받는 안을 내놓았다.[11] 비즈니스는 급성장했다.

과업과 오퍼링(제품·서비스, 접근 또는 배포 수단, 가격)을 결합하면 성공적인 비즈니스 모델을 위한 CVP가 완성된다. 전체적인 가치는 중요한 세 가지 지표를 통해 확인할 수 있다.

1. 해당 과업은 고객에게 얼마나 중요한가?
2. 고객은 현재 솔루션에 얼마나 만족하는가?
3. 다른 옵션과 비교해서, 새로운 제안은 과업을 얼마나 잘 수행할 수 있는가?

표 3 | 고객 가치 제안 공식

CVP 극대화 방안	**1** 현재 시점에서 충분히 해결되지 않은 고객의 중요한 과업을 파악하여,	**2** 가장 적절한 가격으로 다른 대안보다 효과적으로 과업을 수행하는 오퍼링을 구상 및 개발한다.

중요한 과업일수록 그리고 과업과 제품·서비스 간의 매칭이 잘 이루어지고 전반적인 가격이 낮을수록, CVP를 통해 더 큰 고객 가치를 창출할 수 있다.[12]

새로운 CVP를 개발하는 중요한 첫 번째 단계인 '중요한 미해결 과업'을 파악하려면 면밀한 관찰이 필요하다. 지금이 2008년이고 당신이 의료기기 제조사의 임원이자 사회적 기업가인 키네 몬슨Keyne Monson이라고 생각해보라. 당신은 덥고 먼지가 많은 캘커타의 길거리에서 사람들이 지나가는 모습을 보고 있다. 그곳에서는 알게 모르게 심장질환으로 고통받는 사람이 상당히 많다(전 세계 인구의 16%, 전 세계 심장질환 환자의 50% 이상이 인도인다. 실제로 30초마다 한 명의 인도인이 심부전으로 사망하고 있다).[13] 당신은 이식형 심박 조율기가 많은 환자의 상태를 호전시키고 실제로 생명을 구할 수 있는 제품임을 알고 있다. 제조사인 메드트로닉Medtronic은 당신에게 인도에서 입지를 확대할 수 있는 비즈니스 모델을 구상하는 업무를 맡겼다. 하지만 인도에는 첨단 의료 서비스를 이용할 수 있거나 의료보험에 가입된 사람이 상대적으로 적고, 심박 조율기 같은 의료 장비가 있다는 사실조차 모르는 사람도 많다. 따라서 메드트로닉의 심박 조율기와 관련 진단 및 수술 서비스에 대한 인식, 접근성, 경제성을 높여 더 많은 인도인이 혜택을 누릴 수 있도록 해야 하는 상황이다.

한편, 신선식품 소매업체인 홀푸드마켓의 공동 창립자이자 CEO인 존 맥키John Mackey가 지구 반대편에서 바라보는 거리의 모습은 완전히 달랐다. 비교적 부유한 미식가, 건강에 대한 의식이 높아진 중년 베이비붐 세대, 지속 가능한 소비에 관심이 많은 고객, 건강식품 소비자가 주로 매장을 찾는다. 범용 제품을 찾는 다양한 고객이 밀집한 매장에서 그는 몬슨과 마찬가지로 해결해야 할 과업을 발견했다. 이 소비자 그룹은 별다른 공통점은 없으나 모두 유기농 농산물, 동물 학대 없이 생산된 육류, 자연산 생선 등 로컬 슈퍼에서 쉽게 구할 수 없는, 매우 높은 등급의 신선식품을 원했다. 더 건강한 삶, 더 맛있고 지속 가능한 식품을 원했지만, 이를 제공할 수 있는 농산물 직거래 시장과 전문점은 찾기 어려웠다. 갈 만한 곳들은 그들의 과업을 해결하기에 충분치 않았다.

당시 홀푸드는 자연요법에 관심이 많은 소비자의 틈새시장을 겨냥한 건강 식재료 체인으로서, 소규모 공급업체 중 하나였다. 맥키는 우수한 품질의 신선식품을 제공할 수 있다면 훨씬 더 많은 미식가와 친환경 제품 구매자가 홀푸드의 핵심인 천연·자연요법 제품에 매력을 느끼게 될 것이라고 믿었다. 슈퍼마켓에서의 소비 경험을 더욱 즐겁게 만들면 매력은 더욱 커질 터였다.

그래서 홀푸드는 핵심 제품이었던 바삭바삭한 그래놀라를 넘어서, '자신의 높은 기준에 맞는 품질을 갖추고 건강, 유기농, 환경보호에 대한 관심에 공감하는 곳에서 다양한 식품과 제품을 마음껏 즐겁게 경험하고 싶어 하는' 고객에게 다가갔다.[14] 과업을 해결하기 위한 CVP를 구축했고, 고급 소비자들은 기꺼이 프리미엄을 지불했다.

단순함과 고급스러움은 훌륭한 CVP 수립의 원동력이다. CVP의 힘은 명료함에 있지만 이를 확보하기는 쉽지 않을 수 있다. 기업은 하나의 과업에 집중하기보다는 한꺼번에 많은 것을 이뤄내려고 하는 경향이 있기 때문이다. 그래서 여러 가지에 신경 쓰느라 정작 아무것도 잘하지 못할 수 있다.

집중된 CVP는 무엇을 더하는 것 못지않게 덜어내는 것도 중요하다. 명확히 정의된 CVP는 과업에 집중하기 때문에, 혁신에 대한 열정이 넘쳐서 고객이 원하지도 않는(비용도 지불하고 싶지 않은) 기능을 과하게 끼워 넣고 싶어지는 유혹을 기업이 이겨낼 수 있도록 도와준다.

누구나 이해할 수 있는 간단한 문장으로 CVP를 제시할 수 없다면, 명확성이나 핵심이 부족한 것이다. 집중된 CVP는 핵심이 명료한 새로운 비즈니스 모델을 만들어낸다. 새로운 비즈니스 모델이 잘 정의되어 있으면, 기존 기업이 새로운 목표 고객을 공략하기 위해 기존 모델을 변경해야 하는 시점도 정확히 파악할 수 있다.

수익 공식

수익 공식은 기업이 자신과 주주를 위해 가치를 창출하는 방법을 정의한 경제적 청사진이다. 여기에는 자산과 고정비 구조는 물론, 이를 충당하는 데 필요한 마진, 거래량, 속도가 명시되어 있다.

새로운 수익 창출 방법을 찾아야만 산업을 혁신할 수 있는 것은 아니다. 강력한 CVP를 통해 기업은 혁신적인 방식으로 수익을 창출할 수 있다. 수익 공식은 자원에 내재된 고정비·변동비의 구조와 규모를 고려해 조직이 달성해야 하는 총마진, 순마진을 정한다. 수익 공식에는 손익분기점을 달성하기 위해 필요한 성장률 그리고 규모 확장에 따른 수익 개선 패턴(해당되는 경우)이 명시된다. 수익 공식을 통해 기업은 원하는 수익을 달성하기 위한 자원 속도를 정한다. 예를 들어, 소매업체의 경우 R. H. 메이시R. H. Macy, 페더레이티드Federated 백화점 등은 높은 이윤과 낮은 재고 회전율을 수익 공식에 반영한 하이터치high touch(고객과 직접적으로 상호작용을 하며 소비자의 감성에 맞추고 잠재욕구를 충족시키는 방식-옮긴이) CVP를 통해 성공을 거두었다.

시어스Sears와 같은 통신판매 회사가 등장하면서 수익 공식에 포함되는 이윤은 낮아졌지만, 기업들은 재고 회전율을 크게 높여 유사한 총 수익을 거둘 수 있었다. 그러다가 1950년대에 미국 북동부의 E. J. 코베트E. J. Korvette와 제이르Zayre, 독일의 알디Aldi, 이후 미국 전역의 케이마트와 타겟 등 할인판매점이 등장하면서 대대적인 변화

그림 7 | 수익 공식

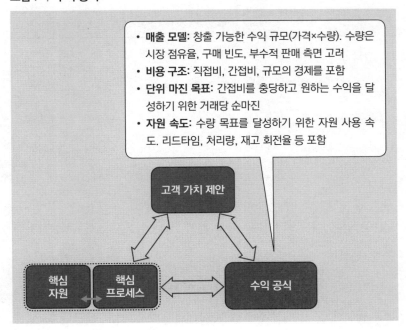

- **매출 모델:** 창출 가능한 수익 규모(가격×수량). 수량은 시장 점유율, 구매 빈도, 부수적 판매 측면 고려
- **비용 구조:** 직접비, 간접비, 규모의 경제를 포함
- **단위 마진 목표:** 간접비를 충당하고 원하는 수익을 달성하기 위한 거래당 순마진
- **자원 속도:** 수량 목표를 달성하기 위한 자원 사용 속도. 리드타임, 처리량, 재고 회전율 등 포함

고객 가치 제안

핵심 자원 / 핵심 프로세스

수익 공식

가 시작되었다. 할인판매점은 백화점이나 통신판매 기업보다 가격을 낮추기 위해, 제품 이윤을 더욱 낮춰야 했다. 그러면서도 수익을 내려면 재고 회전율을 높여, 매장에서 더 많은 제품을 더 빨리 판매해야 했다.

초기에 할인판매점은 잘 팔리는 내구 소비재에 집중함으로써 전반적인 저비용 구조를 확보할 수 있었다. 이러한 집중 전략을 통해 소매업계의 고비용 항목인 서비스 인건비를 크게 줄일 수 있었다.[15] 이후 할인판매점은 온라인으로 넘어가면서 더욱 발전했다. 아마존과

표 4 │ 소매업계의 수익 공식 변화

	백화점	통신판매업	할인판매점	온라인 전용
재고 비용 대비 평균 이윤	40%	30%	23%	5%
재고 회전율	3x	4x	5x	25x
재고 수익률(이윤 x 재고 회전율)	120%	120%	115%	125%

출처: Clayton Christensen and Richard Tedlow, "Patterns of Disruption in Retailing", *Harvard Business Review*, January–February 2008.

같은 기업은 재고 회전율을 더욱 높여, 적은 이윤으로도 수익을 창출할 수 있었다.

아마존은 시스템을 통해 재고가 이동하는 속도를 획기적으로 개선한 덕분에 운전 자본 수익률도 극대화했다. 그리고 현금 흐름 모델을 판매자 파이낸싱에서 구매자 파이낸싱 모델로 전환했다.[16] 아마존 이전에는 서점에서 도서 수령 90일 후에 출판사에 대금을 지급했지만, 평균 168일 동안 재고로 보유하여 사실상 서점이 78일 동안 비용을 부담하는 형태였다. 아마존은 인터넷 기술과 적시just-in-time 공급망 관리를 통해, 이러한 근본적인 구조를 혁신했다. 도서 재고 보유 기간은 168일이 아닌 평균 17일이 되었다.[17] 업계 표준보다 빠른 약 58일 후에 출판사에 대금을 지급하기로 했음에도 불구하고, 수익 공식에 따라 평균 41일 동안 고객의 돈을 손에 쥐고 있는 유동성을 창출해냈다. 이를 통해 아마존은 전자 소매업이 유통 채널 중에서 비

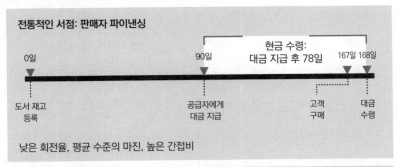

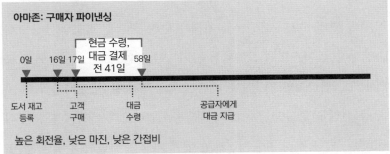

출처: William A.Sahlman and Laurence E. Katz, "Amazon.com—Going Public", Case 9-899-033
(Boston:Harvard Business School Publishing, 1998), 22.

교적 거래량이 적었던 때에도 살아남을 수 있었고, 이후 산업 규모가 확대되면서 성공을 거둘 수 있었다.

수익 공식의 성공 여부는 4대 변수에 의해 결정된다. 이러한 변수는 서로 밀접하게 연관되어 있으며 하나로 결합되어 회사와 주주를 위한 명확한 가치창출 방법을 구성하기 때문에, 새로운 모델의 성공 예측에 매우 중요하다.

매출 모델

매출 모델은 오퍼링 가격과 판매 수량의 곱으로 정의된다. 또한 수익 공식은 CVP와 밀접하게 연결되어 있고 CVP에 의해 상당 부분이 정의된다. 오퍼링 가격은 매출 모델과 수익 공식 둘 다에서 핵심적인 부분이다. CVP에서 오퍼링 가격은 가치를 정량화하는 중요한 지표이다. 수익 공식에서는 기업이 구상하는 비즈니스의 유형(저가형 또는 프리미엄)에 따라 그 역할이 달라진다.

저비용 비즈니스 모델에서 가격은 수익 공식을 결정하는 중요한 출발점이다. 메드트로닉은 보험에 가입하지 않은 저소득층 인도 국민에게도 합리적인 가격으로 제품을 제공해야 했다. 그러기 위해 미국 등 선진국의 심박 조율기 가격인 3만 달러보다 가격을 훨씬 낮춰야 했다. 또한 소비자가 저렴하고 쉽게 자금을 조달할 수 있는 방법을 제시해야 했다.

프리미엄 비즈니스에서는 CVP에 필요한 자원 비용에 따라 가격이 결정되는 경향이 있다. 예를 들어, 홀푸드는 CVP를 위해 우수한 품질의 신선식품을 공급해야 함을 알고 있었기 때문에 더 높은 가격을 반영해 수익 공식을 설정했다.

수량(또는 물량)은 시장 점유율, 예상 판매량 등 다양한 방법으로 측정할 수 있다. 서비스업에서는 보통 서비스를 수행하는 데 소요되는 시간이나 거래 건수로 측정하고, 제조업에서는 판매량을 사용한다. 일반적으로 수량은 다음 세 가지 질문을 통해 결정한다.

1. 얼마나 많은 고객을 확보할 것인가?

2. 고객별 거래당 판매량은?

3. 고객당 예상되는 거래 건수는?

1번은 CVP가 대상으로 하는 고객의 잠재력에 관한 질문이고, 나머지 두 개 항목은 과업을 만족시키기 위해 개발된 오퍼링의 유형을 정의한다.

이와 관련하여 고려해야 할 또 다른 사항은 관련 제품이나 서비스에서 예상되는 부수적 수입 규모이다. 엄밀히 말해 오퍼링의 비용 구조에는 포함되지 않지만, 관련된 오퍼링에서 창출되는 수익은 비즈니스 모델의 장기적인 성공에 중요한 영향을 미친다. 예를 들어, 2010년 애플은 MP3 플레이어 시장의 거의 70%를 차지했지만,[18] 시장이 포화상태에 도달하면서 판매량 하락이 예상되었다. 애플은 음원 가격을 인상해 음원 판매로 인한 부수적인 수입을 크게 늘렸다. 애플이 세계 최대의 음원사였기 때문에, 그 규모는 상당했다.[19]

비용 구조

비용 구조는 규모의 경제를 고려해 직접비와 간접비로 단순하게 구성된다. 성공적인 기업은 대체로 비용 구조가 잘 수립되어 있으며, 특히 간접비 기준은 변경하기가 매우 어렵다. 그래서 리더는 새로운 비즈니스 모델의 비용 구조를 수립할 때 기존의 간접비를 기준으로 삼아 시작해야 할 것 같은 강한 충동을 느낀다. 하지만 간접비를 우선으로 하는 방식은 순서가 거꾸로 된 것이다. 새로운 비즈니스 모델에서는 간접비를 정해진 것으로 볼 것이 아니라 가치 제안의 요건에 따라 결정해야 한다.

단위 마진 목표

단위 마진 목표는 목표 판매량에서 간접비를 충당하고 원하는 수익을 달성하는 데 필요한 단위당 영업이익이다. 엄밀히 말하면 매출 모델과 비용 구조의 결과물이지만, 많은 기업이 수익 공식 전체를 대신하는 개념으로 자주 사용하기 때문에 여기서는 별도로 언급하고자 한다. 마진만 보면서 새로운 비즈니스 모델의 마진이 너무 적지 않을까 걱정하면, 기존 기업은 혁신적인 성장 기회를 놓칠 수 있다. 많은 기업의 전략가와 재무 담당자가 낮은 마진에 예민하기 때문에, 핵심 비즈니스 모델의 마진이 간접비를 감당하지 못할까 봐 우려하며 재빨리 기회를 차단해버린다. 그러나 마진은 전체 수익 공식의 일부일 뿐이다. 특정 마진을 유지하는 것이 아니라, 목표 수익을 달성하는 데 필요한 마진을 확보하는 것이다.

자원 속도

자원 속도는 물량 목표를 지원하기 위해 자원을 얼마나 빨리 사용해야 하는지를 정의한다. 기업이 만들 수 있는 물건의 물량뿐 아니라, 특정 기간 동안 정해진 투자금으로 밸류체인value chain(가치사슬, 기업이 가치를 창출하기 위한 활동을 사슬처럼 연결해놓은 것 - 옮긴이)) 전반에 걸쳐 얼마나 많은 물건을 개발, 설계, 생산, 보관, 배송, 서비스, 판매, 결제할 수 있는지를 지정한다. 자산 회전율과 유사하게, 이 변수는 재고와 같은 유동자산의 실제 회전율뿐 아니라 간접비, 기타 관련 자원 및 기존의 프로세스가 회전율 목표를 지원할 수 있는지를 포함한다. 아마존의 예에서 알 수 있듯이 자원 속도는 매우 중요하지만 간과될 때가 많다.

자원 속도는 '어떻게 대량 생산할 것인가?'에 대한 답이기도 하며, CVP를 실행하기 위한 비즈니스 모델의 전반적인 능력을 결정한다. 기업의 자원 속도가 빠를수록 더 많은 오퍼링을 생산할 수 있다. 총 단위 마진이 낮더라도 자원 속도를 높이는 혁신을 통해 적정 수준의 총 수익을 창출할 수 있다.

비용 구조의 간접비와 마찬가지로, 자원 속도도 기존 비즈니스 모델에서 매우 경직된 경향이 있다. 기업은 매장 면적부터 부품과 생산라인 간 물리적 근접성, 간접비 관리에 이르기까지 모든 것을 신중하게 계획하고, 이것들이 고정불변한다고 간주한다. 그렇기 때문에 기존 기업은 새로운 기회의 실현 가능성을 평가할 때, 불필요하게(때로는 위험하게) 시야를 제한한다. 기존의 구조는 새로운 CVP에 적합하지 않을 수 있기 때문이다. 이 경우, 기업은 가치 제안의 수익성을 높일 수 있는 포괄적인 새로운 비즈니스 모델을 구축할 가능성을 모색하기보다는 새로운 CVP를 거부하는 경우가 상당히 많다.

———

수익 공식의 각 요소는 나머지 요소에 큰 영향을 미친다. 예를 들어, 메드트로닉은 심박 조율기 가격을 대폭 인하하려면 총 단위 마진을 대폭 낮추고 전체 비용 구조를 동시에 축소해야 한다는 것을 알았다. 그러나 메드트로닉은 판매량과 자원 속도를 크게 높일 수 있는, 장기적인 비즈니스 모델과 수익 공식을 개발했다. 이들의 궁극적인 관심사는 높은 수익이 아닌, 규모와 지속 가능성이었다. 메드트로닉은 인도에서 만든 비즈니스 모델이 다른 신흥 경제국 환자의 생명을 구하고, 선진국의 저소득 취약 계층 환자에게 기술을 제공하는 토대가 될 것이라고 기대했다. 오마르 아이시락Omar Ishrak CEO는 메드트로닉의 사명을 이렇게 설명했다. "우리는 기술을 통해 생명을 연장하고 통증을 줄이며 건강을 회복시킨다. 이는 전 세계 모든 사람을 대상으로 한다. 신흥시장 진출은 중요한 기회일 뿐 아니라 우리의 책임이기도 하다."[20]

홀푸드에서 수익성의 핵심은 마진이 높은 구역의 매출 비중을 늘리는 것이었다. 슈퍼마켓에서는 원래 중앙 통로에서 많은 매출과 판매량이 발생한다. 대부분의 마트에서는 채소, 우유, 육류, 치즈 등 신선식품을 저마진으로 판매하여 고객을 유인하고, 고객이 수익성 높은 공산품과 소모품도 대량으로 구매할 것을 기대한다. 반면, 홀푸드의 목표 고객은 더 높은 가격을 지불하더라도 고품질의 유기농 신선식품과 조리식품을 선택할 의향이 있기 때문에, 판매량과 수익성 상당 부분이 가장자리 구역에서 발생한다.[21] 홀푸드 고객도 천연 및 유기농 공산품을 구매하지만, 구매량은 일반 슈퍼마켓보다 훨씬 적다.

대형 슈퍼마켓은 고도로 조직화된 중앙 유통망을 통해 낮은 비용을 유지한다. 반면, 신선식품 공급업체는 소규모 지역 생산자로 구성된 경우가 많다. 홀푸드는 높은 직접 식료품 비용, 관리 복잡성, 수많은 소량 공급업체를 조정해야 하기 때문에 간접비가 많이 든다. 신선식품과 조리식품을 더 많이 판매하고 공산품을 더 적게 판매하면 전체 재고 회전율이 낮아져 전체적으로 더 많은 이윤이 필요해진다.

본질적으로 홀푸드는 기존의 슈퍼마켓 모델을 뒤집었다. 홀푸드는 판매량이 아니라 고객이 대량으로 구매하는 신선식품의 더 높은 가격과 마진에 집중한다.[22] 고객에게 더 높은 가격으로 판매하기 위해 식료품 쇼핑 경험을 더 즐겁고 덜 지루하게 만드는 데 많은 투자를 하고 있다. 홀푸드는 고객 경험을 CVP의 필수적인 부분으로 간주하고 이를 만족시키기 위한 적절한 수익 공식을 수립함으로써, 고객의 과업을 달성하는 데 필요한 더 높은 마진을 책정할 수 있었다. 기업의 수익 공식이 곧 비즈니스 모델로 인식되는 경우가 많다. 하루가 끝날 무렵(더 정확하게는 회계연도 말까지) 모든 기업은 수익을 창출하기를 바라기 때문에 이해가 가는 부분이다. 하지만 사실 수익 공식은 비즈니스 모델 전체의 한 요소일 뿐이다.

핵심 자원과 핵심 프로세스

핵심 자원은 고객을 위한 가치 제안을 실행하는 데 필요한 고유한 인력, 기술, 제품, 시설, 장비, 자금, 브랜드를 말한다. 그리고 핵심 프로세스는 기업이 지속, 반복, 확장, 관리 가능한 방식으로 CVP를 제공하는 방식이다.

CVP를 실행하려면 보통 방대한 자원이 필요하지만, 성패는 몇 가지 핵심 자원이 결정한다. '수익 공식의 제약을 감안할 때, CVP를 위해 인력, 기술, 제품, 시설, 장비, 공급사, 유통 채널, 자금, 브랜드를 어떻게 조합해야 하는가?'를 고민해야 한다. 전문 서비스 회사의 핵심 자원은 인력이다. 소비재 회사는 브랜드와 유통사에 집중할 것이다. 전 세계적으로 연결성이 높아짐에 따라 기업은 더 이상 모든 핵심 자원을 내부적으로 보유할 필요가 없어졌고 다양한 파트너를 통해 필요한 것을 공급받고 있다. 업계를 바꿔놓은 애플-폭스콘의 파트너십을 예로 들어보자. 위탁 생산업체인 폭스콘은 아이폰과 맥 제품의 생산과 조립을 담당하며, 애플의 고유한 디자인 기준을 맞추기 위해 첨단 제조 기법에 투자하고 있다. 이러한 파트너십을 통해 애플은 자사의 핵심 디자인과 마케팅 역량에 집중할 수 있었다.[23]

핵심 프로세스는 제조, 영업, 서비스, 교육, 개발, 예산, 계획 등 반복적이고 중요한 업무로서, 일관성 있게 실행되어야 한다. 자원과 마찬가지로 다수의 프로세스를 사용할 수도 있지만 CVP와 수익 공식을 구현하는 핵심 프로세스에 집중해야 한다. 핵심 프로세스는 성공적인 비즈니스 모델의 명확한 요소이며 가장 마지막에 완성되지만, 여기에서는 핵심 자원과 핵심 프로세스를 함께 묶어 접근하고자 한

그림 9 │ 핵심 자원 및 프로세스

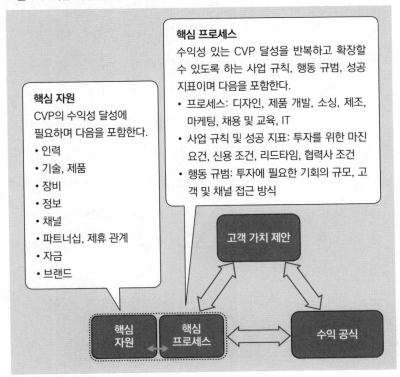

핵심 프로세스
수익성 있는 CVP 달성을 반복하고 확장할 수 있도록 하는 사업 규칙, 행동 규범, 성공 지표이며 다음을 포함한다.
• 프로세스: 디자인, 제품 개발, 소싱, 제조, 마케팅, 채용 및 교육, IT
• 사업 규칙 및 성공 지표: 투자를 위한 마진 요건, 신용 조건, 리드타임, 협력사 조건
• 행동 규범: 투자에 필요한 기회의 규모, 고객 및 채널 접근 방식

핵심 자원
CVP의 수익성 달성에 필요하며 다음을 포함한다.
• 인력
• 기술, 제품
• 장비
• 정보
• 채널
• 파트너십, 제휴 관계
• 자금
• 브랜드

고객 가치 제안

핵심 자원 · 핵심 프로세스

수익 공식

다. 성공적인 비즈니스 모델의 차별화와 지속 가능성은 핵심 자원이 핵심 프로세스와 얼마나 잘 맞물리고 결합되어, CVP와 수익 공식을 지속적으로 달성하는지에 달려 있기 때문이다. 사실, 핵심 자원과 핵심 프로세스 간의 시너지는 개별 자원과 프로세스만큼이나 기업의 성공에 중요하다.

예를 들어, 아일랜드 항공사 라이언에어Ryanair가 저가라는 가치 제안을 제공할 수 있는 이유는 부공항 사용, 비노조 인력 고용, 무엇보다도 표준화된 보잉 737 항공기 운항, 스파르타식 본부 유지 등으로 간접비를 낮췄기 때문이다.[24] 이러한 자원과 프로세스의 막강한 조합은 조화를 이루며 라이언에어의 비즈니스 모델을 뒷받침한다. 이들의 CVP는 높은 자원 속도, 저비용 구조의 수익 공식을 통해, 고객에게 대폭 할인된 가격의 항공편을 제공하는 것이다.

메드트로닉의 가장 큰 자산은 심박 조율기 등의 의료기기를 전 세계에서 제조하고 마케팅한 풍부한 경험이다. 이미 인도에서 탄탄한 입지를 확보하고 의료계에서 높은 신뢰를 얻고 있었기 때문에, 어려움 없이 인도 금융계에서 필요한 파트너를 찾을 수 있었다.

홀푸드의 중요한 성공 요인은 개발되지 않은 이질적인 시장을 체계화한, 핵심 프로세스의 혁신이다. 앞서 언급했듯이 홀푸드는 원래 소규모 지역 생산자(주로 유기농 농가와 자연요법 업체)의 공급에 크게 의존했었다. 1980년대에는 이러한 제품에 대한 전국적인 시장이나 대규모 전국 사업을 구축할 수 있는 중앙집중식 유통업체나 통합 관

표 5 | 메드트로닉의 비즈니스 모델: '모든 이에게 건강한 심장을'

	전통적인 심박 조율기 제조사	메드트로닉
고객 가치 제안	선진국 시장을 대상으로 한 고품질 이식형 심박 조율기, 보험 적용	새로운 채널을 통해 심장 질환 솔루션에 대한 접근성을 높이고, 제품 혁신과 제3자 파이낸싱을 통해 합리적인 가격으로 제공
수익 공식	규모에 따른 높은 마진, 높은 간접비	자원 속도 개선으로 저마진에 대량으로 생산하고 전체 비용 동시 절감
핵심 자원 및 프로세스	• 최고의 R&D • 최고 품질을 보장하는 우수한 제조 공정 • 공급자 및 결제자와의 긴밀한 관계	• 전 세계에 걸친 심박 조율기 제조 및 마케팅에 대한 풍부한 경험 • 인도 의료계와의 긴밀한 관계 • 제3자 금융기관과의 파트너십

리업체가 없었다. 시장의 판도를 바꿀 CVP를 만들기 위해서 홀푸드는 당시 업계에 없던 공급망을 구축해야 했다.

홀푸드는 부분적으로 지역 인수를 통해 기존 매장 브랜드를 흡수하면서 성장했지만, '로컬'은 홀푸드의 CVP에서 핵심 요소였기 때문에 로컬 매장 관리자가 계속해서 모든 구매 결정을 내리도록 하여 공급망 관리를 효과적으로 분산했다.[25] 홀푸드는 성장하면서 고품질의 신선식품과 사전 조리식품에 CVP를 집중시켰고, 이 핵심 프로세스를 개선하고 체계화하는 데 대대적인 투자를 했다. 별도의 지역 사업부를 설립하고 특수 건식 제품을 위한 자체적인 전국 유통망을 확보했다. 또한 우수한 품질을 유지하기 위해 로컬 유기농 신선식품 업체

표 6 │ 홀푸드마켓의 비즈니스 모델

	전통적인 대중적 식료품점	홀푸드마켓
고객 가치 제안	다양한 매장 브랜드, 전국적인 프리미엄 브랜드 제품, 시간 효율적인 셀프 서비스 경험	환경 및 사회적 책임 실천을 지원하는 다양한 식품 및 제품에 대한 편리한 접근성, 즐거운 하이터치 쇼핑 경험
수익 공식	마진이 낮고 자원 속도가 높은 공산품과 기타 품목 강조 (중앙 통로에 배치)	높은 마진, 농산물, 육류, 조리식품 및 기타 신선식품에 집중 (가장자리에 배치)
핵심 자원 및 프로세스	• 공급업체와의 협상력 • 대규모의 중앙형 유통망 • 모든 매장에서 표준화된 상품군 제공 • 대량 구매가 용이한 매장 설계	• 지역 농가 및 특산품 업체와의 관계 • 전국 아홉 개 물류 센터 • 개별 매장에 자율성을 부여하여 제품 구성을 맞춤화하고 매장 내부를 개별적으로 구성 • 여유로운 소셜 쇼핑을 즐길 수 있도록 설계된 매장

와 파트너십을 맺었다. 궁극적으로는 자체 상표와 공산품에 대한 구매·유통 업무 대부분을 자체 창고와 물류 운영으로 전환했지만, 지역 및 로컬 관리자가 제품 구성을 맞춤화하고 로컬 생산자로부터 직접 재고를 확보할 수 있도록 계속해서 허용했다.

홀푸드는 전통적인 슈퍼마켓 공급망을 혁신하여 수익 공식에 맞게 전환하고 화이트 스페이스에서 혁신적인 성장을 이루었다. 그 결과 1980년 열아홉 명의 직원이 근무하던 단일 매장에서, 약 1만 개의 협력사(대부분 개인 또는 소규모 로컬 업체)를 성공적으로 관리하는 기업이 되었다.[26] 분산형 비즈니스 모델로 인해(그리고 핵심 프로세스를 성공의 원동력으로 삼아), 개별 매장은 독립 사업부처럼 운영되면서도 대규모 유통망에 소속되는 이점을 누릴 수 있었다.

사업 규칙, 행동 규범, 성공 지표

사업 규칙, 행동 규범, 성공 지표는 비즈니스 모델의 요소를 연결하고 시스템의 균형을 유지한다. 또한, 기업이 반복적이고 예측 가능한 방식으로 CVP와 수익 공식을 달성할 수 있도록 한다. 기존 사업을 영속시키는 기능을 하기 때문에 비즈니스 모델의 진화 과정에서 가장 마지막에 완성되는 경향이 있다. 예를 들어, 홀푸드는 다양한 지역에서 비즈니스 모델의 목표를 달성하기 위해, 분산된 관리 체인에 규칙과 지표를 다층적으로 적용했다. 사업 규칙과 행동 규범이 분산된 의사결정 네트워크를 이끌었고, 개인이 아닌 팀 지표에 기반한 보상 제도를 수립했다. 이러한 관리 조치는 일상 업무의 일관성을 확보하고, 최고의 효율성과 영업이익을 달성하는 데 도움이 되었다.

2017년 봄, 홀푸드마켓은 소매업계의 가장 큰 혁신자인 아마존에 매각되었다. 거대 인터넷 기업인 아마존이 홀푸드의 기존 비즈니스 모델을 그대로 유지할지, 아니면 자신의 비즈니스 모델에 맞게 변경

그림 10 | 규칙, 규범, 지표

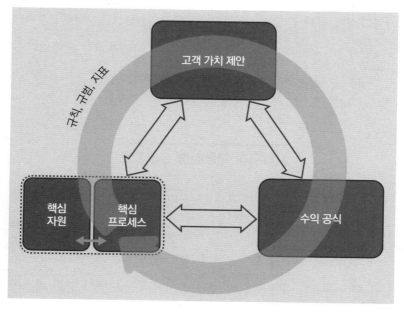

할지는 아직 미지수이다.*

비즈니스 모델의 요소는 규칙, 문화적 규범, 지표에 반영되어 남아 있더라도 결국은 조직의 기억에서 잊힌다. 조직의 이러한 기억상실은 많은 기업이 자사의 비즈니스 모델이 무엇인지 명확히 설명하지 못하면서도, 여전히 효과적으로 운영되는 이유이기도 하다. 그러

---

* 인수 이후 아마존은 홀푸드마켓의 비즈니스 모델을 상당 부분 변경했다. 첫째, 로컬 중심의 구매 모델에서 벗어나 아마존의 중앙집중식 모델로 전환했으며, 둘째, 중산층 고객을 유치하기 위해 가격을 대폭 인하했다. 셋째, 홀푸드마켓 매장을 아마존의 배송 허브로 활용하기 시작했으며, 넷째, 고객 데이터를 활용해 개인화된 마케팅과 제품 추천을 시작했다. 이러한 변화는 기존의 비즈니스 모델을 아마존의 효율성 중심, 데이터 기반, 온-오프라인 통합 모델로 전환한 것으로 볼 수 있다. -옮긴이

나 이러한 지침과 관리 메커니즘은 정확히 기존 비즈니스 모델을 최적화하는 방향으로 발전하기 때문에, 새로운 비즈니스 모델의 도입을 크게 억제한다. 이러한 중대한 역설은 9장에서 자세히 살펴보기로 한다.

혁신을 위한 명확한 청사진

비즈니스 모델 혁신을 위한 확실한 프레임워크 없이 화이트 스페이스에 뛰어드는 기업은 마치 청사진 없이 집을 지으려는 건축가와 같다. 이 건축가는 엑셀 파일로 사업의 수익성을 분석하고 건축에 필요한 자원까지 준비하지만, 정작 목재와 콘크리트가 현장에 도착했을 때 작업자는 목적 없이 일하게 된다. 명확한 도면이 없다면 집은 아마도 작업자가 가장 최근에 지은 집과 비슷한 모습으로 완성될 것이다. 기존 작업을 반복하는 수밖에 없기 때문이다. 행여 독창적인 집을 만들어냈다면, 그것은 선견지명보다는 운 덕분일 가능성이 높다.

이번 장에서 설명한 비즈니스 모델 프레임워크는 건축학의 원리를 비즈니스 모델 혁신에 적용해본 것이다. 이 프레임워크가 제공하는 청사진을 통해 기존의 핵심 비즈니스 모델을 도식화하고 새로운 모델을 설계하면 화이트 스페이스를 확보할 수 있다. 이러한 구조적 장치는 관리와 예측이 가능한 혁신 프로세스의 기반이 되어, 새로운 시각으로 혁신적 성장과 변화를 추진하게 해줄 것이다.

2부

화이트 스페이스를 창출하고
확장하는 실전 전략

REINVENT
YOUR
BUSINESS
MODEL

> 어떤 존재든 복잡하고 다양한 생활 조건에서
> 자신에게 조금이라도 이익이 되는 방향으로 변화하면
> 생존 확률이 높아져 자연 선택된다.
>
> 찰스 다윈

당신이 포뮬러 원 드라이버라고 상상해보라. 매우 섬세하고 정교하게 튜닝된 머신으로 수년간 모나코의 도로에서 레이싱을 해왔다. 획기적인 엔진과 서스펜션(노면의 충격을 흡수하여 차체나 탑승자에게 전달되지 않도록 하는 자동차의 구조 장치-옮긴이) 기술, 새로운 타이어 디자인, 기타 수많은 업그레이드 작업으로 차량을 최고이자 최첨단의 플랫폼으로 만들었다. 레이스에서 승리하기 위한 전략과 전술을 끊임없이 다듬어왔고, 꾸준히 우승하여 상금과 트로피를 받았다. 당신의 팀은 많은 상금을 받은 우승팀이 되었으며, 따라올 경쟁자도 거의 없다.

그러던 어느 날, 성장을 위한 새로운 경쟁 영역을 찾아나섰다가, 멕시코 사막을 횡단하는 도전적인 오프로드 레이스인 '바하 500'이 당신의 관심을 사로잡는다. 그래서 캘리포니아 바하로 가서 바위, 모래톱, 마른 호수 바닥, 산길 등을 달리는 경주에 맞게 포뮬러 원 머신을 개조하기 시작한다. 휠베이스 폭을 좁히고, 오프로드 타이어를 장착하고, 변속기를 개조하며, 스프링과 완충기shocks를 업그레이드하고, 100도가 넘는 열을 받아도 더 잘 작동할 수 있도록 엔진을 보강한다. 새로운 코스를 익히고 전략을 수립한다. 출발 신호만 울리면 달릴 수 있도록 준비를 모두 마쳤다.

하지만 레이스는 결국 패배로 끝난다. 아무리 많은 대회에 출전하고 대대적으로 장비를 개조해도, 정교한 포뮬러 원 머신은 거친 오프로드 차량과 게임이 되지 않는다. 지금까지의 모든 경험, 치밀한 전략, 전술적 기량이 무용지물로 전락하는 이유는 당신의 차가 '바하 500'에 맞지 않기 때문이다. 우승에 도전하기 위해서는 새로운 레이싱 플랫폼이 필요하다.

비즈니스 모델도 마찬가지다. 새로운 종류의 경쟁에서 우승하려면, 즉 새로운 고객 가치 제안을 통해 새로운 과업을 수행하면서 수익성을 확보하려면, 완전히 다른 비즈니스 플랫폼이 필요하다. 네 가지 요소를 모두 바꾸고 그 작동 방식을 재조정하는 등 비즈니스 모델을 완전히 재창조해야 한다.

새로운 CVP라고 해서 항상 비즈니스 모델 혁신을 필요로 하는 것은 아니다. 기업은 핵심 모델의 강점을 바탕으로 새로운 시장(때로는 새로운 산업)의 게임 체인저가 될 새로운 CVP를 수립할 수 있다. 바로 인접 영역으로 진출하는 것이다. 예를 들어 P&G는 기존 비즈니스 모델 환경에서 매우 혁신적인 제품을 개발했다. 가정용 걸레라는 흔한 상품을 '스위퍼'라는 브랜드로 만들어 시장을 혁신적으로 변화시켰다. 가구나 러그 등 세탁기에 넣기에는 너무 큰 패브릭을 위한 세정제라는 새로운 제품 라인으로 페브리즈를 개발했고, 이를 공기 청정제 분야로 확장했다. 스위퍼와 페브리즈 모두 새로운 시장을 혁신적으로 개척한 제품이었지만, P&G는 생활용품을 대량으로 제조·유통하는 데 최적화된 기존 홈케어 비즈니스 모델을 유지하면서 이 새로운 제품의 생산과 유통을 진행했다.

새로운 CVP에 화이트 스페이스 전략이 필요한지 그렇지 않은지는 어떻게 판단할 수 있을까? 새로운 CVP를 수행하기 위해 다음 중 어느 하나라도 필요하다면 새로운 모델이 필요하다는 신호다.

- 기존의 수익 공식(특히 간접비 구조), 자원 속도 또는 두 가지 모두의 조정
- 새로운 유형의 핵심 자원과 프로세스 개발
- 사업 운영을 위해 근본적으로 다른 핵심 지표, 규칙, 규범 수립

앞의 조건 중 하나 이상에 해당된다면, 화이트 스페이스에 새로운 기회가 있다는 뜻이고, 경쟁을 하기 위해 새로운 비즈니스 모델이 필요하다.

2부의 내용은 당신이 포뮬러 원 경주용 자동차를 계속 유지해도 되는지, 아니면 다음 도전을 위해 모래사장용 소형 자동차를 새로 설계해야 하는지 판단하는 데 도움이 될 것이다. 비즈니스 모델 혁신을 통해 화이트 스페이스로 진출할 수 있는 다양한 상황을 파악하고, 이를 성공적으로 수행한 기업 사례를 살펴본다. 3장에서는 기존 시장, 기존 고객의 중요한 미해결 과업을 비즈니스 모델 혁신을 통해 달성하는, '내부의' 화이트 스페이스에 대해 알아본다. 4장에서는 비즈니스 모델 혁신을 통해 '외부의' 화이트 스페이스에서 새로운 시장을 창출하는 방법을 설명한다. 주로 제품과 서비스의 대중화에 초점을 맞추어 높은 가격, 복잡성, 많은 시간 소요 등의 이유로 시장에서 완전히 소외되었던 잠재 소비자 그룹에 어떻게 접근할지를 중심으로 살펴본다. 5장에서는 산업 혁신을 통해 창출된 기회에 비즈니스 모델 혁신으로 대응하는 방법을 알아본다. 이러한 '중간의' 화이트 스페이스는 대대적인 시장 변화, 혁신적인 기술 또는 정부 정책 등이 결합해서 산업에 엄청난 격변이 일어날 때 등장하는 새로운 영역이다. 마지막으로 6장에서는 기업이 신기술을 새로운 성장 기회로 전환한 사례를 살펴본다.

기업은 혁신적 성장과 변화를 적극적으로 추구해야 하지만, 새로운 경쟁을 할 때는 우선 잠재력이 가장 큰 기회를 포착하는 통찰력부터 확보해야 한다. 2부의 내용은 새로운 방식으로 기회를 포착하는 데 도움이 될 것이다.

03

내부의 화이트 스페이스:
기존 시장을 혁신하라

진정한 발견의 여정은
새로운 풍경을 찾는 것이 아니라,
새로운 눈을 갖추는 데 있다.
마르셀 프루스트

다우코닝은 실리콘 기술을 연구하고 상업화할 목적으로 다우케미컬컴퍼니Dow Chemical Company와 코닝글래스워크Corning Glass Works가 합작하여 설립한 회사이다. 1943년 출시된 첫 제품은 항공기 엔진의 습기 형성을 억제하여 고고도 비행을 가능하게 하는 실리콘 화합물이었다.[1] 2차 세계대전 전투기 수요와 이후 상업용 항공기의 붐에 힘입어, 다우코닝은 급속도로 성장하여 건설, 개인용품, 자동차, 의료제품 등 다양한 산업으로 사업을 확장해나갔다. 수년에 걸쳐 다우코닝의 비즈니스 모델은 7,500개가 넘는 인상적인 제품 재고 관리 단위

(SKU)를 보유함으로써 하이터치형 솔루션 중심의 고객 가치 제안을 강화해왔다.[2]

그러던 중 1990년대에 다우코닝의 실리콘 유방 보형물이 유방암을 비롯한 다양한 질병과 관련이 있다는 주장이 제기되면서 위기가 찾아왔다. 소비자의 비난과 대규모 집단소송으로 1998년 32억 달러에 합의가 이루어졌고, 이로 인해 회사는 파산 보호를 신청했다.[3] 2001년에는 중요한 고비를 맞았다. 자본 집약적인 기업으로서 생산 능력이 상당한 과잉 상태였고, 주요 제품 라인에서 성장이 정체되고 있었다.

이러한 문제를 해결하기 위해 다우코닝은 개리 앤더슨Gary Anderson을 새로운 CEO로 영입하여 고위 경영진 대부분을 신속하게 교체하고 대대적인 구조조정을 시작했다. 앤더슨은 존경받는 다우코닝의 임원인 돈 시츠Don Sheets에게 팀을 구성해서 회사의 기존 고객을 조사하라고 지시했다. 앤더슨은 고객의 미충족 과업을 보다 정확히 이해하면 다우코닝이 새로운 기회를 발견할 수 있으리라고 믿었다.

돈 시츠의 팀은 다우코닝의 고객 상당수가 성숙 단계의 기업이라는 사실을 파악했다. 이들은 실리콘 활용 분야에서 경험이 풍부했고, 다우코닝의 제품을 수년간 사용해왔으며, 자신이 원하는 것을 정확히 알고 있었다. 다우코닝의 실리콘은 사실상 하나의 범용 제품이 되어 있었다. "그동안의 고객 설문조사를 보면 고객의 가장 큰 걱정은 가격이 너무 높다는 것이었어요. 우리는 R&D, 제품 개발, 고객 서비스 등 제품과 서비스를 함께 묶어 제공했지만 상당수의 고객은 제품만 구매하기를 원했지요. 고객은 계속해서 동일한 고품질의 제품을 안정적으로 공급받기를 원하면서도, 서비스 비용은 지출하지 않기를 바랐습니다"라고 돈 시츠는 설명했다.[4]

웹이 여전히 붐을 이루는 가운데 앤더슨은 성장하는 이 시장에 대응해 인터넷 기반의 사업을 만들 수 있겠다고 생각했다. 그래서 그는 돈 시츠에게 높은 직책과 100만 달러 그리고 1년의 시간을 주었다. 시츠는 다우코닝의 기존 비즈니스 모델과 조직 문화의 모든 부분이 하이엔드용 솔루션 제공에 맞춰져 있었음에도, 저가 시장의 수요를 공략할 필요가 있다고 판단했다. 그는 이렇게 설명했다. "온라인 판매가 핵심이 아니었어요. 그보다는 새로운 수요를 우리 쪽으로 끌어올 수 있는 방법이 있는지를 고민했지요. 기회를 잡으려면 새로운 비즈니스 모델이 필요하다는 것이 분명해졌어요."

시장은 태어나고, 성장하고, 변화하고, 사라진다. 고객의 수요도 필연적으로 변화하며, 고객의 과업도 변한다. 시장 변화에 뒤처지지 않으려면 이러한 변화를 주시하고 대응할 새로운 방법을 모색해야 한다. 시장 개발 초기 단계에서는 기존 비즈니스 모델에 잘 맞는 혁신 (새로운 제품, 서비스, 기능)을 유지하는 전략이 주효할 때가 많다. 그 이후 단계에서는 보다 과감한 변화가 필요하며, 비즈니스 모델을 재검토하거나 새로운 모델을 수립해야 할 때도 있다. 이럴 때는 다우코닝과 마찬가지로 내부의 화이트 스페이스를 확보할 수 있다. 새로운

CVP를 적절한 비즈니스 모델로 포장해서 기존 시장 내에서 혁신적인 성장 또는 변화를 실행함으로써 새로운 과업을 해결할 기회를 잡을 수 있다.

경쟁 기반이 변화할 때 혁신을 추진하라

화이트 스페이스 내부의 기회는 대체로 업계의 경쟁 기반에서 예측 가능한 변화, 즉 고객이 프리미엄 가격을 기꺼이 지불할 의사가 있는 오퍼링의 측면과 관련이 있다.[5] 변화마다 필요한 혁신은 각기 다르다. 시장 발전의 초기 단계에서 기업의 고객 확보 경쟁은 보통 제품의 기능에 초점이 맞춰진다. 이 단계에서 고객은 자신이 원하는 과업을 더욱 완벽하게 충족시키는 제품 특징, 기능, 부가가치 서비스에 더 많은 비용을 지불한다. 기업은 이러한 핵심적인 과업에 먼저 집중하며, 지속적인 제품 혁신에 맞는 이상적인 비즈니스 모델을 구축한다. 이들은 효율성을 높여 비용과 가격을 낮추는 동시에 제품과 서비스를 개선하여 경쟁한다.

이러한 서비스가 충분한 수준에 도달하고 제품 성능과 관련된 작업이 대부분 충족되면, 경쟁의 기반이 바뀐다. 고객은 더 이상 추가적인 성능 개선에 프리미엄을 지불하지 않고, 더 우수한 품질과 신뢰성을 원하기 시작한다. 제품의 기능과 특징은 필요하지만 고객의 구매를 유도하는 데는 충분하지 않기 때문에, 기업은 우수하고 신뢰할

그림 11 │ 경쟁 기반의 변화

기업은 주로 제품 혁신을 통해 성능을 기반으로 하는 경쟁에 대응한다. 경쟁의 기반이 신뢰성으로 이동하면, 프로세스 혁신을 추구한다. 하지만 경쟁의 기반이 편의성과 비용으로 옮겨가면, 비즈니스 모델 혁신도 중요해진다.

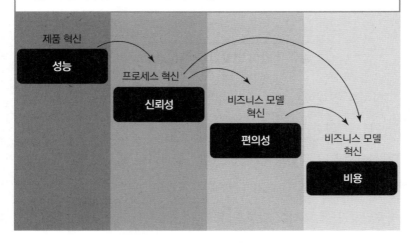

수 있는 솔루션에 대한 고객의 니즈를 만족시켜 제품을 차별화해야 한다. 이때는 프로세스 혁신이 성공의 핵심이다. 기업은 조달, 제조, 고객관계 관리, 기술지원 서비스 등의 프로세스를 개선하기 위해, 품질 보증과 품질 관리에 특히 중점을 두고 기존 모델을 보완한다.

예를 들어, 1960년대 일본 완성차 기업이 미국 시장에 진출했을 때는 가격에 민감한 소비자 시장에서 자리를 잡기 위해 도요타 코로나 같은 소형차를 출시했다. 그러나 1970년대 말과 1980년대 초에는 경쟁의 기반을 바꾸어, 훨씬 우수한 품질의 자동차를 생산하기 시작했다. 그러기 위해 완전히 새로운 비즈니스 모델이 필요한 것은 아니었다. 완성차 제조사는 제조·협력업체 관리 등 주요 비즈니스 프로세스를 개선했다. 고객은 신뢰할 수 있는 고품질 자동차를 구매하는 데 기꺼이 더 많은 비용을 지불했고, 일본 완성차 제조사는 그러한 고객 덕분에 중고급 시장을 대상으로 한 고급화 전략을 펼칠 수 있었다.

기능과 신뢰성에 대한 고객의 니즈가 대부분 충족되면 경쟁의 기반은 다시 한번 변화한다. 고객은 더 빠르고 쉽고 정확하게 각자에게 맞는 방식으로 과업을 해결할 수 있는 혁신을 요구하기 시작한다. 이 단계에서 기업은 프리미엄 가격을 확보하기 위해 편의성과 커스터마이징을 기반으로 경쟁한다. 예를 들어, 짚카Zipcar, 카투고Car2Go 등의 기업은 편의성에 승부를 건다. 자동차를 이용하고는 싶지만 소유는 원하지 않는(탄소 발자국을 줄이거나 단순히 도심 주차의 번거로움을 피하기 위해) 고객은 자동차 소유의 단점을 줄이면서 그 기능은 누릴 수 있는 차량 공유 서비스에 기꺼이 가입했다.

마지막으로, 제품·서비스가 성능의 세 가지 측면(신뢰성, 편의성, 비용)에서 대부분의 목표를 달성하면, 시장은 본질적으로 범용화된다. 이 시점에서 기업은 거의 비용 기반으로만 경쟁한다. 경쟁의 과정은 항상 선형적이지는 않으며 신뢰성 경쟁에서 비용 경쟁으로 바로 전환될 수도 있다. 이러한 현상은 B2B 기업과 철강 생산, 화학 등 기술 발전이 주도하는 산업은 물론, 컴퓨터 디스크 드라이브 제조업 등 주문자 상표부착 생산(OEM) 업체에서도 자주 나타난다.

경쟁의 기반과 고객의 우선 과업이 바뀌면, 필요한 CVP도 근본적으로 달라진다. 이때는 대개 기업이 기존 비즈니스 모델의 한계에 부딪힌다. 새로운 과업을 위한 가치 제안을 제시하고 새로운 성장 기회를 잡으려면, 다우코닝의 사례와 같이 비즈니스 모델 혁신에 착수해야 한다.

다우코닝: 모든 것을 바꾸는 변화의 연금술

다수의 기존 기업은 전면적인 범용화에 대응하기 위해, 저가 시장은 경쟁사에 내주고 고가 시장에서 핵심 비즈니스 모델에 집중해 더 높은 마진을 추구하는 전략을 편다. 하지만 이러한 방식은 장기적인 전망에 심각한 타격을 줄 수 있다. 다우코닝의 돈 시츠는 더 나은 방법이 있으리라 생각했다. 그는 고객의 과업에 집중했고, 회사가 성장하려면 경쟁 방식을 근본적으로 바꿔야 한다고 판단했다.

돈 시츠는 소규모 팀을 만들어 가격에 민감한 고객의 과업을 달성할 수 있는 CVP를 수립하기 시작했다. 목표가는 현행 제품·서비스보다 15% 낮게 설정했다.[6] 범용 제품에 있어 15%는 상당한 가격 인하였을뿐더러 그간 다우코닝이 고마진 정책을 유지해왔음을 고려하면 더욱 야심 찬 목표였다. 돈 시츠는 성공 가능성이 있는 비즈니스를 구축하려면 비용을 낮추면서도 재무팀이 수용할 만한 마진을 창출하는 비즈니스 모델을 만들어야 함을 알고 있었다.

단순히 서비스를 없애는 것만으로는 불가능했다. 가격을 15% 낮추기 위해서는 획기적으로 낮은 비용 구조와 훨씬 더 빠른 자원 속도를 결합한 수익 공식이 필요했다. 그래서 리드타임을 제한하고 주문이 접수된 후에 제품을 제조하여 재고 비용을 제거하는 방법을 고안했다. 판매 및 배송 단위를 늘려 주문량의 변동폭을 줄이고 부가서비스를 없애, 시스템을 통한 실리콘 유통량과 속도를 개선했다. 다우코닝의 전통적인 하이터치 맞춤형 방식에서 벗어나 오퍼링을 자동화하고 표준화함으로써, 간접비와 각 거래에 필요한 인력을 절감했다. 이러한 변화에는 밸류체인을 자동화하고 비즈니스의 대부분을 온라인으로 처리할 수 있는 IT 시스템이라는 새로운 핵심 자원이 필요했다. 자동화로 전환되면서 다우코닝의 기존 규칙보다 더 엄격한 사업 규칙이 요구되었다. 예를 들어, 주문량은 몇 가지 대량 옵션으로 제한하고, 주문 리드타임은 2주에서 4주 사이, 신용 조건은 고정, 실리콘 가격은 건별 협상이 아닌 현물 시장을 기준으로 결정되었다. 이러한 규칙에 예외를 원하는 고객은 더 많은 비용을 지불해야 했다.

새로운 비즈니스에 대한 비전을 구체화하면서 프로젝트팀은 자신들의 비즈니스 모델이 매우 과감하다는 것을 발견했다. 로터치, 셀프서비스 그리고 표준화된 이 새로운 비즈니스는 다우코닝의 핵심 사업에 적용되는 모델과는 거의 정반대였다.

돈 시츠는 이러한 혁신적 모델이 다우코닝의 핵심 사업 내에서 성공할 수 있을지 알아보고자 했다. 그는 엄격한 새로운 사업 규칙에

표 7 │ 다우코닝과 지아미터의 비즈니스 모델 비교

	다우코닝	지아미터
고객 가치 제안	맞춤형 솔루션, 계약 협상	부가서비스 없는 온라인 대량판매 가격
수익 공식	가격 협상, 높은 간접비, 높은 마진	현물 시장 기준 가격, 낮은 간접비, 낮은 마진, 높은 처리량
핵심 자원 및 프로세스	• R&D • 판매 • 영업 중심	• 시스템 • 최저 비용 프로세스 • 자동화 극대화

기존 직원과 시스템이 어떻게 반응하는지 테스트하기 위해 시뮬레이션war game을 시도했다. 새로운 모델은 다우코닝의 기존 업무 방식과 너무나 이질적이었기 때문에 실패로 돌아갔다. 다음 단계는 명확했다. 새로운 도전이 성공을 거두려면 핵심 비즈니스 모델로부터 자유로워야 했다. 기회를 놓치지 않고 더 확대하려면 고유한 정체성을 갖춘 새로운 조직이 필요했다. 이렇게 해서 화이트 스페이스를 얻기 위한 지아미터가 탄생했다.

　새로운 CVP와 수익 공식을 명확히 설정한 후, 지아미터는 성공에 필요한 핵심 자원과 프로세스를 구현하고 통합하는 데 집중했다. 다우코닝의 핵심 역량 중 하나였던 IT는 새로운 인터넷 기반 비즈니스에서 필수적이었기 때문에 프로젝트팀은 완전히 자동화된 웹 기반 주문·배송 시스템을 신속하게 구축했다. 지아미터의 브랜드 이미지 구축에도 세심한 전략이 필요했다. 다우코닝과 연결되어 있으면서도 충분히 분리되어서, 실리콘 기업 다우코닝의 자회사라는 느낌을 주지 않아야 했다. 돈 시츠는 두 회사의 강점을 드러낼 수 있도록, '다우코닝이 제공하는 가치의 새로운 기준'이라는 슬로건과 함께 지아미터라는 이름을 사용하기로 결정했다.

지아미터는 인력이 핵심 자원이라는 것을 알았지만, 간접비를 낮춰야 했기 때문에 소규모 인력을 유지해야 했다. 일부 직원은 급변하는 시장에서 과감하게 실행해야 했는데, 이는 다우코닝의 핵심 운영에서는 그다지 중요하지 않은 행동 규범이었다. "지아미터에서는 빠른 의사결정이 중요했습니다"라고 돈 시츠는 설명했다. "조직의 대부분은 최전선에서 트레이더가 되어 현물 시장에 따라 가격을 결정해야 했고, 이는 영향력이 큰 중요한 결정이었지요. 올바른 결정을 신속하게 내릴 수 있는 사람, 불확실성이 큰 급변하는 환경에서 성공할 수 있는 사람이 필요했어요." 모회사 핵심 사업부의 사고방식은 따르지 않으면서 전문성은 활용하기 위해, 그는 팀 플레이어이면서도 다우코닝의 문화에 맞지 않는 직원을 찾아냈다. 돈 시츠는 '시장을 잘 아는 전문가'인 동시에 '기꺼이 위험을 무릅쓸 수 있는 사람'을 원했다. 그는 면접을 진행하다가 적합한 후보자를 발견하면 그 자리에서 곧바로 새로운 직무를 제안했다. 이를 통해 지원자가 얼마나 쉽게 빠른 결정을 내릴 수 있는지를 평가할 수 있었다. "내가 원하던 것이 바로 그런 태도였습니다"라고 돈 시츠는 말했다. "기존의 다우코닝 영업사원과는 확실히 다른 부류의 사람들이었지요."

명확한 CVP 설정, 적합한 수익 공식 수립, 핵심 자원과 프로세스 확보가 완료된 후, 지아미터가 제 궤도에 오르기 위해서는 조직 차원에서의 인내와 보호가 필요했다. 다우코닝 역시 개발 비용을 관리하고 합리적인 성과책임 평가지표를 마련하고자 했다. 그래서 지아미터는 공격적인 출시 일정을 수립하면서도, 팀원들이 그 과정에서 배울 수 있도록 의도적으로 조직 규모를 작게 유지했다. "마일스톤milestone(활동이 완료되거나 시작되는 때를 나타내는 체크포인트로, 중요한 단계를 뜻한다-옮긴이)이 중요했어요. 기한을 정하고 이를 지키기 위해 치열하게 노력했습니다. 이렇게 빠르게 돌아가는 업무 환경 덕분에 조기에 성과를 보여줄 수 있었고 동시에 지아미터만의 독특한 소규모 문화를 형성할 수 있었지요"라고 시츠는 설명했다.

지아미터의 성장으로 다우코닝도 예상치 못한 혜택을 얻었다. 지아미터의 낮은 가격 덕분에 다우코닝은 잉여 생산능력을 활용해 수익을 낼 수 있었다. 시간이 지남에 따라 생산량이 새로운 고객의 수요로 채워졌고, 전반적인 가격 상승, 핵심 사업의 수익성 증가로 이어졌다. 지아미터의 모델을 통해 시장 불안정기에 기회를 포착할 수 있었고(원한다면 매 시간 가격 변동 가능), 다우코닝보다 훨씬 빠르게 원자재와 에너지 비용 변동에 대응할 수 있었다. 이러한 유연성 덕분에 수익도 증가했다.

지아미터는 3개월 만에 다우코닝의 투자금을 회수하고 대대적인 성공을 거두었다. 지아미터 출시 전 다우코닝은 온라인 판매 비중이

전무했으나, 2006년에는 온라인 매출이 전체의 약 35%에 달했다. 업계 평균의 거의 세 배에 달하는 수준이었다.[7]

지아미터는 기존 고객을 대상으로 시작했지만, 과거 다우코닝 제품을 구매할 여력이 없던 새로운 고객도 이제 지아미터를 찾고 있다. 돈 시츠는 이렇게 말했다. "지아미터가 생산공장에 주문을 쏟아내기 시작하자 모두 놀랐죠. 단순히 온라인에서만이 아니라, 실제 고객, 실제 생산 활동, 실제 수익에서 변화가 나타났습니다. 정말 대단했지요."

다우코닝의 사례와 같이, 경쟁의 임계치를 넘어 완전히 범용화된 상태에서는 비즈니스 모델을 재점검해야 할 때가 많다. 저가 경쟁을 하려면 보통 수익 공식, 핵심 자원, 핵심 프로세스를 재정의함으로써, 자동화 비율을 높이고 비용을 절감해야 한다. 이는 변동성을 줄이고 오퍼링을 표준화하는 엄격한 사업 규칙을 수립해야 함을 뜻한다.

다우코닝은 경쟁사나 신규 진입 기업이 시장을 잠식하기 전에, 기존 고객의 과업이 변화하고 있음을 파악했다. 비즈니스 모델 혁신을 수용하고 이에 맞는 이상적인 모델을 구축함으로써 다우코닝은 화이트 스페이스를 선점하고 혁신적 성장을 위한 강력한 새 엔진을 만들어냈다.

10년이 지난 지금 되돌아보면 그 노력의 과정은 꾸준하기는 했지만 순탄치만은 않았다. 조기 사업 확장을 위해 기존의 시장 세분화 전략을 버리고 다우코닝의 핵심 사업 기반에 수백 개의 제품을 추가하여 비즈니스 모델의 핵심을 변경했다. 개발도상국 시장에도 공격적으로 진출했다. 다우코닝 제품이 많이 알려져 있지는 않았지만, 전통적인 맞춤형 판매 방식을 활용할 수 있는 시장이었다. 다우코닝의 온라인 매출은 계속 증가했지만 전체 시장 점유율은 하락했다. 다우코닝의 영업·고객 경험 담당 댄 퍼터Dan Futter 수석 부사장은 2017년 인터뷰에서 "(온라인 판매로) 많은 비용을 절감할 수 있음을 확인한 후, 우리는 더 이상 '고객이 원하는 구매 방식'에 얽매이지 않았어요. 우리는 새로운 소재로 눈을 돌렸고, 어떠한 방식으로 판매하고 싶은지에 집중했습니다"라고 말했다.

다우코닝은 2016년 6월 다우케미칼Dow Chemical에 100% 인수되었으며, 지아미터는 현재 다우케미칼의 모든 브랜드를 위한 간편한 웹 주문 플랫폼 도입을 앞두고 사상 최대 규모의 확장을 준비 중이다. 지아미터는 실리콘의 대명사를 넘어서, 동종 업계에서 아직 누구도 성공적으로 재현하지 못한 비즈니스 모델을 통해 우위를 점하게 될 것이다. 퍼터 부사장은 실시간 재고 시스템과 즉각적인 자동 확인 기능을 여전히 지아미터의 핵심 강점으로 꼽는다. "대부분의 기업에 있어 가장 큰 문제는 ERP(전사적 자원 관리)와 웹 인터페이스가 완벽하게 연계되어야 한다는 점입니다. 두 시스템 간의 상호작용 방식에는 비즈니스 모델이 그대로 반영되어야 합니다." 자신이 원하는 것이 무엇이고 언제 필요한지 명확하게 아는 고객이라면, 그의 과업은 지아미터 플랫폼에서 완벽하게 해결된다.

델컴퓨터: 편의성으로 경쟁의 기반을 전환하다

저가 시장을 겨냥하는 새로운 고객 가치 제안으로 정면 돌파하는 것도 범용화에 대한 한 가지 대응 전략이다. 기업은 출혈 경쟁을 피하고, 경쟁의 기반을 신뢰성에서 편의성과 커스터마이징으로 전환할 수 있다. 이를 위해서는 제품이나 프로세스 혁신에만 집중하기보다 다각적인 가치창출 방법을 고민해야 한다. 예를 들어, 제조사는 점점 까다로워지는 고객의 요구를 충족하기 위해 과거에 성공했던 제품에 새로운 기능을 추가하거나 더 유연한 제조 공정을 도입할 수 있다.

이를테면 PC 산업 초창기에는 애플, 컴팩, IBM, 탠디Tandy와 같은 기업이 기능성 제품으로 시장의 니즈에 대응했으며, 이들의 혁신은 제품 개선에 집중되었다. 애플은 잘 통합된 제품으로 경쟁사 제품보다 시장의 성능 니즈를 더 잘 충족시킨 덕분에 초기에 선두주자가 될 수 있었다. 애플의 제품은 더 신뢰할 수 있었고(다운되는 횟수가 현저히 적었다) 훨씬 사용하기 쉬웠다. 다른 기업은 더 나은 성능과 신뢰성을 갖춘 컴퓨터를 내놓기 위해 제품과 프로세스를 모두 혁신하며 뒤쫓아갔다. 그러던 중 델컴퓨터가 모든 것을 바꿔놓았다.

델컴퓨터 제품은 초기에는 기존 PC 제조사만큼 뛰어나지는 않았다. 하지만 제품 특징과 기능에는 대부분의 소비자가 이미 충분히 만족하고 있었기 때문에 제품을 혁신하기보다는 PC 업계에 새로운 차원의 커스터마이징과 편의성을 도입했다. 델의 독특한 비즈니스 모델을 통해 고객은 전화 한 통으로(이후에는 웹사이트 로그인으로) 필요한 소프트웨어가 설치된 원하는 컴퓨터를 주문하고 거의 하룻밤 만에 집 앞까지 배송을 받을 수 있었다. 새로운 비즈니스 모델(제품 커스터마이징, 직접 판매, 48시간 내 배송)부터 제품 조달과 조립 방식(적시 공급망)에 이르기까지 모든 것이 기존 PC 제조와 판매 방식과는 완전히 달랐다. 델은 편의성과 커스터마이징으로 경쟁의 근간을 확실하게 전환했다. 30년이 지난 지금, 가격과 마진뿐 아니라 PC 수요도 사상 최저치를 기록하고 있는 상황에서, 한때 혁신기업이었던 델이 새로운 CVP를 위해 비즈니스 모델을 혁신할 수 있을지는 지켜봐야 할 것이다.

기능과 우수한 성능을 목표로 한 신제품 혁신은 과거만큼 오래 지속되지 않는다. 더 많은 진입자가 편의성을 기반으로 더 빨리 경쟁하고, 그 결과 시장은 과거보다 더 빠르게 전면적으로 범용화된다. 다우코닝의 실리콘 사업과 델의 PC 사업은 완전하게 범용화되는 데 수십 년이 걸렸지만, 신산업은 그 기간이 점점 짧아지고 있다. 하지만 새로운 편의성의 시대는 위협만이 아니라 기회이기도 하다. 리히텐슈타인에 본사를 둔 공구 제조사 힐티는 전동 공구 시장이 성숙 단계에 접어들면서, 위협과 기회의 경계가 때로는 모호할 수 있음을 경험했다.

힐티: 유형 자산을 대여하고 무형 자산을 서비스하다

캐터필러Caterpillar 같은 기업이 생산하는 복잡한 초대형 장비에 비해 힐티가 만드는 휴대용 전동 공구는 간단하고 저렴하다. 대형 장비의 가격은 수백만 달러에 달하지만 적당한 규모의 건설 현장에서는 보통 약 2만 달러 수준의 힐티 제품으로도 충분하다. 그러나 작은 공구 하나마다 막대한 기회비용이 발생할 수 있다. 오작동이나 고장으로 인해 하루 이상 공사가 중단된다면 생산성이 하락하고 공기가 늘어나기 때문이다.

1990년대 말, 힐티는 시장이 범용화되고 있음을 발견했다. 많은 제품 기술이 고객의 기대를 뛰어넘고 있었고 점진적인 개선으로는 더 이상 성장이 어려울 뿐 아니라 시장 점유율 하락을 막기에도 역부족이었다. "우리는 소형 공구 시장에서 경쟁사에 밀리고 있었습니다"라고 힐티의 유럽·북미 영업 및 마케팅 총괄 이사인 마르코 메이라트Marco Meyrat는 회상했다. "힐티는 프리미엄 브랜드인데, 해당 부문에서는 프리미엄의 가치가 떨어졌어요. 차별화는 더 어려워졌지요."[8] 하지만 힐티는 시장을 포기하고 싶지 않았기 때문에 다우코닝과 마찬가지로 다음 단계를 모색하고자 고객에 집중했다.

이 과정에서 힐티는 범용화로 인한 부작용을 발견했다. 건설 작업자가 전동 공구를 사실상 일회용으로 여긴다는 점이었다. 비를 맞게 두거나, 제대로 관리하지 않고 방치하거나, 현장에 두고 오는 경우가 많았다. 이는 이미 마진 감소로 어려움을 겪고 있는 건설사의 생산성을 악화시키고 수리 비용을 증가시켰다. 또한 저렴한 배터리 구동식 공구가 넘쳐나면서 현장의 공구 작업대에는 서로 다른 업체의 부품이 어지럽게 흩어져 있었다. 공구의 유지 관리와 운반은 고객에게 부담이 되었고, 건설 현장에서는 프로젝트를 진행하는 동안 다양한 공구 관리가 점점 골칫거리가 되었다. 힐티 회장이자 전 CEO인 피우스 바셰라Pius Baschera는 "공구 관리는 귀찮은 일이었습니다"라고 설명한다. "건설 작업자의 목적은 집을 짓는 것이지, 공구 관리가 아닙니다."[9] 언제 어떤 공구가 얼마나 필요할지 예측하는 것도 부담이었다. 대형 고객사의 경우 수리 비용보다 관리 비용이 더 문제가 되었고, 공구를 정리하고 계수하는 번거로움 때문에 그렇지 않아도 부족한 인력에 부담이 가중되었다. 즉 공구 자체는 범용화되고 있었지만 관리가 어려워지면서 더 많은 비용이 발생하고 있었다.

힐티는 고객의 과업을 살펴본 후, 편의성과 커스터마이징 기반의 경쟁을 한다면 '범용화'라는 위기가 오히려 판도를 바꾸는 기회가 될 수 있음을 깨달았다. 메이라트 이사와 직원들은 고객이 자사 제품을 사용하는(그리고 잘못 사용하는) 방식을 확인해 공구 대여 모델을 생각해냈다. 고객이 전동 공구를 개별적으로 구입하고 직접 유지·관리를 할 필요 없이, 월 사용료를 지불하면 목록을 깔끔하게 관리해주고 완벽하게 수리를 해주며 도난 보험까지 가입해주는 등 손쉽게 공구를 사용할 수 있도록 했다. "고객을 위한 가치 제안은 기본적으로 '힐티가 모든 것을 알아서 처리하고, 고객은 가장 안전한 최신 공구를 잘 관리된 상태로 언제든 쉽게 사용할 수 있다'는 것이었습니다"라고 메이라트 이사는 설명했다.

이 새로운 비즈니스는 언뜻 보기에는 합리적이고 힐티의 핵심 역량에 기반한 것처럼 보였지만, 대여 모델은 근본적으로 새로운 CVP였고 수익 공식도 그에 맞게 조정되어야 했다. 메이라트 이사는 이렇게 말했다. "수익에 대한 접근법이 완전히 바뀌었어요. 공구를 구매하고 대금을 결제하는 방식은 이제 사라졌습니다. 고객은 공구를 받아 사용하고, 우리는 매달 비용을 청구합니다." 게다가 힐티는 이제 회계 장부상에 재고를 계속 유지해야 했고, 유형 자산을 대여하고 새로운 무형 서비스를 제공하는 서비스 회사가 되어야 했다. 판매 거래 수는 줄어들지만 규모는 훨씬 커진다. 마진은 더 높아지겠지만 간접비와 관리비도 늘어난다. 한마디로 힐티는 고객의 미해결 과업을 수행하기 위해 핵심 제조·판매 사업의 안락한 그늘에서 벗어나 내부의 화이트 스페이스에서 경쟁해야 했다.

이 새로운 CVP는 기존 고객을 기반으로 했고 힐티는 새로운 비즈니스 모델에서 공구 관련 부분은 잘 알았기 때문에 제품·서비스와 수익 공식에 대한 기본적인 청사진을 빠르게 설계할 수 있었다. 그다음에는 필요한 핵심 자원과 프로세스를 파악하기 시작했다. 계약 관리가 최우선 과제였다. 고객은 언제든지 개별 공구를 추가하거나 대여를 중단할 수 있는 유연한 계약을 원할 것이다. 새로운 CVP는 고객의 관리 비용 절감이 핵심이었기 때문에, 힐티는 이러한 복잡한 계약을 자체적으로 유지해야 했고 이를 위해서는 강력한 백오피스 기능을 처음부터 기획해야 했다. 수익성을 위해 비용을 낮게 유지하고, 계약 추가 사항은 엄격한 원칙에 따라 관리해야 했다. 또한 고객보다 더 낮은 비용으로 공구를 효과적으로 관리, 유지·보수할 수 있는 프로세스가 필요했다. 고장 난 공구를 즉시 대체할 수 있는 새로운 제품도 지속적으로 확보해야 했다.

힐티는 고객관리 측면에서 현장 관리자가 보유하고 있는 모든 공구(또는 다수 현장의 공구)를 확인하고 사용률을 모니터링할 수 있는 웹사이트를 개발해야 했다. 이 데이터는 관리자가 자산과 관련된 비용을 편리하게 회계 처리할 수 있도록 도움을 주었다.

하지만 메이라트 이사에 따르면 힐티가 직면한 가장 큰 핵심 자원 문제는 완전히 새로운 업무를 수행할 수 있도록 영업 인력을 교육하는 것이었다. 공구 관리 서비스는 30분 만에 판매를 완료할 수 있는 성격의 것이 아니며, 고객이 행동을 바꾸어 제품이 아닌 프로그램을 구매하도록 설득하려면 며칠, 몇 주, 심지어 몇 달에 걸친 협의가 필요했다. "그동안 주로 해왔던 즉시 판매가 아니라, 수년에 걸쳐 고객과 파트너십을 맺는 작업이었어요"라고 그는 설명한다. 현장에서 트레일러를 타고 다니면서 작업 관리자, 구매 관리자를 상대하는 데 익숙했던 현장 담당자들은 갑자기 CEO, CFO와의 회의 테이블에 앉아야 했다. 이러한 프로그램의 사용 계약을 맺기 위해서는 보통 임원의 결재가 필요했기 때문이다. 담당자들은 작업복이 아닌 정장을 입어야 했다. "영업사원들은 최고경영진을 상대하는 데 대한 부담을 토로했어요"라고 메이라트 이사는 회상했다. 그래서 힐티는 직원들이 이러한 문화적 장벽을 극복할 수 있도록 막대한 자원을 투입했다.

힐티는 가설을 검증하고 모델을 개발하기 위해 소규모로 시작해서, 가치 제안을 검증(및 개선)할 수 있는 거점 시장을 확보하고 비즈니스 모델에 필요한 모든 새로운 핵심 자원과 프로세스를 철저하게 준비했다. "본사가 위치한 스위스에서 먼저 시작했습니다. 강력한 브랜드 입지, 긴밀한 고객관계, 우수한 고객층, 안정적인 통화 유통액을 보유한 곳이기 때문이었지요." 메이라트 이사는 설명했다. 힐티는 여덟 개의 고객사만을 대상으로 새로운 사업을 시작했고, 즉각적으

표 8 | 전통적인 공구 기업과 힐티의 비즈니스 모델 비교

	전통적인 공구 기업	힐티의 공구 일괄 관리 서비스
고객 가치 제안	산업용 및 전문가용 전동 공구 및 액세서리	현장 생산성 증대를 위한 종합적인 공구 관리 서비스
수익 공식	낮은 마진, 높은 재고 회전율	높은 마진, 자산 집약적(공구 대여)/ 공구 유지·보수, 수리, 교체에 대해 매월 서비스비 청구
핵심 자원 및 프로세스	• 유통 채널 • 개발도상국의 저비용 제조 설비 • R&D	• 강력한 직접 판매 방식 • 계약 관리 • 재고 관리와 수리를 위한 IT 시스템 • 창고 관리

로 긍정적인 성과를 얻었다. "우리가 확보한 고객과 그 행동을 살펴보니, 공구 예산뿐 아니라 소모품 예산 일부까지 우리 서비스에 사용하고 있더군요. 일부 고객의 데이터를 바탕으로 추정한 결과, 엄청난 가능성을 확인할 수 있었습니다."

조기에 수익성을 확인한 힐티는 사업 확장을 위해 계약 관리, 회계 규정 및 지표를 적절히 조합하고 지속적으로 개발하면서 조급해하지 않고 성장해나갈 수 있었다. 예를 들어, 처음에는 대형 고객사에만 서비스를 제공한다는 규정을 만들었다. 하지만 자사 공구를 50개 이하로 사용하는 중소 건설사도, 비록 이유는 다르지만 이 제안에 관심이 있음을 곧 확인할 수 있었다. 중소사는 예상치 못한 수리 및 교체 비용이 수익에 큰 부담이었고, 작업량이 증가하더라도 그에 대비해 장비를 확충하기가 쉽지 않았다. 새로운 오퍼링을 통해 중소형 고객사는 경기 하락기에 잘 버틸 수 있을뿐더러 상승기에는 더욱 민첩하고 효율적으로 작업 규모를 늘릴 수 있게 되었다.

힐티는 2000년에 해당 프로그램을 시범 운영한 후 3년 만에 거의 모든 세계 시장으로 확대했다. 이 프로그램은 꾸준히 성장하여 2015년에는 전 세계 10만 고객을 대상으로 100만 개 이상의 공구를 관리하면서, 42억 달러에 달하는 힐티의 전체 매출 가운데 상당 부분을 차지하게 되었다.

기존 시장의 미해결 과업을 수행하라

경쟁의 기반에서 변화가 일어나면 비즈니스 모델 혁신을 통해 내부의 화이트 스페이스에 뛰어들어야 할 수 있다. 그러나 기존 CVP로 충족되지 않는 고객의 미해결 과업이 있는 곳이라면 어디든 기회가 있을 수 있다. 예를 들어, 페덱스는 업계의 변화가 없었음에도 과업 중심 전략을 통해 배송 업계에 새로운 비즈니스 모델을 도입했다.

페덱스의 창립자 프레드 스미스Fred Smith는 예일대학교 학부생 시절, 코네티컷의 뉴헤이븐 트위드 공항에서 전세기를 조종하는 아르바이트를 했다. 자주 들렀던 북동부의 작은 공항에서 그는 전자기기 시대의 새로운 강자인 IBM, 제록스 등이 법인용 제트기로 현장 서비스 엔지니어에게 고가의 컴퓨터 수리 부품을 운송하는 것을 보았다. 사람들은 이러한 고가의 부품을 즉시 필요로 했고, 비용보다 속도가 더 중요했다. 에머리 항공화물Emery Air Freight이라는 회사가 이 문제를 해결하려고 했지만 이 회사의 인프라는 대도시의 여객 항공사를 중심으로 구축되어 있었다. 당시 항공 산업은 규제도 심했고 항공사는 대부분 지점 간 노선을 운항했기 때문에 소도시에 접근하기가 어려웠다. 스미스의 설명에 따르면, 에머리는 "고부가가치형 첨단제품을 신속하게 운송하기 위해, 다른 목적으로 설계된 운송 시스템에 이를 억지로 끼워 넣으려 하는 상황"이었다.[10]

기회를 포착한 스미스는 귀중 화물을 A지점에서 B지점으로 하루 만에 안정적으로 배송하는, 미해결 과업에 특화된 완전히 새로운 비즈니스 모델을 구상했다. 소규모 항공사를 인수하여 당시로서는 혁신적인 허브-앤-스포크hub-and-spoke(각 출발지와 도착지를 중심 거점을 중심으로 연결하는 형태의 물류 또는 항공 노선 구성 방법-옮긴이) 방식으로 항공-육상 운송 통합 시스템을 구축했다. 이로 인해 에머리는 시장에서 퇴출되었다. 페더럴 익스프레스Federal Express는 1971년 미국 25개 도시를 운항하는 열네 대의 소형 항공기로 시작해, 합병이나 인수 없이 1983년 미국 기업 최초로 10억 달러의 매출을 기록했다.[11]

항공화물에 대한 정부의 규제 완화로 우편 및 서류 운송이 가능해지기 전까지, 고급 익일 배송은 틈새시장이었다. 프리미엄을 지불하더라도 서류 등의 물품을 다른 도시로 하루 만에 안전하게 보내고자 하는 소비자가 많았다. 페덱스의 비즈니스 모델은 이러한 요구에 매우 적합했다. 미국 우정공사와 UPS는 시장에서 정부의 보호를 받으며 거의 독점적인 지위를 누리고 있었기 때문에, 신규 진입자에 대응할 준비가 되어 있지 않았다(익일 배송은 UPS의 핵심 사업과 자연스럽게 연결되는 것처럼 보일 수 있지만, UPS의 모델은 육상 운송에 중점을 두었고 기존 항로와 항공사에 의존했기 때문에 초기에는 시장이 원하는 속도나 안정성을 제공하지 못했다). UPS와 미국 우정공사가 비즈니스 모델을 혁신하여 이를 따라잡는 데까지는 여러 해가 걸렸다.

가구 제조사 이케아는 차별화된 비즈니스 모델을 수립해 기존 시장을 변화시킨 또 다른 사례이다. 저렴하면서도 트렌디한 가구를 원하는 젊은 부부의 과업을 해결하는 전략은 단순한 가격 인하(많은 할인점에서 이미 실행 중이었던 전략)와 달랐기 때문에 혁신적이었다. 이케아는 가구를 내구재에서 비내구재로 바꾸어놓았다. 고품질, 고가의 가구는 오랫동안 보유해야 투자금을 회수할 수 있기 때문에 구매에 대한 리스크가 높다. 하지만 이케아 가구를 구매하는 행위는 어른이 되면서 취향이 달라지면 그에 따라 새로운 옷을 사는 것과 비슷했다. 젊은 고객은 아파트나 소형 주택에서 넓은 집으로 이사할 때 이에 맞추어 새로운 가구를 편하게 구매할 수 있었다. 그렇기 때문에 이케아의 가구는 고급 제품보다 훨씬 저렴하면서도 할인 제품보다 유행을 잘 반영해야 했다.

이케아는 가치 제안을 더욱 강화하기 위해 쇼룸의 쇼핑 경험과 물류 시설의 편리함을 결합했다. 고객은 세련되고 스타일리시한 공간에 진열된 가구를 보고, 쉽게 운반할 수 있는 모듈식 키트 제품을 구매해 당일에 집으로 가져가 직접 조립할 수 있다. 이케아의 모든 제품과 서비스(매장 내 아이돌봄 서비스, 저렴한 식사)는 수익 공식과 핵심 자원 및 프로세스를 근간으로 하며, 이는 CVP를 달성할 수 있도록 모두 통합되어 있다.

마찬가지로 2장에서 살펴본 바와 같이, 홀푸드마켓은 하이엔드 고객의 미해결 과업을 달성하는 통합 비즈니스 모델을 구축했다. 페덱스, 이케아, 홀푸드마켓의 사례 모두에서 볼 수 있듯이, 기존 기업은 내부의 화이트 스페이스를 정면으로 공략하는 새로운 비즈니스 모델을 인식하는 속도가 느렸고, 제대로 대응하지 못했다. 기존 기업은 기존 비즈니스 모델에 얽매여 있는 반면, 스타트업은 그렇지 않기 때문에 더 수월하게 기회를 잡을 수 있으리라 생각할 수도 있다. 하지만 반드시 그런 것은 아니다. 경쟁의 기반이 바뀌면서 새롭게 등장했든, 시장 내에서 인식되지 못한 채 가려져 있든, 해결되지 않은 과업은 기존 기업도 비즈니스 모델 혁신을 통해 성장과 변화를 꾀할 수 있는 기회를 제공한다.

04

외부의 화이트 스페이스:
신규 시장을 창출하라

**한참 육지가 보이지 않아야,
비로소 새로운 땅을 발견할 수 있다.**

앙드레 지드

인도에는 전 세계 인구의 16%가 거주하고 있다. 또한 전 세계 모 발량의 28%가 집중되어 있어 샴푸를 판매한다면 이는 매우 유용한 통계이다.[1] 힌두스탄 유니레버Hindustan Unilever는 이러한 통계를 바탕 으로 2004년부터 2009년 사이에 매출과 수익을 거의 세 배로 늘릴 수 있었다.

힌두스탄 유니레버는 인도의 신흥 중산층 시장에서 거둔 성공을 바탕으로 저소득층을 겨냥한 다양한 브랜드를 선보이면서 수년간 퍼 스널 케어 제품 시장을 선도해왔다. 이처럼 급성장하는 시장에서 선도적인 위치를 확보하면 장기적인 성장이 보장된다고 생각할지 모른다. 하지만 2008년 힌두스탄 유니레버의 CEO로 취임한 니틴 파란지페Nitin Paranjpe(현 유니레버 홈케어 사장)에 따르면, 20세기 말 힌두스탄 유니레버는 수익률 감소와 경쟁 심화로 인해 새로운 시장과 성장 동력을 찾아야 했다.

쉽지 않은 일이었다. 인도의 연평균 소득은 600달러에 불과했고, 국민 상당수가 빈곤에 시달리고 있었다. 하지만 힌두스탄 유니레버의 리더들은 단호했다. 1999년 중간 관리자로 구성된 태스크포스팀을 구성했으며, 파란지페도 그중 한 명이었다. "우리는 조직을 위한 새로운 아이디어와 새로운 모델을 찾는 임무를 맡았습니다"라고 그는 회상했다.[2]

한편 인도에서는 극적인 변화가 진행되고 있었다. 한때 엄격하게 통제되던 경제가 빠르게 자유화되고 있었고, 정부는 지방 주민의 삶의 질을 개선하기 위해 대대적인 조치를 실행했다. "인도는 시골에 산다"라는 말이 있다. 밀레니엄에 접어들었을 때 인도 인구 11억 3,000만 명 중 72%가 지방 인구였다(현재는 약 67%).[3] 60만 개가 넘는 마을 가운데 대부분은 오지에 있으며, 도로 인프라가 매우 열악하기 때문에 생계형 경제를 넘어 대규모 운송이나 상거래 활동을 할 수 없었다. 인도 정부는 값비싼 인프라에 투자하는 대신 여성을 중심으로 하는 자조단체의 설립을 지원하기로 했다. 지방 주민이 창업을 통해 생활 여건을 개선할 수 있도록 돕기 위해서였다.

힌두스탄 유니레버는 이러한 사회적 역학관계 변화에 주목하고, 이를 활용할 수 있는 화이트 스페이스를 발견했다. "인도의 농촌 지역은 변곡점에 다다르고 있었습니다"라고 파란지페는 설명했다. "이를 기회로 만드는 전략이 필요했지요."[4]

제품과 서비스의 대중화로 비소비자를 공략하라

비즈니스 모델 혁신은 기존 시장 내부의 화이트 스페이스를 활용할 수 있는 강력한 프로세스를 제공하지만, 완전히 새로운 고객에게 서비스를 제공하고 새로운 시장을 창출하여 기존 시장 너머의 화이트 스페이스를 포착할 수 있는 훨씬 더 매력적인 기회를 여는 데도 효과적이다. 외부의 화이트 스페이스를 확보한다는 것은 현재 비소비자인 잠재고객을 겨냥한 CVP를 위해 새로운 비즈니스 모델을 수립해야 한다는 뜻이다. 비소비자란, 기존 제품·서비스의 과도하게 높은 가격, 복잡성, 접근성 부족으로 인해 시장에서 소외되어 있는 잠재고객 그룹을 말한다.

기업이 새로운 시장을 개척하고 과업을 해결하려면 먼저 이를 저해하는 장벽, 더 근본적으로는 시장에서 소외된 고객의 소비를 막는 장벽이 무엇인지를 파악해야 한다. 소비의 4대 장벽은 기술, 접근성, 시간, 예산이다.[5] 소프트웨어 개발사 인튜이트Intuit 는 '현금 보유량이 바닥나지 않기를' 바라는 많은 중소기업 경영진의 과업을 해결하기 위해 회계 소프트웨어 퀵북스QuickBooks를 개발했다. 이 소프트웨어는 중소기업이 피치트리Peachtree와 같은 보다 정교하고 복잡한 제품을 사용할 수 없게 가로막았던 기술 장벽을 무너뜨렸다. 홀푸드마켓은 복잡한 식료품과 유기농 농산물 시장을 합리적인 단일 현지 공급망으로 체계화하여, 비교적 부유층에 속하는 소비자가 접근 장벽을 극복할 수 있게 했다. 미네소타에 본사를 둔 미닛클리닉MinuteClinic(현재 CVS 소유)은 약국 키오스크에 전문 간호사를 배치하여 예약 없이 30분 내에 간단한 치료 상담을 제공함으로써 의료 서비스의 시간 장벽을 무너뜨렸다.

비소비자는 모든 사회경제적 스펙트럼에 속하지만, 신흥시장에서는 제품을 대중화하고 이른바 피라미드 맨 밑바닥의 소비자에게 다가갈 수 있는 기회가 특히나 무르익고 있다. 글로벌 경제 체제로 개발도상국의 가장 가난한 사람도 상향 이동이 가능해짐에 따라, 많은 기업이 이전에는 도달할 수 없거나 수익성이 없다고 생각했던 소비층을 위해 장벽을 허물고 성장을 모색하고 있다.

예를 들어, 개발도상국의 외딴 시골 지역에서는 통신 인프라를 구축하는 데 드는 비용이 막대해 통신 서비스를 누릴 수 없었다. 하지만 이제는 아메리카 모빌America Movil, 보다폰 같은 회사가 대여 모델을 통해 셀룰러 기술을 보급하면서 상황이 바뀌었다. 1990년대에 중국의 가전제품 제조사 갈란츠Galanz는 전력공급이 제한적인 비좁은 중국 아파트에서 사용할 수 있는, 에너지 효율이 우수한 소형 전자레

인지를 제조하기 시작했다. 중국 국내 가격 대비 수익성이 높은 비즈니스 모델을 통해 갈란츠는 비소비층이었던 방대한 시장을 개척하여 세계 시장의 40%에 가까운 점유율을 차지하게 되었다.[6] 남아프리카 은행 압사Absa는 지역 경제 발전을 도모하면서도 비소비자를 금융 서비스 부문으로 유입시키는 혁신적인 프랜차이즈 모델을 만들어, 수익성 있는 소액대출 사업에 진출했다.

컬럼비아대학교 지구연구소 소장인 경제학자 제프리 삭스Jeffrey Sachs는 "선진국에서 높은 생활 수준과 기대수명 80세를 가능하게 했던 기술을 이제는 거의 모든 사람이 누릴 수 있게 되었다"라고 말한다. "지금 이 순간 방대한 규모의 경제 활동이 이루어지고 있을 뿐 아니라, [경제 활동을] 엄청나게 확대할 수 있는 잠재력도 있다."[7] 힌두스탄 유니레버는 인도 시골 마을의 엄청난 잠재력을 인식하고 그 화이트 스페이스를 확보하기 위해 실행에 나섰다.

힌두스탄 유니레버: 파트너 네트워크를 구축하다

힌두스탄 유니레버는 새로운 기회를 모색하면서 먼저 미션이 명확한 태스크포스팀을 구성했다. 태스크포스팀의 미션은 수억 명에 달하는 비소비자를 시장에서 배제하는 예산 장벽과 접근성 장벽을 허물 수 있는 모델을 고안하는 것이었다. 그리고 삶의 질을 개선할 수 있는, 즉 사회적 공헌을 통해 성공을 거두는 것을 목표로 삼았다.

태스크포스팀은 무하마드 유누스Muhammad Yunus가 방글라데시에서 시작한 그라민 은행의 소액대출 모델에서 아이디어를 얻어, 정부가 지원하는 소액 신용대출을 받는 마을 자조단체와의 파트너십을 중심으로 비즈니스 모델을 구상하기 시작했다. 샤크티 이니셔티브Shakti Initiative라고 불리는 이 모험적 사업은 대출을 받는 창업 희망자에게 다가가 샤크티 암마Shakti ammas(강한 어머니)라고 불리는 영업 인력을 발굴하고 교육했다. 이 여성들이 각자의 마을에서 힌두스탄 유니레버의 직접 판매원으로 활동하게 될 터였다. 회사 입장에서는 여러 면에서 급진적인 아이디어였다. 당시 힌두스탄 유니레버의 총괄이자 스킨케어 사업 책임자였던 고빈드 라잔Govind Rajan은 "2,000명이 거주하는 마을을 일일이 찾아가는 건 불가능하다는 고정관념을 깨는 것이 먼저였습니다. 그 후 우리는 원원방식으로 사회에 큰 기여를 할 수 있음을 발견했지요"라고 설명했다.[8]

힌두스탄 유니레버는 파트너 네트워크를 구축하기 위해 유통 방식을 고민해야 했다. 라잔 총괄은 이렇게 설명했다. "우리는 유통에 대한 고정관념이 있었어요. 소비자 직접 판매 방식은 생각해본 적이 없었지요. 그전까지는 대리점을 대상으로 서비스를 제공하면 끝이었어요. 하지만 샤크티와 함께 일하면서 관계 형성과 파트너십에 대해 배웠습니다. 영세 규모의 비즈니스 관리에 도전한 것은 이번이 처음이었습니다."[9]

농촌 자조 단체, 소액대출 기관, 비정부기구(NGO), 인도 정부 등 시장에 변화를 일으키는 여러 관계자와 효과적으로 협력하려면 새로운 기술과 새로운 프로세스가 필요했다. "손익 외의 것을 중시하는 사람들과의 협업은 완전히 다른 사고방식을 요구했어요. 그들은 사회 그리고 대중의 자기 인식을 중요하게 여겼습니다"라고 그는 말했다.10

태스크포스팀은 적합한 플랫폼의 필요성을 인식하고, 목표 고객을 명확하게 정의하기 위해 노력했다. 결국 팀은 최종 사용자에게 제품을 제공하는 것이 아니라 실질적인 신규 고객인 샤크티 암마에게 비즈니스 기회를 제공하는 것이 샤크티의 목표라는 놀라운 CVP에 도달했다. "이들에게 사업 기회를 제공하는 것이야말로 화이트 스페이스 전략이 되었습니다"라고 파란지페 CEO는 설명했다. "우리는 채널에 집중하고, 충분한 교육과 지원을 통해 수익성을 확보했습니다. 채널의 모든 구성원이 성공해야만 우리도 성공할 수 있었습니다."11

힌두스탄 유니레버는 직접 판매원을 고객으로 정의하고 이들에게 실질적인 사업 기회를 제공하는 것에 가치 제안의 중점을 둠으로써, 장기적인 성장 모델을 구축했다. 경쟁사가 모방하기 어려운 모델이었다. 경쟁사인 인도의 소비재 및 산업재 회사 니르마Nirma가 직접 판매 방식으로 힌두스탄 유니레버를 앞섰지만, 힌두스탄 유니레버는 파트너 네트워크 모델에 집중함으로써 지방 시장에서 차별화된 인프라와 전문성을 확보하기를 기대했다. 브랜드 제품 구매에 익숙하지 않은 지역에서 새로운 모델의 수익 공식을 통해 기반을 마련하기 위해, 초기에 샤크티 팀원들은 낮은 마진을 감수해야 한다고 판단했다.[12] 마진이 낮더라도 판매량을 증가시켜 수익을 맞출 수 있을 것으로 기대했으며, 실적 지표에 기업의 사회적 효용도 포함시켰다. 힌두스탄 유니레버의 경영진도 이를 지지했다. 샤크티 모델의 기본 가정을 검증하기 위해 힌두스탄 유니레버는 한 지역만을 대상으로 사업을 시작했다. 불과 열일곱 명의 여성이 마을 시장에서 비누, 샴푸 등 기타 소량의 제품을 판매하기 시작했고, 점차 가정집을 방문하기 시작했다.[13]

판매 채널을 지원하는 것이 CVP였기 때문에, 샤크티는 새로운 핵심 자원인 암마를 위한 영업 교육을 실시하고 비즈니스적으로 지원하면서 이들이 브랜드를 이해하고 소규모 사업을 운영하며 수익을 창출할 수 있도록 도와야 했다.

크리슈넨두 다스굽타Krishnendu Dasgupta 채널 매니저는 "이 프로젝트는 기존의 MBA 역량으로 실행할 수 있는 일반적인 고객 확보 프로젝트가 아니었어요. 새로운 역량, 새로운 사고방식이 필요했죠"라고 설명했다.[14] 여성들의 교육 수준이 다양했기 때문에 단순히 통상적인 교육 매뉴얼을 전달하는 것으로는 부족했다. 교육용 오디오 카세트를 제작해 인근에서 열리는 강의 프로그램에 참석하도록 여성들을 초대했다.[15] 광고와 마케팅도 생소한 개념이었기 때문에 샤크티 팀은 현지 배우들로 구성된 극단과 함께 마을을 돌며 연극을 통해 브랜드 메시지를 알리기도 했다.[16]

브랜드 메시지는 개인 위생의 장점에 대한 내용이 주를 이루었다. 농촌 주민에게 식사 전 손 씻기의 중요성을 교육함으로써 아동 사망률의 주요 원인인 장염을 줄여나갔다. 이를 통해 암마들은 제품 판매의 역할을 넘어서서 마을에 중요한 효용을 제공함으로써 사회적 위상이 높아졌다.

산지브 카카르Sanjiv Kakkar 현 유니레버 러시아·우크라이나·벨라루스 총괄은 "삶의 질을 개선하는 것도 목표였지만, 수익성도 중요했습니다"라고 말한다.[17] 팀의 노력은 시작부터 결실을 맺었다. 샤크티 사업가는 가계 수입을 평균 두 배로 늘릴 만큼 소득을 올렸고, 지역사회에 미치는 영향을 체감할 수 있었다. "샤크티 가족을 방문할 때마다 그들의 얼굴에서 행복감을 느낄 수 있었어요"라고 다스굽타 매니저는 회상했다. "샤크티는 삶을 변화시킵니다. 주민들이 내 발을 만져주었지요. 노인들에게만 하는 존경의 표시였습니다."[18]

하지만 어려움도 있었다. 제품을 오지로 운반하려면 유통망의 혁신이 필요했다. 대상 지역은 대부분 도로가 포장되어 있지 않았다. 샤크티는 처음에는 힌두스탄 유니레버의 기존 지방 유통망을 활용했다. 물건을 내려주는 드롭오프drop-off 포인트를 만들어 암마가 매주 물건을 가져갈 수 있도록 했고, 자전거가 끄는 카트로 제품을 각 마을로 운반했다. 그러나 이 모델을 인큐베이팅하는 과정에서, 집중된 클러스터에서 사업가를 양성하는 것이 더 효율적임을 알게 되었다. 드롭오프 지점 수를 줄임으로써 지방에 유통할 때의 수익은 개선되었고, 샤크티는 재고 보유량을 줄여 효율성과 자원 속도를 개선할 수 있었다.[19] 샤크티 팀은 수익 공식을 정교화하고 핵심 자원과 프로세스를 재정비해 과업 수행에 집중했다. 2003년 초 60명으로 시작한 조직이 그해 말에는 1만 2,000개 마을을 담당하는 2,800명의 여성 사업가 조직으로 성장했다.[20] 지속적인 성장을 위해 이들은 강력한 사업 기회 제공이라는 CVP에 집중했다. 파란지페 CEO는 "우리의 지표는 판매량이 아니라 사업 가능성을 확인하는 것이었습니다. 가능성을 입증할 때까지는 유통 채널에 주는 부담을 최소화하고자 했습니다"라고 언급했다. 이에 따라 샤크티 팀은 비즈니스 모델의 모든 요소를 엄격하게 분석하여 각각의 비용을 신중하게 고려하고, 힌두스탄 유니레버의 기존 지방 유통망에 대한 카니발라이제이션 cannibalization(한 기업의 신제품이 기존 주력 제품의 시장을 잠식하는 현상-옮긴이)이 일어나지 않도록 하면서 모든 단계에서 모델을 조정했다. "비즈니스 모델이 어떻게 성공할 수 있는지 확실히 파악한 후에야 본격적인 확장을 시작했습니다"라고 파란지페 CEO는 설명했다.[21]

샤크티 이니셔티브는 모델을 구축하는 초기 3년 동안은 투자 손실을 봤다. 하지만 초기 수익성을 바탕으로 추정한 결과, 샤크티 팀의 전체 수익이 곧 규모를 따라서 성장할 것임을 확실히 알 수 있었다. 파란지페 CEO는 "그 덕분에 성장에 대해 과도한 조바심을 내지 않을 수 있었지요"라고 설명했다.[22]

2007년까지 이 모델은 대대적인 테스트를 거치며 개선되었다. 이제는 사업을 확장해야 할 시점이었다. 샤크티 암마는 15개 주에서 10만 개 이상의 마을을 담당하는 4만 5,000명의 조직으로 확대되었고, 300만 가정 이상에 제품을 판매했다.[23] 2008년, 샤크티 암마가 힌두스탄 유니레버에서 구매한 생활용품 금액은 거의 1억 달러에 달했다.[24]

이렇게 샤크티는 힌두스탄 유니레버의 혁신적인 성장 엔진이 되어 지방 시장 침투율을 획기적으로 높였고, 모회사는 새로운 관점, 역량, 전문성을 확보할 수 있었다. "샤크티는 나에게 매우 특별한 의

표 9 | 전통적인 소비재 기업과 샤크티 이니셔티브의 비즈니스 모델 비교

	전통적인 소비재 기업	샤크티 이니셔티브
고객 가치 제안	소매 기업을 고객으로 하여, 인구 밀집지역에서 기존의 제3자를 통해 제품을 유통	• 샤크티 암마 여성을 고객으로 하여, 샤크티에게 제품뿐 아니라 사업 기회를 제공 • 암마는 각 마을을 담당하며 제품 판매 • 사회적 공헌을 통해 수익도 창출
수익 공식	단위당 원가 낮음, 규모의 경제, 대규모 재고 관리	• 초기에는 마진이 낮지만 물량이 훨씬 많음 • 단위당 제품 원가가 낮고, 거래 마진이 높음
핵심 자원 및 프로세스	내부 중심 프로세스를 통한 유통	유통 방식: • 파트너 네트워크 • 교육 및 유통 시스템 • 창의적인 직접 마케팅 • 새로운 브랜드 메시지(건강 중심)

미를 갖습니다. 매일 아침 일어나 힌두스탄 유니레버에 출근하면서 나는 내가 사회에 공헌하고 있으며 소외된 수많은 사람의 삶을 향상시키고 있음을 기억합니다. 스스로 자부심을 갖게 하는 일이에요"[25]라고 다스굽타 매니저는 말했다. 샤크티의 파트너 네트워크 모델은 현재 7만 명 이상의 판매원을 통해 인도 내에서 400만이 넘는 가정에 서비스를 제공하고 있다. 힌두스탄 유니레버의 미래 성장 플랫폼 역할을 하고 있으며, 회사는 이 모델을 확산시키기 위해 노력하고 있다. 동남아시아, 아프리카, 중남미에서도 유사한 이니셔티브가 진행되면서, 수백만 명의 비소비자를 위한 제품 대중화와 거대한 신규시장 개척이 이루어지고 있다.

지식과 정보를 대중화하라

3장에서는 경쟁 기반의 변화가 기존 시장 내에서 기회를 창출하는 방식을 설명했다. 지식의 변화도 마찬가지 역할을 할 수 있다.

경쟁의 기반과 마찬가지로, 문제 해결 방식도 시간이 흐름에 따라 변화한다. 문제에 대한 지식이 거의 없을 때에는 주로 추측에 의존하는 반면, 지식이 쌓이면 일정한 패턴이나 규칙에 따라 해결책을 찾아간다. 이와 같은 접근법의 변화를 문제 해결 연속체problem-solving continuum 라고 한다. 산업 내에서 문제 해결 능력이 이 스펙트럼을 따라 발전하면서, 화이트 스페이스 기회가 창출되고, 제품과 서비스의

대중화, 소비 장벽 극복 등 새로운 CVP와 비즈니스 모델 수립이 가능해진다.[26]

문제 해결 방식의 변화가 어떻게 새로운 기회를 창출하는지 알아보기 위해, 여성의 임신 진단을 예로 들어보자. 현대 의학이 등장하기 전에 사람들은 아기가 곧 태어나리라는 명확한 징후를 그저 근거 없이 추측만 할 뿐이었다. 고대 이집트인은 가임기 여성의 소변을 밀과 보리 주머니에 적셔 곡물이 발아하면 임신이라고 믿었다. 히포크라테스는 취침 전에 꿀물을 마셨을 때 복부 팽만과 경련 증상이 나타나면 임신이라고 추정했다. 19세기에 가장 신뢰를 얻은 방법은 입덧 또는 몇 달 동안 생리가 없는 등 여성의 신체적 증상을 주의 깊게 관찰하는 것이었다.[27]

1927년경 의사들은 임신한 여성의 소변을 암컷 토끼에게 주입하면 토끼의 난소에 출혈성 종괴가 종종 생긴다는 것을 (항상 그런 것은 아니지만) 발견했다. 문제 해결 연속체에서 첫 번째 변화인 새로운 지식 패턴이 나타난 것이다. 안타깝게도 기술자들이 토끼의 난소를 검사하려면 토끼를 죽여야 했기 때문에, 여성이 임신하지 않은 경우에도 모든 토끼가 생명을 잃었다. 많은 비용이 소요되고 복잡하며 정확하지 않은 검사였지만, 이 검사로 밝혀낸 정보의 패턴을 통해 더 확실한 결과를 얻을 수 있었다. 그 후 의학은 더욱 발전했다. 인간 융모성 생식선 자극호르몬human chorionic gonadotropin, hCG이 난소 융기의 원인으로 밝혀졌고, 연구자들은 이 호르몬을 감지하는 혈액 검사를 개발했다.[28] 또 한 번의 지식 획득을 통해, 여성의 혈액 내 hCG가 일정 수준 이상이면 임신을 의미한다는 규칙 기반 해결책을 도출할 수 있었다.

이와 같이 의학 지식이 발전함에 따라, 비구조화된 문제 해결(부정확한 시각·촉각 검사)에서 패턴 인식(토끼 테스트)으로, 규칙 기반 의사 결정(혈액 검사)으로 문제 해결 방법도 진화했다. 흥미롭게도 이러한 규칙 기반 해결책의 등장은 의료계의 비즈니스 모델 혁신으로 이어졌다. 혈액 검사는 상대적으로 비용이 많이 들고 숙련된 기술자가 정확하게 수행해야 했기 때문에, 많은 여성이 비소비자로 머물렀다. 그러던 중 hCG의 발견 이후 1977년 워너-칠콧Warner-Chilcott은 최초의 가정용 임신 테스트기인 e.p.t.를 출시하여 임신 진단에 대한 접근성 장벽과 기술 장벽을 모두 해소했다.[29] 워너-칠콧은 진단 절차를 병원 진료실에서 가정으로 옮겨 거의 모든 사람이 중요한 정보를 확인할 수 있도록 대중화했다.

문제 해결 연속체의 단계마다 적합한 비즈니스 모델은 각기 다르다.[30] 비정형 문제 해결과 초기의 패턴 인식에는 '솔루션 숍solution shops'이라는 비즈니스 모델이 가장 적합하다.[31] 병원, 법률 사무소, 회계 법인, 컨설팅 회사 등의 전문 서비스 회사는 모두 문제별로 고유한 맞춤형 솔루션을 제공한다. 이들의 핵심 자원은 인력과 지식이다. 결과 자체나 결과 도출에 투자되는 시간을 정확히 예측할 수 없기 때문에, 보통 이러한 비즈니스는 제공한 서비스에 대해 시간 단위로 요금을 청구한다. 대개 마진과 간접비가 높고, 자원 속도는 느린 편이다.

명확한 패턴 인식과 규칙 기반 의사결정으로 지식이 한 단계 발전하면, 가치창출 프로세스를 통해 더 낮은 비용으로 대량 솔루션을 생산할 수 있다.[32] 이러한 비즈니스는 주로 통합 제품 기업에 해당되며, 제품이나 서비스를 대량으로 개발, 제조, 마케팅, 유통하는 역량에 성

표 10 │ 비즈니스 모델 유형

	솔루션 숍	가치창출 프로세스 기업	네트워크 활성화 기업
고객 가치 제안	전문가가 직관과 문제 해결 스킬을 통해 문제를 분석하고 솔루션을 제안	패턴 인식 및 규칙 기반 과업을 더 낮은 비용으로 더 많이 수행할 수 있도록, 대규모의 제품 및 서비스를 제공	과업이 비슷한 사용자를 시스템으로 연결하여 제품과 지식을 교환, 공유, 구매, 판매할 수 있도록 유도
수익 공식	서비스 수수료, 마진과 간접비 높음, 자원 속도 느림	성과에 대한 수수료, 마진과 간접비 낮음, 자원 속도 빠름, 확장성	멤버십 구독, 광고 및 거래 기반 수수료
핵심 자원 및 프로세스	인력 및 지식	예측 가능한 프로세스, 통합 시스템, 제조	고객층의 규모 및 구성, 연결성을 지원하는 IT 시스템
사례	시스템 통합 기업, 로펌, 컨설팅 회사, 광고 대행사	소매, 제조, 교육, 식품 서비스	소비자 뱅킹, 온라인 경매, 인터넷 게시판, 이동통신

공 여부가 달려 있다. 이러한 기업은 예측 가능성이 높아지면 실제 생산량(제품 또는 서비스 제공량)을 바탕으로 수익을 창출할 수 있다. 솔루션 숍보다 마진과 간접비가 낮으며 자원 속도가 빠르고, 규모가 중요하기 때문에 규모 확장을 통한 목표 수익 달성에 더 많이 의존한다. 이러한 확장 역량을 통해 지식을 대중화하고 궁극적으로는 제품과 서비스에 대한 접근성을 확대할 수 있다. 대부분의 제조업이 이 유형에 속하며, 앞서 언급한 약국 기반 의료 키오스크 미닛클리닉도 이에 해당한다.

미닛클리닉은 20세기 중반 이후 의학 지식은 크게 발전했지만, 의료 서비스 모델은 그렇지 않다는 사실에 주목했다. 의사들은 파킨슨병 진단과 같은 난제부터, 패혈성 인두염 진단과 같은 간단하고 일반적인 진료까지 처리하는 솔루션 숍(서비스 비즈니스) 형태로 일하고 있다. 필요 여부와 관계없이, 모든 진단 절차에 의사의 전문지식을 적용하고 그에 따른 비용을 청구한다. 미닛클리닉은 의학 지식이 발전하면서 기본적 치료 가운데 명확한 패턴 인식과 규칙 기반 치료의 영역까지 발전한 경우가 늘어났고, 이로 인해 비교적 숙련도가 낮은 저임금의 전문 간호사도 충분히 업무를 수행할 수 있다고 판단했다.

미닛클리닉은 의료 지식 기반의 변화를 활용하여, 규칙 기반의 단순 진단 절차를 복잡한 비구조화 절차와 구분했다. 이러한 CVP를 위한 혁신적인 비즈니스 모델을 통해, 기본 의료 서비스에 대한 소비 장벽을 해소했다. 소비자는 2000년부터 미닛클리닉의 분산형 키오스크 덕분에, 예약 없이도 약국에 방문하여 곧바로 전문 간호사에게 진료를 받을 수 있게 되었다. 이들 간호사는 규칙 기반 진단으로 일부 경증 질환을 진단할 수 있다.[33] 이러한 새로운 방식은 계속해서 확대되고 있다(2017년 기준 33개 주와 컬럼비아 특별구에서 1,100개소 운영 중).[34] 계속되는 의료계의 변화에는 취약할 수 있지만, 해당 모델은 솔루션 숍이 오랫동안 지배하던 분야에 가치창출 프로세스를 도입해 기본적인 의료 서비스를 대중화하려는 합리적인 시도라고 할 수 있다.

세 번째 비즈니스 모델 유형인 네트워크 활성화는 유사한 고객이 중개 없이 제품과 서비스를 교환하고, 정보 공유, 협업, 사회적 관계 수립 등을 할 수 있는 기반 시스템을 제공한다. 이러한 유형의 오래된 예로는 이동통신망과 금융거래소(뉴욕증권거래소 등)가 있다. 해당 비즈니스는 인터넷의 등장으로 방대한 양의 정보와 개인이 서로 연결되어 지식의 대중화가 촉진되면서 탄생했다. 이베이, 크레이그리스트 Craigslist, 페이스북, 트위터, 옐프, 링크드인, 엣시, 에어비앤비, 핀터레스트 등 혁신적인 웹 2.0 비즈니스를 비롯한 온라인 중개 비즈니스는 이러한 모델을 기반으로 하며, 일반적으로 거래수수료, 광고 또는 네트워크 참여 수준에 따라 구독 서비스를 통해 수익을 창출한다.

네트워크 활성화 모델은 지식에 대한 접근성을 높일뿐더러 불완전하지만 상호보완적인 지식을 가진 사용자들을 연결함으로써 지식의 대중화를 실현한다. 문제 해결 프로세스를 획기적으로 개선하여,

패턴 인식과 규칙 기반 의사결정으로 전환하고, 더욱 신속하게 비용 효과적으로 문제를 해결할 수 있다. 소프트웨어 개발자들이 협력하여 리눅스 컴퓨터 운영체제를 개선하는 오픈소스 운동, 다양한 만성 질환에 대한 정보를 공유하는 수많은 의료 웹사이트 등이 여기 해당한다. 예를 들어, 하지불안증후군 재단 홈페이지는 해당 홈페이지가 '환자가 의료기관을 교육할 수 있을 만큼의 하지불안증후군 정보를 제공한다'라고 선언하며, 대중적 노력을 통해 해당 질환에 대한 정보를 확산하는 것을 목표로 하고 있다.[35]

기술과 지식의 발전과 더불어 정보 접근성이 높아지면서, 비소비자에게 도달해서 신규시장을 개척할 수 있는 기회가 계속해서 열리고 있다. 하지만 이번 장에서 살펴본 것처럼 새로운 CVP를 통해 제품을 대중화하려면 전문화된 자원과 프로세스, 새로운 수익 공식이 필요할 때가 많다. 비즈니스 모델의 모든 요소가 어떻게 함께 맞물려 돌아갈지 고민하지 않으면 새로운 프로젝트는 실패로 돌아갈 수 있다.

예를 들어, 1997년 SAP와 인텔은 더 간단하고 저렴한 버전의 SAP ERP 소프트웨어를 중소기업에 공급하기 위해 합작 투자사 판데식 Pandesic을 설립했다.[36] SAP는 그동안 대기업을 공략했지만 시장은 포화 상태였다. 중소기업 시장은 방대하고 체계가 부족하며 대부분 종합적인 ERP 솔루션을 쓰지 않았기 때문에 이 시장에는 언제나 기회가 있었다. 하지만 그러한 매력 때문에 공략이 어려운 시장이기도 했다. 중소기업에는 맞춤형 엔터프라이즈 솔루션을 구매하기 위한 예산, 사용법을 습득할 수 있는 역량, 유지·보수를 담당할 IT 인력이 부족하다. 즉 비용, 시간, 접근 장벽으로 인해 소비에 제약이 있었기에 장벽을 해소할 수 있는 솔루션이 필요했다. 이러한 화이트 스페이스를 확보하기 위한 시도가 판데식이었다.

테크 기업 사이에서 탄생한 판데식은 엄밀히 말해 기술적으로만 접근했고, 그 결과는 예상대로 참담했다. 판데식을 이끈 리더들은 거대하고 복잡한 글로벌 조직, 기존 시장, 명확하게 정의된 제품 라인에는 익숙했지만, 혁신적인 제품으로 신규시장에서 초기 발판을 마련한 경험은 전무했다. 복잡하고 자동화된 엔드투엔드end-to-end 솔루션으로 제품·서비스가 빠르게 진화했지만, 배우기도 운영하기도 쉽지 않았다. 마케팅은 액센츄어Accenture와 같은 SAP의 대기업 시스템 컨설팅 파트너를 통해 이루어졌다. 그러나 이 핵심 판매 채널은 기존 SAP 제품만으로 훨씬 더 큰 수익을 올릴 수 있었기 때문에, 구현 지원이 필요 없는 판데식의 간단한 제품을 판매할 유인이 거의 없었다. 비즈니스 모델은 SAP의 핵심 시장에서는 매우 성공적이었지만, 새롭게 진출하려는 시장과는 전혀 맞지 않았다. 판데식은 결국 1억 달러 이상의 투자금을 날린 후 2001년 2월에 문을 닫았다.[37]

SAP의 패인은 화이트 스페이스를 위한 고유한 비즈니스 모델을 수립하지 않은 데 있다. 반면, 미닛클리닉과 힌두스탄 유니레버는 소비 장벽을 허물고 시장을 대중화하는 솔루션을 제공하기 위해서는 새로운 비즈니스 시스템이 필요하다는 것을 인식했다. 미닛클리닉은 의료 지식의 기반이 변화할 때 기회를 포착했고, 힌두스탄 유니레버는 정부 정책의 변화로 피라미드의 최하단에 있는 비소비자층의 과업을 더 쉽게 해결할 수 있는 환경이 조성되자 기회를 선점했다.

5장에서는 법과 제도의 변화로 인한 지각변동이 새로운 기회를 가져오는 방식을 살펴보기로 하겠다.

05 중간의 화이트 스페이스:
산업 불연속성에 대응하라

자본주의 사회에서
경제 발전은 곧 혼란을 의미한다.
조셉 A. 슘페터

19세기 초에는 고래 기름을 태워 램프로 집을 밝혔다. 19세기 중반이 되자 이 기름의 공급 감소로 유가가 급격히 상승했다. 캐나다의 의사이자 지질학자였던 아브라함 게스너Abraham Gesner는 풍부한 원유를 원료로 오염물질이 적은 등유를 개발하여 현대 석유 산업의 토대를 마련했다. 세계의 주요 산업이었던 포경은 사실상 중단되었다. 그러던 중 토머스 에디슨이 전등 스위치를 발명하면서 세상은 다시 한번 변화를 겪는다. 깨끗하고 편리한 전기 조명을 사용할 수 있게 되자, 악취가 나는 위험한 등유 랜턴을 사용하는 집은 사라졌다. 화석연료의 수요는 급감했다.

자동차의 등장으로 화석연료 산업은 재도약을 하게 된다. 풍부하고 값싼 탄소 기반 연료는 인류의 이동, 난방, 도시 건설 등 생활 방식을 완전히 바꿔놓았다. 석유 산업은 번성했고, 화학 산업은 그 뒤를 이어 발전했으며, 완성차 제조사는 제조업 시대의 거물로 부상했다. 오늘날 기후 변화의 파급 효과는 자동차, 유틸리티, 석유 및 기타 탄화수소 기반 산업을 위협하고 있다. 세계는 새로운 에너지 패러다임의 정점에 있는 것으로 보이며, 기업이 이에 적응하는 과정에는 수많은 산업을 근본적으로 바꿀 수 있는 잠재력이 있다.

3장과 4장에서는 시장 주도의 비즈니스 모델 혁신을 주로 살펴보았다. 이러한 변화는 식별 가능하고 예측 가능한 트렌드에서 발생하며, 시간이 지남에 따라 산업 구조와 산업의 경계를 재편하는 경향이 있다. 하지만 그 밖에도 예측이 어려운 파괴적인 요인도 존재하며, 그중 상당수는 시장 외부에서 유래한다. 인터넷 기술의 상용화, 덩샤오핑이 "부자가 되는 것은 영광스러운 일이다"라는 선언과 함께 주도한 중국의 경제 부흥, 9/11 테러, 2008년 금융위기, 2017년 브렉시트 등을 예로 들 수 있다. 이와 같은 상황은 레이스에 참가한 모든 선수의 방향을 전환시킨다. 급작스럽고 일시적인 이러한 사건은 쓰나미처럼 경고 없이 나타나거나 사이클론처럼 선행 지표와 함께 나타날 수 있는데, 여기에는 두 가지 공통점이 있다.

첫째, 업계의 판도를 급격하게 변화시켜 산업 전체, 때로는 경제 전체에 새로운 고객 가치 제안과 비즈니스 모델의 필요성을 촉발한다. 둘째, 이러한 사건의 파급 효과는 예측하기가 매우 어렵다. 그러나 앞서 설명한 변화와 마찬가지로, 산업 전반에 예상치 못한 충격을 주는 지각변동은 과거와 미래 사이의 미지의 영역, 즉 '중간의 화이트 스페이스'를 만들어낸다.

무수히 많은 요인이 업계에 지각변동을 야기할 수 있으며, 그 영향은 각 요인별로 상당히 다를 수 있다. 여기서는 비즈니스 모델 혁신의 기회 또는 요건을 직접적으로 야기하는 세 가지 요인을 중심으로 살펴보기로 한다.

- 시장 수요가 예측 불가능하거나 급진적으로 변화하는 경우
  (앞서 설명한 시장의 예측 가능한 변화를 뛰어넘는 대대적인 변화)
- 기술이 불연속적으로 변화하는 경우
  (즉 새로운 혁신을 가능하게 하는 획기적인 기술의 개발)
- 기업 환경에 대한 정부 정책이 급격하게 변경되는 경우

이러한 세 가지 요인은 각각 그 자체로도 상당한 변화를 야기할 수 있지만 함께 결합되면 불연속성이 더욱 확대되어 그 영향이 증폭된다.

산업 불연속성이 나타나면 많은 기업이 위협을 받는다. 어떤 기업은 변화의 동력이 되는 복잡한 외부 요인을 인식하지 못하거나, 인식

하더라도 그 영향을 정확하고 완벽하게 파악하지 못한다. 또 다른 기업은 기존의 패러다임을 유지하면서 새로운 상황에 점진적으로 적응하려고 한다. 기업이 변화에 직면했을 때 적응하는 것도 위기 극복에 도움이 되지만, 비즈니스 모델 혁신은 근본적으로 변화된 지형에 적합한 새로운 플랫폼을 구축함으로써 새로운 변화를 만들어낼 수 있다.

시장의 파괴적 변화에서 자유로운 기업은 없다

물론 기업은 변화하는 시장 상황을 항상 주시해야 한다. 하지만 시장 수요는 3, 4장에서 논의한 점진적 변화보다 훨씬 더 급격하게, 합리적으로 예측할 수 없을 정도로 갑작스럽고 근본적으로 변화하기도 한다.

방위산업은 대격변을 많이 겪은 산업이라고 할 수 있다. 하지만 이러한 경험이 항상 비즈니스 모델의 변화로 이어지지는 않았다. 냉전 시대에 미군은 대규모 위협으로 상대를 억지할 수 있는, 고가의 복잡한 대규모 무기 시스템에 집중했다. 그에 따라 미군의 조달 업무는 고비용의 복잡한 대규모 프로젝트를 관리하는 방향으로 발전했고, 당연히 방산 기업은 비교적 고수익 제품을 전문적으로 소량 생산하는 솔루션 숍이라는 상호 보완적인 비즈니스 모델을 구축했다. 냉전이 종식되면서 방위산업은 어느 정도 진화했다. 군사작전 규모는 축소되었지만 확대된 대규모 프로젝트 개발·조달의 시대는 계속되었다.

그 후 9/11 테러가 발생하고 아프가니스탄과 이라크에서 전쟁이 이어졌다. 전투의 성격이 크게 바뀌면서 시장도 바뀌었다. 군, 국방 조달 시스템, 군 납품 업체는 갑자기 업무 방식을 바꿔야 했다. 군인 에게 필요한 정보와 다양한 무기를 제공하기 위해서는, 중앙집권적 인 지휘 통제 방식을 탈중앙화해야 했다.

이제 전투병은 아프가니스탄 및 이라크의 마을과 도시 여기저기 에 분산되어 있는 적에 대응해야 했기에, 그들의 과업은 냉전시대와 는 근본적으로 달라졌다. 이들에게 필요한 것은 첨단 전함이나 전투 기가 아니라 부대급 감시 및 정찰 장비, 이동식 방탄복, 방호 성능이 향상된 차량, 양방향 유비쿼터스 통신이다. 신속하고 분산된 이동형 군대라는 새로운 과업을 수행하기 위해, 새로운 비즈니스 모델이 필 요해진 것이다. 급변하는 지상 상황에서 신속하게 대응할 수 있도록, 우수한 솔루션을 대량으로 개발하고 조달할 수 있어야 했다. 따라서 방위산업의 주계약사와 기타 장비·기술 업체는 솔루션 숍에서 이러 한 장비를 신속하고 경제적으로 대량 생산할 수 있는 새로운 비즈니 스 모델을 갖춘 가치창출 프로세스 기업으로 전환해야 한다. 한편, 군에 대규모 무기 시스템을 계속 공급하기 위해서는 전통적인 솔루 션 숍으로서의 사업도 일정 부분 유지해야 한다.

아직 완전히 드러나지 않은 시장 수요의 또 다른 지각변동은 중국 과 인도가 경제를 개방하고 수십억 명의 비소비자가 글로벌 시장으로 유입되면서 촉발되었다. 소액대출의 출현은 이러한 폭발적인 수요 변화에 더욱 박차를 가해 예비 소상공인과 잠재적 지방 소비자에게 자본과 가처분소득을 제공함으로써 수많은 새로운 과업을 해결할수 있는 기회를 창출해냈다.

이것으로 충분하지 않다면, 2008년 글로벌 금융 위기의 장기적인 영향도 예로 들 수 있다. 극심한 경기침체 이후 10년에 걸쳐 세계 경제는 서서히 회복되었지만, 서구권의 소비자 수요는 여전히 침체되어 있다. 수요가 서양에서 동양으로 이동함에 따라, 성장을 모색하는 다국적 기업은 새로운 통찰력과 창의성으로 개발도상국 시장에 진출해야 하는 상황이다. 단순히 현재의 비즈니스 모델을 조정하는 것만으로는 새로운 시장에 대응할 수 없다. 그런 점에서 신흥시장에서 성공을 거두고 있는 다국적 기업의 혁신적인 모델을 참고하면 좋을 것이다. 예를 들어, 중국의 굿베이비Goodbaby는 중국 내 틈새시장에서도 많은 물량으로 낮은 마진을 보완함으로써 다양한 종류의 유모차, 유아용 의자, 플레이펜playpen 등을 저렴한 가격에 제공하는 전략을 구사하고 있다. 일부 글로벌 신흥기업은 이미 이러한 경험을 서구 시장에 창의적으로 적용하고 있다. 예를 들어, 중국 가전제품 제조사 하이얼Haier은 더운 여름날 뉴욕 타임스퀘어에 키오스크를 설치하여 일곱 시간 만에 7,000대의 에어컨을 판매하기도 했다.[1] 어쨌든, 지역에 관계없이 이러한 지각변동에서 자유로운 글로벌 기업은 없다.

기술 주도 변화에 정면으로 대응하라

나의 동료인 클레이튼 크리스텐슨이 최초로 지적했듯이, 신기술은 본질적으로 파괴적이지 않다. 파괴적인지 아닌지는 신기술이 기업의 기존 모델과 얼마나 잘 맞느냐에 따라 달라진다.[2] 새로 발견된 보완 기술enabling technology이 오히려 기존 시장을 유지하고 확장하여 기존 업계와 기존 모델을 강화할 수 있다. 예를 들어, 찰스 슈왑Charles Schwab은 인터넷을 통해, 스스로 투자를 관리하기를 원하는 고객에게 간편한 할인 중개 서비스를 손쉽게 제공할 수 있었다. 마찬가지로 델컴퓨터는 더욱 효과적으로 소비자에게 직접 PC를 판매할 수 있었다. 또한 메드코Medco는 기존의 통신 판매 약국 비즈니스 모델을 개선하여, 2012년 익스프레스 스크립츠Express Scripts에 매각되기 전까지 기존 고객과 수백만 명의 신규 고객에게 더 나은 서비스를 제공할 수 있었다.

앞서 살펴본 것처럼 기술은 기업이 기존 시장을 혁신하거나 새로운 시장을 창출하는 데 도움이 될 수 있다. 3장에서는 인터넷을 통해 다우코닝의 지아미터가 저비용의 로터치 CVP를 수립해 기존 시장의 틈새를 공략하여 시장을 혁신한 과정을 알아보았고, 책의 서두에서는 록히드 마틴이 하이브리드 비행선 기술을 통해 새로운 시장 기회를 창출하고 외부의 화이트 스페이스로 진출한 전략을 설명한 바 있다.

물론 한 기업에 기회인 기술이 다른 기업이나 업계 전체에 혼란을

표 11 | 각 기술 혁명에 해당하는 산업 및 인프라

기술 혁명	새로운 기술, 신규 혹은 재정의된 산업	신규 혹은 재정의된 인프라
1차 (1771~) 산업혁명	• 면직 산업 기계화 • 연철 • 기계	• 운하 및 수로 • 유료 고속도로 • 수력 발전
2차 (1829~) 증기와 철도의 시대	• 증기 기관 및 기계 • 철 및 석탄 채굴 • 철도 건설 • 철도 차량 생산 • 다양한 산업 분야를 위한 증기력	• 철도 • 우편 서비스 확대 • 전신 • 항구, 창고, 국제 항해 선박 • 도시가스
3차 (1875~) 철, 전기, 중공업의 시대	• 철 가격 하락 • 강철 선박용 증기기관 개발 • 중화학 및 토목 • 전기장비 산업 • 구리 및 케이블 • 통조림 및 병조림 식품 • 제지 및 포장	• 고속 강철 증기선을 이용한 해외 운송 • 대륙 횡단 철도 • 대형 교량 및 터널 • 국제 전신 • 전화 • 전기 네트워크
4차 (1908~) 석유, 자동차, 대량 생산의 시대	• 자동차 대량 생산 • 석유 및 석유 연료 가격 하락 • 석유화학 제품 • 내연기관 엔진 • 가전제품 • 냉장 및 냉동 식품	• 도로, 고속도로, 항만, 공항 네트워크 • 유정 네트워크 • 전기 범용화 • 국제 아날로그 통신
5차 (1971~) 정보통신의 시대	• 초소형 전자제품 가격 하락 • 컴퓨터, 소프트웨어 • 이동통신 • 제어기기 • 컴퓨터 지원 생명공학 및 신소재	• 국제 디지털 이동통신 • 인터넷, 이메일, 기타 전자 서비스 • 전기 네트워크 • 고속 물리적 전송 링크

기술 혁명	새로운 기술, 신규 혹은 재정의된 산업	신규 혹은 재정의된 인프라
6차 (2003~) 클린테크, 바이오테크의 시대	• 태양열, 풍력, 바이오 연료 　주도의 재생 에너지 • 에너지 효율 • 에너지 저장 기술 • 전기차 • 나노 소재 • 합성 생물학	• 배전 기능 개선 • 분산형 발전 • 전기 및 교통 에너지 인프라 　연결 • 용수와 전기의 가용성 증대 • 광범위한 유전자 데이터 뱅크 　연결

출처: Carlota Perez, *Technological Revolutions and Financial Capital: The Dynamics of Bubbles and Golden Ages* (Northampton, MA: Edward Elgar Publishing, 2003), 14.

야기하는 경우도 많다. 예를 들어, 1960년대에는 전기로 덕분에 철강 중소기업이 대기업의 대규모 통합 공장보다 훨씬 낮은 비용으로 철강을 생산할 수 있었다. 뉴코Nucor, 샤패럴 스틸Chaparral Steel과 같은 중소기업은 이러한 '미니밀' 기술을 중심으로 혁신적인 비즈니스 모델을 구축해, 건설용 철근 등 저가형 제품의 고객을 대형 철강회사로부터 빼앗기 시작했다. 이는 크리스텐슨이 말한 파괴적 혁신 개념의 대표적인 예로, 미니밀 기술의 발전과 함께 중소기업이 고급시장으로 진출하면서 대형 철강회사를 거의 전멸시키고 그 과정에서 산업의 판도가 완전히 바뀌었다.[3]

　마찬가지로 MP3 압축 기술은 1990년대 후반에 완성되었지만, 기존 음원 판매 모델은 2003년에 애플이 혁신적인 아이팟과 아이튠즈 비즈니스 모델을 출시하면서 쇠락했다. 그와 동일한 기술이 MP4 등 디지털 압축 기술로 다양하게 발전하면서 TV 방송 비즈니스 모델도 약화되었고, 이제는 스트리밍 기술이 미디어 환경 전체를 뒤흔들고 있다. 이러한 보완 기술을 활성화하면 여러 산업을 동시에 변화시킬 수 있으며, 그 결과 만들어지는 화이트 스페이스에서 기업은 기회를 창출할 수 있다.

인터넷이 본질적으로 파괴적 혁신을 가져오는 것은 아니지만, 인터넷은 전구가 발명된 이래 그 어떤 신기술보다 더 많은 새로운 비즈니스 모델을 만들어냈다. 2000년대 초반 10년 동안 내가 동료들과 연구한 약 350개의 비즈니스 모델 혁신 사례 중 30% 이상이 인터넷 기술 덕분에 가능했다.[4] 사실 비즈니스 모델이라는 개념 자체가 1990년대 후반의 인터넷 붐과 함께 주목을 받기 시작했다고 볼 수 있다. 네트워크 활성화 모델에 기반한 이베이의 경매 비즈니스, 아마존의 온라인 리테일 비즈니스, 구글의 광고 기반 비즈니스 모델과 검색 시장 창출 등이 좋은 예이다.

인터넷 기반의 비즈니스 모델은 변화에 저항하는 수많은 기존 산업을 무릎 꿇렸다. 사례는 쉽게 찾을 수 있다. 20여 년 전 브리태니커 백과사전은 꽤 훌륭한 엔카르타Encarta(마이크로소프트사에서 판매하는 멀티미디어 백과사전-옮긴이)의 등장으로 CVP에 갑작스러운 변화를 겪었다. 그 후 등장한 위키피디아는 썩 훌륭하지는 않았지만, 구글 검색엔진의 무한한 자원과 결합해 브리태니커에 더 큰 타격을 안겼다. 관광 업계는 익스피디아, 트래블로시티 같은 온라인 경쟁사, 카약, 트리바고 등의 애그리게이터aggregator(여러 회사의 상품이나 서비스 정보를 모아 하나의 웹사이트에서 제공하는 인터넷 사이트-옮긴이), 트립어드바이저 등의 리뷰 사이트로 인해 혼돈에 빠져 있다. 아마도 가장 많은 화제가 되고 있으며 가장 광범위한 변화를 겪고 있는 분야는 신문 산업일 것이다.

신문의 문제는 다양한 관점에서 규정할 수 있고 또 이미 그러한 작업이 진행된 바 있지만, 비즈니스 모델 관점에서 신문의 위기는 몇 가지로 요약할 수 있다. 사실 처음부터 신문사는 인터넷을 위협으로 인식했고, 대개는 인터넷에서 성장의 기회를 발견하지 못했다. 새로운 CVP, 매출 모델 또는 수익 공식을 바꿀 수 있는 새로운 방법을 고민하지 않았다. 오히려, 신문의 형태와 느낌을 그대로 온라인으로 가져와, 기존 모델의 한정된 자원과 프로세스를 확장했을 뿐이다. 커스터마이징을 선호하는 소비 추세에도 불구하고, 신문사는 가치창출 프로세스형 비즈니스 모델을 고수하며 대중 시장을 대상으로 대량의 제품을 쏟아냈다.

그동안 구글 뉴스, 드러지 리포트Drudge Report, 야후, 허핑턴 포스트, 브라이트바트 뉴스 같은 사이트의 경쟁으로 뉴스 콘텐츠는 세분화되고 대중화되었다. 트위터, 페이스북, 스냅챗 같은 SNS는 사용자가 스스로 만든 공간 안에서 다양한 출처의 콘텐츠를 큐레이션하고 공유할 수 있게 해주었다. 크레이그리스트, 리사이클러Recycler 등이 등장하면서 더 많은 사람이 구인, 구직 또는 거래 광고를 볼 수 있게 되었다. 옐프, 차우하운드Chowhound와 같은 사용자 리뷰 사이트로 인해, 지역 음식 및 엔터테인먼트 분야에서 뉴스 조직이 확보하고 있던 경쟁력은 약화되었다. 이러한 새로운 기업은 모두 인터넷 기반의 네트워크 활성화 모델을 통해 소비자와 광고주로부터 수익을 확보하는 동시에, 근본적으로 다른 방식으로 수익을 창출하고 있다. 비즈니스 모델 관점에서 볼 때 신문사는 인터넷을 통해 커스터마이징 요구에 대응하는 동시에 기존의 콘텐츠 제작, 편집 필터링이라는 강점을 활용해 새로운 혁신적 경쟁자에 정면으로 대응해야 한다.

흥미롭게도 2011년 사진 전송 문자 서비스로 시작한 스냅챗은 뉴스 생성·배포의 진정한 선구자로 부상했다. 스냅챗 뉴스 사업부에서는 사용자가 생성한 영상을 편집자, 프로듀서, 기자가 심층적인 스토리로 엮어낸다. 파하드 만주Farhad Manjoo는 〈뉴욕타임스〉 기고문에서 이러한 실시간 스토리를 '혁신적이고', '획기적이며', '온라인에서 찾을 수 있는 다른 어떤 뉴스와도 차별화된 것'이라고 표현했다.5 스냅챗은 디스커버Discover 기능을 통해 〈월스트리트 저널〉, 〈알 자지라〉 등의 언론사와 협력하여 플랫폼용 기사를 제작하고 있으며, 언론사로부터 콘텐츠 라이선스를 정액제로 확보하는 동시에 자체적으로 광고 수익을 창출하여 보유한다. 스냅챗의 광고 기반 비즈니스 모델이 계속 확장되어 그 가능성이 입증된다면, 저널리즘의 완전한 디지털 미래를 여는 선구자가 될 수도 있을 것이다. 현재 기준 페이스북의 인스타그램은 유사한 콘텐츠 생성 모델을 도입했으며, 초기 지표로 볼 때 스냅챗의 입지를 어느 정도 잠식하고 있다.*

정부 정책 및 규제의 변화를 직시하라

한 국가 경제에서 소비자와 시장을 하나로 묶는 사회적 계약은 대개 점진적으로 발전하지만, 비교적 안정적인 선진국에서도 국제적 차원의 급격한 정치·사회적 요인에 의해 갑작스러운 변화가 나타날 수 있다. 여론의 변화, 그에 따른 정치적 리더십의 재편, 새로운 국가 우선순위의 등장, 핵심 자원의 가용성 또는 비용의 변화로 인해 시장의 성격, 시장 내에서의 과업, 기업이 새로운 환경에서 성공할 수 있는 비즈니스 모델 등이 근본적으로 변화할 수 있다.

예를 들어, 1973년 미국에서는 의료 산업에 대한 규제 완화로 인해 건강 관리 기관, PPOpreferred provider organization(특약 의료기구) 등 다양한 중개 모델이 생겨났다. 마찬가지로 1990년대 유럽 항공 산업의 규제 완화로 이지젯EasyJet, 라이언에어와 같은 저비용 항공사가 국영 항공사의 아성을 무너뜨리고 기회를 얻었다. 이 신생 기업들은 가격 경쟁을 위해 비즈니스 모델을 조정하여 항공 여행의 대중화를 실현했다. 이러한 정책 변화로 인해 과거에는 항공료를 감당할 수 없었던 수십만 명이 여행을 다니기 시작했고, 그중 상당수가 새로운 저비

---

* 현재 인스타그램이 매출 규모, 사용자 수, 성장률 등 대부분의 지표에서 스냅챗을 앞서고 있다. 그러나 스냅챗도 꾸준한 성장을 보이고 있어 향후 발전 가능성이 있다. —옮긴이

용 항공사가 신규 취항하는 도시로 여행을 떠나면서 유럽 전체의 관광업과 경제 발전의 판도가 바뀌었다.

새로운 사회적 우선순위에 대한 공공 투자도 민간 산업의 판도를 바꿀 수 있다. 1991년 인도의 경제 자유화가 시작된 후, 엄격하게 통제되던 기업 환경이 폭발적으로 변화하면서 인도 전역에 새로운 진입자가 활발하게 나타났다. 이후 정부가 마을 단위의 경제 개발과 소액대출 협동조합에 집중하기로 결정하면서, 힌두스탄 유니레버는 샤크티 이니셔티브를 시작할 수 있는 기회를 얻었다.

이러한 강력한 외부 요인이 시장에서 과업을 변화시키는 과정, 그로 인해 새로운 비즈니스 모델 기회를 창출하는 방법을 이해하면 위기 상황에 훨씬 더 효과적으로 대응할 수 있다. 몸을 웅크리고 다가올 폭풍우를 기다리거나, 헤드라이트를 마주친 사슴처럼 꼼짝 안 하면서 현재 모델을 고수하는 것이 아니라, 변화하는 환경을 오히려 활용하는 모델을 통해 조직을 혁신하고 새롭게 변화시킬 수 있다. 2007년 이스라엘의 기업가 샤이 아가시는 기후 변화라는 난제에 대응하기 위해 이러한 시도를 했다. 그러나 이 야심찬 스타트업은 결국 실패로 돌아갔고, 비즈니스 모델 계획을 아무리 신중하게 세워도 어떻게 처참하게 실패할 수 있는지에 대한 교훈을 남겼다.

기술, 정책, 시장을 종합적으로 고려하라

청정 에너지 문제를 해결하기 위해서는 공공 및 민간 인프라에 대한 대규모 투자와 성숙 산업의 대대적인 변화가 불가피하다. 그렇기에 정부의 적극적인 참여와 명확한 정책 방향이 매우 중요하다. 하지만 2007년 샤이 아가시는 베터 플레이스 이니셔티브를 발표할 때까지만 해도, 비즈니스 모델 혁신에서 기술, 정책, 시장이라는 세 가지 요소를 종합적으로 고려하지 않았다.

아가시는 전기 자동차의 대중 시장 창출이라는 과업을 완수하기 위해 업계 전체의 화이트 스페이스를 공략하는 근본적으로 새로운 비즈니스 모델을 구상하기로 했다. 결과적으로 이 사업은 성공하지 못했지만, 대담한 접근 방식은 살펴볼 가치가 있다. 그토록 처참하게 실패한 이유에서 명확한 교훈을 얻을 수 있기 때문이다. 아가시는 단순하지만 획기적인 질문에서부터 시작했다. "석유가 없다면 어떻게 이동할 수 있을까?" 답은 분명했다. 자동차 산업이 태동할 때부터 이미 존재해왔던 전기 자동차가 해답이었다.

그렇다면 전기 자동차로의 전환을 이끌어내려면 무엇이 필요할까? 그 대답을 찾기 위한 노력의 중심에는 항상 기술이 있었다. 2007년만 해도 완성차 제조사의 발목을 잡는 핵심 자원은 배터리였다. 최고의 배터리는 무겁고 비쌌으며 충전하는 데도 몇 시간이 걸렸고, 주행 가능 거리가 100마일 정도에 불과했다.

아가시를 비롯한 업계는 주행 범위를 어떻게 확장할 수 있을지 해결책을 고민했다. 그러던 중 번뜩이는 아이디어가 떠올랐다. 아가시는 자동차의 소유권과 배터리의 소유권을 분리하면 어떨까 하는 생각을 했다. 배터리를 자동차의 내구재가 아니라 에너지 인프라의 일부로 본다는 발상이었다. 새로운 CVP가 구체화되기 시작했다. 베터플레이스는 실제 전기차 시장이 만들어지기 전에 먼저 인프라를 구축하기로 했다. 충전소 위치는 GPS를 통해 강력한 백엔드 컴퓨터 네트워크에 연결되어서 운전자는 어디에 주차해야 하는지를 알 수 있고, 차량은 다시 이용하기 전까지 완전히 충전된다. 장거리 주행 문제를 해결하기 위해서는 세차장 방식의 배터리 교환소를 구축하기로 했다. 운전자가 차를 몰고 들어가면 방전된 배터리는 완전히 충전된 배터리로 교체된다. 주유하는 데 걸리는 시간보다 짧은 시간 안에 모든 것이 완료된다. 또한, 전기 요금이 훨씬 저렴한 야간 시간대에 배터리를 재충전하는 것도 전략의 일부였다.[6]

여기까지는 사업과 기술 개발에 대해서만 고민했다. 하지만 아가시는 자신의 모델이 급진적인 만큼 정부의 지원과 개입도 필요하다는 것을 알았다. 그는 이스라엘이 이상적인 거점 시장이 될 수 있다고 생각했다. 시몬 페레스Shimon Peres 당시 부총리의 지원으로, 르노-닛산 얼라이언스로부터 전기차와 이를 구동하는 데 필요한 배터리를 대량 생산하겠다는 합의를 얻어냈다. 아가시는 자신의 비전과 초기 파트너십을 바탕으로 10억 달러에 가까운 벤처 자금을 조달할 수 있

었다.[7]

2008년 이스라엘에서 시작된 베터 플레이스는 얼마 지나지 않아 덴마크에서 유사한 서비스를 발표했다. 이 책의 초판을 집필할 때쯤, 나는 두 번째 프로젝트가 너무 빠르게 진행되는 것에 대해 우려가 되었다. 한 곳에서 학습한 것을 다음 시장에 적용할 수 있도록 순차적으로 시장을 확대했더라면 위험 관리에 도움을 받을 수 있었을 것이다. 하지만 이들은 호주, 중국, 하와이에서도 서비스 출시를 시도했고 일본, 샌프란시스코, 네덜란드에서도 소규모 시범 프로젝트를 진행했다. 그중 어느 것도 성공적으로 확대되지 못했다. 4년 후, 이스라엘에서는 1,000대, 덴마크에서는 400대의 차량만이 상용화되었다. 아가시는 2012년 CEO 직을 사임했고, 회사는 2013년에 파산을 선언했다.[8]

이 사례의 시사점은 무엇인가? 먼저 아가시가 예측했던 것보다 배터리 기술은 훨씬 빠르게 발전했다. 베터 플레이스의 인프라 모델에는 막대한 자본 투자가 필요했다. 배터리 주행거리는 꾸준히 늘어나고 비용은 계속 낮아져서, 다수의 고속 충전소를 설치하는 비용은 훨씬 줄었다.

물론 아가시는 협업가나 기업가라기보다 개념적 사고와 세일즈에 더 능한 사람이었다. 그의 CVP는 한 종류의 차량에 국한되어 있어 관심을 얻는 데 한계가 있었다. 이러한 한계의 주된 이유는 아가시가 더 많은 완성차 제조사와 협력해서 더 많은 잠재적 제품을 제시하지 못했기 때문이다. 전체적인 비즈니스 모델의 개념은 완벽했지만, 8장에서 살펴볼 바와 같이 더 신중한 테스트와 학습 방식을 적용했어야 했다. 기업가 스티브 블랭크Steve Blank의 말처럼 결국 스타트업은 비즈니스 모델을 탐색하는 조직이다. 새로운 비즈니스 모델의 수익 공식이 입증되기도 전에 수억 달러를 투자해 확장하는 것은 재앙의 지름길이다.

요약하자면, 이 회사는 충분히 매력적인 오퍼링을 개발했으나, 실제 고객의 과업을 충분히 테스트하지 않았고, 완전히 충족시키지도 못했다. 이는 자동차 사업에서는 특히 핵심적인 부분이다. 도요타가 하이브리드 차량 프리우스를 통해 미국 시장의 1.5%에 도달하는 데는 15년이 걸렸는데 이는 큰 성공으로 평가되고 있다. 자동차 시장이 점진적으로 확대된다는 것을 감안하면, 비용 지출에는 신중해야 한다. 그러나 베터 플레이스는 첫 차를 판매한 시점에 이미 하루에 50만 달러의 운영비를 소모하고 있었다.

베터 플레이스가 설립되고 8년 후인 2016년 기준 미국 내 완전 전기차의 신차 판매 비중은 1%에 불과했고, 여러 유럽 국가에서는 1%를 막 넘어섰다. 그러나 전기차 가격은 훨씬 저렴해졌고, 베터 플레이스를 구상할 당시보다 주행거리는 훨씬 늘어났다. 테슬라의 모델3는 한 번 충전으로 약 215마일을 주행할 수 있고 소비자 가격은 3만 5,000달러다. 쉐비 볼트Chevy Bolt는 유사한 가격에 주행거리는 238마일에 달한다.

인프라는 여전히 과제로 남아 있지만 점차 해결되고 있으며 베터 플레이스가 예상했던 것보다 비용이 훨씬 낮아졌다. 혁신가라면 잊지 말아야 할 중요한 시사점이 있다. 기술과 비용이 모두 빠르게 변화하는 시장에서는 특히 가설을 검증하기 전에는 섣불리 비즈니스 모델을 확장해서는 안 된다는 것이다. 테스트와 학습 방식에 대해서는 8장에서 더 자세히 설명하겠다.

이제 6장에서는 산업 시대가 시작된 이래 가장 강력한 기술 주도 변화라고 할 수 있는 디지털 기술에 대해 자세히 살펴보겠다.

06 디지털 트랜스포메이션:
과감하게 스스로를 혁신하라

> 증기기관과 그 이후의 관련 기술은
> 인간의 육체 노동력을 대신했고,
> 이제 컴퓨터와 기타 디지털 기술의 발전은
> 인간의 정신력을 대신하고 있다.
>
> 에릭 브린욜프슨 Erik Brynjolfsson, 앤드루 맥아피 Andrew McAfee
> 《제2의 기계 시대》

　　인터넷은 컴퓨팅, 커뮤니케이션, 비즈니스 수행 방식에 많은 변화를 가져왔지만, 이는 기술이라는 빙산의 일각에 불과하다. 인공지능, 로봇공학, 3D 프린팅, 드론, 빅데이터 분석 등 혁신적인 기술은 유명작가인 쥘 베른이나 H.G. 웰스의 상상력을 완전히 뛰어넘는 방식으로 세상을 변화시키고 있다. 하지만 앞서 설명했듯이 기술은 비즈니스를 성장시키는 혁신적인 원동력이기는 하지만, 그 자체로는 비즈니스 성장을 창출할 수 없다.

아마존: 혁신을 위한 기업

2002년 약 40억 달러에서 2015년 1,070억 달러로 매출이 가파르게 성장한 아마존의 성장 스토리는 이미 널리 알려져 있다. 디지털 기술 없이 아마존은 존재할 수 없었겠지만, 아마존의 성공은 내부와 외부 그리고 중간의 화이트 스페이스 모두에 뛰어들어 새로운 비즈니스 모델을 모색하려는 의지 덕분이었다. [1]

2017년 이노사이트는 신성장 사업의 매출 비율, 해당 사업이 기업의 연간 성장률·수익성·주가에 미친 영향을 기준으로 가장 혁신적인 성장을 이룬 S&P 및 글로벌 500대 기업을 선정했다. 상위 열 개 기업 중 아마존과 넷플릭스가 공동 1위를 차지했으며, 프라이스라인Priceline, 애플, 애트나Aetna, 어도비, 다비타DaVita, 마이크로소프트, 다논Danone, 티센크루프ThyssenKrupp가 그 뒤를 순서대로 이었다. 놀랍게도 이 중 다섯 개 기업이 테크 기업이었다. 티센크루프는 중장비 제조사지만, 신성장 사업의 상당수가 소프트웨어와 디지털 솔루션에 해당한다. 프라이스라인의 여행 관련 상품도 대부분 온라인 기반이다.[2]

아마존이 2000년 닷컴버블에서 살아남을 수 있었던 이유는 다른 디지털 기업들과 달리 시장을 바꾸는 CVP와 급진적인 수익 공식을 기반으로, 지속 가능한 혁신적인 비즈니스 모델을 보유하고 있었기 때문이다. 아마존은 정체된 서점 산업을 혁신한 후 내부의 화이트 스페이스로 빠르게 진출해 모든 종류의 소비재로 제품을 확장했다. 그리고 거기서 멈추지 않았다.

몇 년 후, 아마존은 중고 서적 구매자와 판매자, 기타 소비재의 제3자 셀러를 대상으로 수수료 기반의 중개 서비스를 제공하는 새로운 가치 제안을 구상하면서 화이트 스페이스를 확보했다. 비전이 없는 기업이라면 파트너를 경쟁자로만 여겼겠지만, 아마존은 이들에게 매장을 개방함으로써 직접 판매에서 판매-서비스sales-and-service 모델로 전환하여, 많은 셀러를 하나의 온라인 공간 안에 두고 업체로부터 판매 수수료를 받았다. 이러한 수수료 수입은 카니발라이제이션 비용을 상쇄하고도 남았다.

아마존은 2000년 초에 IT 자원을 보강한 후 그 너머의 또 다른 화이트 스페이스, 즉 IT 커뮤니티를 발견했다. 새로운 고객의 요구를 충족시키려면 새로운 프로세스, 자원, 수익 공식, 즉 새로운 비즈니스 모델이 필요했다. 신중한 인큐베이팅 기간을 거쳐 2002년 아마존은 웹 서비스 플랫폼을 출시했다.[3] 타 웹사이트를 위한 저렴하고 안정적이며 사용하기 쉬운 온라인 서비스, 웹 개발자를 위한 클라이언트 애플리케이션을 제공하는 플랫폼이었다. 아마존과 같은 신생 기업이 겨우 수익 목표에 도달한 해에, 핵심 사업인 소매업을 고수하지 않고 새로운 비즈니스 모델(B2B 기반의 기술 서비스 판매)에 혁신 자원을 투자하는 것은 위험해 보였다. 하지만 이러한 비즈니스 모델 혁신은 결실을 맺었다. 아마존 웹 서비스는 2016년 122억 달러

의 매출을 기록했으며, 회사 영업이익의 절반 이상을 차지하며 성장을 거듭하고 있다.[4]

아마존은 중간의 화이트 스페이스로도 계속 진출했다. 2007년 말에는 팜원palmOne의 하드웨어 엔지니어링 담당 부사장 그레그 제르Gregg Zehr를 영입하고 랩126Lab126을 설립했다. 첫 제품인 이북 리더기 킨들은 아마존의 DNA와는 전혀 다를뿐더러 출판업계 전체에 파괴적인 영향을 미칠 수 있는 제품이었기 때문에, 당연히 완전히 새로운 비즈니스 모델이 필요했다. 수익성이 높은 제품 기반 서비스를 출시하기 위해 아마존은 OEM이 되어야 했다. 그 후 거래 기반 콘텐츠 전송과 정기구독 모델을 결합한 아이튠즈 형태의 디지털 미디어 플랫폼에 새로운 기술을 완벽하게 통합했다. 혁신적인 방식으로 콘텐츠 제작자와 협력하고 독립 출판사가 킨들 전용 콘텐츠를 새로 생성할 수 있는 개방형 백엔드를 만들었다. 출시 첫해 킨들은 약 50만 대가 판매되었고 높은 고객 만족도를 얻었다.[5] 아마존은 단번에 전자책 시장을 크게 확대한 후, 신문과 정기간행물 유통 분야에서도 입지를 다졌다. 2014년 아마존은 전자책 시장의 3분의 2 이상을 차지하게 되었다.[6]

아마존은 가장 깊은 뿌리부터 새로 돋은 나뭇가지까지 모두 혁신의 DNA를 갖고 있다. 신규·기존 고객에게 서비스를 제공할 수 있는 새로운 방식을 발견하면, 새로운 비즈니스 모델을 수립해 미래를 위해 투자하는 동시에 현재에서 지속적으로 가치를 창출한다. 리더가

그림 12 │ 아마존닷컴: 혁신을 위한 기업

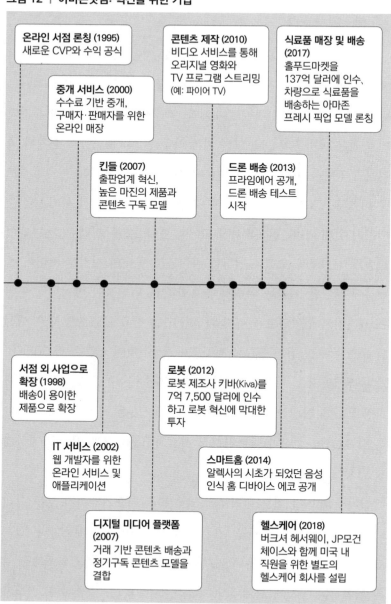

온라인 서점 론칭 (1995)
새로운 CVP와 수익 공식

중개 서비스 (2000)
수수료 기반 중개,
구매자·판매자를 위한
온라인 매장

킨들 (2007)
출판업계 혁신,
높은 마진의 제품과
콘텐츠 구독 모델

콘텐츠 제작 (2010)
비디오 서비스를 통해
오리지널 영화와
TV 프로그램 스트리밍
(예: 파이어 TV)

드론 배송 (2013)
프라임에어 공개,
드론 배송 테스트
시작

**식료품 매장 및 배송
(2017)**
홀푸드마켓을
137억 달러에 인수,
차량으로 식료품을
배송하는 아마존
프레시 픽업 모델 론칭

**서점 외 사업으로
확장 (1998)**
배송이 용이한
제품으로 확장

IT 서비스 (2002)
웹 개발자를 위한
온라인 서비스 및
애플리케이션

**디지털 미디어 플랫폼
(2007)**
거래 기반 콘텐츠 배송과
정기구독 콘텐츠 모델을
결합

로봇 (2012)
로봇 제조사 키바(Kiva)를
7억 7,500 달러에 인수
하고 로봇 혁신에 막대한
투자

스마트홈 (2014)
알렉사의 시초가 되었던 음성
인식 홈 디바이스 에코 공개

헬스케어 (2018)
버크셔 헤서웨이, JP모건
체이스와 함께 미국 내
직원을 위한 별도의
헬스케어 회사를 설립

시간과 원칙, 자원을 투입할 의지가 있다면 어느 조직이든 끊임없이 변화하고 성장할 수 있음을 보여주는 사례이다.

최근 아마존은 비디오 서비스를 통해 오리지널 영화와 TV 프로그램 제작 및 스트리밍 사업을 시작했다(2014년 출시된 아마존 파이어 TV 마이크로콘솔을 통해 많은 시청자가 사용 중). 알렉사 기반의 에코(음성제어 스마트 스피커) 제품 라인으로 아마존은 홈 엔터테인먼트 시스템뿐 아니라 스마트 하우스의 중심에 서게 되었다. 아마존의 미래가 어떻게 펼쳐지든, 아마존의 여정은 새로운 화이트 스페이스로 나아가기 위한 혁신으로 가득할 것이다.

디지털 기술의 4가지 가치창출 방식

실행 가능한 비즈니스 모델이 없는 기술은 상업화 측면에서 막다른 골목을 마주할 수 있지만, 디지털 기술은 특정 종류의 비즈니스 모델 개발을 촉진하여 대개는 예측 가능한 방식으로 가치를 창출한다. 디지털 기술은 데이터 수집, 처리, 저장, 전송 능력을 크게 확대하며, 이를 통해 구현할 수 있는 비즈니스 모델은 대략 다음 네 가지 범주에 속한다.

- **이커머스**: 온라인으로 디자이너 안경을 판매하는 와비파커Warby Parker부터, 제조업체에 실리콘을 판매하는 다우코닝의 지아미

터에 이르기까지 다양한 기업이 해당된다.

- **디지털 플랫폼:** 생산자와 소비자 간에 가치를 창출하는 상호작용을 가능하게 한다. 여유 객실이 있는 호텔과 숙박할 곳을 찾는 사람을 연결해주는 에어비앤비, 자동차 소유자와 차량 서비스를 필요로 하는 사람을 연결해주는 우버 또는 리프트 등이 있다. 또는 클라우드를 통해 구독자에게 프로그램과 애플리케이션을 스트리밍하는 세일즈포스닷컴, 어도비 그리고 현재의 마이크로소프트도 여기에 포함될 수 있다.

- **데이터 자산화 모델:** 대규모 독점 데이터에 대한 접근 또는 소유를 통해 가치를 창출하기 위해 데이터를 관리 및 분석한다. 구글의 타겟팅 광고, 일 260억 건의 일기예보를 구독자에게 제공하는 웨더컴퍼니, 산업용 기계를 위한 IoT 플랫폼인 GE의 프레딕스Predix(이어지는 내용 참조) 등이 있다.

- **자동화 기반 서비스:** 아마존 창고에서 물건을 고르고 포장하는 로봇부터, 우버가 궁극적으로 운전자를 대체할 것으로 기대하는 자율주행 자동차에 이르기까지, 과거에는 사람이 수행하던 작업을 소프트웨어를 활용해 수행한다.

분명 기술은 양날의 검과 같다. 어떤 플랫폼은 새로운 시장을 창출하고 지속 가능한 성장을 만들어내는 반면, 어떤 플랫폼은 잠재적 소비자의 가치를 과소평가하거나 그들의 생계를 위협하여 잠재적 시장을 없애버리기도 한다.

기술을 통해 새로운 기회를 모색할 때, 기업은 적극적인 도전과 적절한 신중함 사이에서 균형을 잡아야 한다. '파괴적 혁신'이나 '창조적 파괴' 같은 표현이 보여주듯이, 현실적인 여파는 상당할 수 있다. 이를 유념하면서, 이 책의 초판 출간 후 있었던 기술을 기반으로 하는 혁신적 성장의 세 가지 사례, 그러니까 기존의 테크 기업(마이크로소프트, 넷플릭스)과 거대 산업 기업(GE)의 사례를 간략히 살펴보자.

마이크로소프트: 클라우드에 베팅하다

마이크로소프트는 2014년 4월 연례 개발자 콘퍼런스 '빌드Build'에서 화면 크기가 9인치 미만인 소비자 디바이스를 제조하는 기업에 윈도우 OS를 무료로 공급하겠다고 발표했다. 또한 C# 프로그래밍 언어와 .NET 플랫폼을 오픈소스로 공개하여, 개발자가 모든 마이크로소프트 디바이스에서 구동되는 앱을 더 쉽게 만들 수 있도록 했다. 마이크로소프트는 구글(안드로이드 OS 무료 제공)과 공평한 경쟁을 하는 것을 기대했지만, 이러한 결정은 엄청난 화이트 스페이스 전략의 시발점이 되어 마이크로소프트의 핵심 비즈니스 모델을 완전히 바꾸어놓았다.

1980년대와 1990년대의 전형적인 하이테크 성공 스토리인 마이크로소프트는 2000년대 초 인터넷의 태동과 함께 난관에 부딪혔다.

MS 오피스 등 패키지 애플리케이션을 판매하는 핵심 비즈니스 모델은 클라우드 기반 구독 서비스에 밀려났고, 스마트폰, 태블릿 등 PC 외 디바이스의 확산으로 OEM에 윈도우 OS를 판매하는 비즈니스도 차질을 빚었다.

마이크로소프트의 클라우드 컴퓨팅 플랫폼 애저Azure는 PC 외 디바이스 컴퓨팅 및 스토리지를 위한 구독 서비스로, 온라인 서비스 부서의 R&D 수석 부사장이었던 사티아 나델라Satya Nadella가 총괄을 맡아 2010년 출시했다. 2014년 나델라는 마이크로소프트의 CEO가 되었다. 회사가 '클라우드 우선, 모바일 우선'이라는 새로운 전략을 추진할 것임을 알리는 분명한 신호였다. 소프트웨어 구독 모델로 전환하면서 마이크로소프트는 영업, 서비스, 재무 보고에 관한 새로운 자원과 프로세스를 개발하고 고객에게 디지털 서비스를 제공하기 위해, 새로운 데이터 센터를 구축하고 유지해야 했다. 마이크로소프트의 모바일 플랫폼 고객 중에는 일반 소비자가 아닌 비즈니스 사용자가 점점 늘어나고 있었으며, 이는 마이크로소프트 입장에서는 새롭고 차별화된 시장이었다.

클라우드 서비스는 전체 매출 대비 비중이 빠르게 증가하고 있으며, 신성장 시장에서 애저의 우위로 인해 마이크로소프트의 주가는 S&P 500 지수를 앞질러 사상 최고치를 기록하는 등 상승세를 보이고 있다.7 2016년 262억 달러에 링크드인을 인수하는 등 마이크로소프트는 '운영체제, 단말기 등의 기술 플랫폼이 아니라, 그 위에서 구동되는 애플리케이션과 서비스'[8]를 미래 사업 방향으로 삼고 이에 더 큰 베팅을 할 수 있게 되었다. 마이크로소프트는 2017년 연례 보고서에서 AI에 우선순위를 둘 것이라고 발표했다.[9] 비즈니스 모델 혁신을 통해 핵심 사업부의 부진을 완전히 만회하기까지는 아직 갈 길이 멀다. 마이크로소프트는 거의 10년간(테크 업계에서는 억겁의 시간) 뒤처지는 듯했으나, 비즈니스 모델의 모든 요소를 재점검하고 화이트 스페이스로 확장하려는 의지 덕분에, 업계에서 핵심 경쟁자 입지를 유지할 수 있을 것으로 보인다.

GE: 중공업 기업에서 하이테크 기업으로

GE는 100년 넘게 전형적인 중공업 기업으로 운영되어왔다. 하지만 2015년 연례 보고서에서는 2020년까지 '10대 소프트웨어 기업을 목표로 소프트웨어 사업을 추진하겠다'는 의지를 밝혔다.[10] 이러한 변화의 중심에는 클라우드 기반 운영체제인 프레딕스가 있다. GE는 이를 통해 내부와 외부, 중간의 화이트 스페이스로 확장할 수 있기를 기대했다. GE는 이렇게 발표했다. 오랫동안 설계하고 제조하고, 유지·보수해온 산업용 장비만이 아니라 "완벽한 상황 인식으로 장비 성능을 모니터링하고 지속적으로 개선할 수 있는 서비스를 제공할 예정이다. 실제로 항공, 병원, 철도, 유전, 풍력 발전소 등을 운영하는 기업에서 모든 직원이 모바일 기기를 통해 관련 정보를 실시간으로 확인할 수 있게 될 것"이다. 프레딕스는 세계 최초로 산업 개발을 위해 구축된 클라우드 서비스로, 사물 인터넷의 산업용 애플리케이션이다. 이 서비스형 플랫폼은 기계, 데이터 그리고 사람을 연결하여, 자산 성능 관리와 운영 최적화를 위한 분석을 수행할 수 있도록 지원한다. GE가 직접 제조하는 장비는 프레딕스를 사용할 수 있는 상태로 판매되며, 타사의 장비라도 '필드 에이전트field agents' 장치를 부착하면 데이터를 수집할 수 있다. GE는 애플의 운영체제(iOS)가 휴대폰에서 수행하는 기능을 프레딕스가 공장과 플랜트에서 할 수 있을 것으로 기대하고 있다.

혁신적인 비즈니스 모델을 출시하기 위해 GE는 새로운 자원과 프로세스를 개발하고 새로운 수익 공식을 테스트해야 했다. 사실상 GE는 150억 달러 규모의 소프트웨어 및 디지털 회사를 완전히 새로 구축한 셈이다. GE에 따르면 "산업 인터넷의 활용은 단순한 기술 혁신처럼 보일 수 있지만, 진정한 조직 혁신도 요구된다."[11] 캘리포니아 샌 라몬에 위치한 GE 소프트웨어 센터에서는 1,000명 이상의 소프트웨어 개발자와 데이터 과학자가 프레딕스를 전담하고 있다. 또한 GE 에비에이션Aviation과 액센츄어Accenture의 합작 사업인 탈레리스Taleris 그리고 인텔, 시스코 등과의 파트너십을 통해 GE는 고객 가치 창출을 위한 새로운 역량을 개발하고 있다.

이러한 성과의 예는 GE와 글로벌 에너지 대기업 에온E.ON의 풍력 발전소 계약에서 확인할 수 있다. 과거에는 수요가 증가하면, GE는 단순히 터빈 판매량을 늘렸다. 이제는 에온에서 프레딕스를 통해 현재 장비의 성능, 활용도, 유지·보수를 최적화할 수 있게 되었다. GE는 성능 개선으로 인한 에온의 매출 증가분 일부를 수수료로 받아 가치를 확보한다. GE의 하드웨어 판매량은 줄었지만, 양사 모두에게 이익이 되는 장기적인 관계를 발전시키고 유지하고 있다.

그러나 앞서 살펴본 바와 같이 혁신 프로젝트가 아무리 야심 차고 자금이 충분하더라도 많은 장애물에 직면하기 마련이다. 2017년 6월, GE 이사회는 16년 동안 회사를 경영해온 CEO 제프리 이멜트 Jeffrey Immelt를 해임했다. 그의 후임자인 존 플래너리 John Flannery는 200억 달러 규모의 GE 사업을 정리하고, 장기적인 혁신이 아닌 수익 증대와 배당금 인상에 집중하겠다고 약속했다. GE는 공개적으로는 여전히 프레딕스 서비스를 운영하고 있지만, 분명 위험 분산 전략도 취하고 있다.[12]

넷플릭스: 콘텐츠 제작 사업에 진출하다

GE가 디지털 기술을 활용해 새로운 영역으로 진출했다면, 넷플릭스의 전략은 그 반대다. 넷플릭스는 이커머스 성공 스토리를 구식 영화 스튜디오와 같은 비즈니스 모델로 재탄생시키고 있다.

넷플릭스는 블록버스터 Blockbuster의 비디오 대여 체인점에 대한 대안으로 등장했으며 고객이 싫어하는 연체료가 없는 구독 서비스를 제공한다는 것이 핵심이었다. 2007년 넷플릭스는 중간의 화이트 스페이스로 진출해, 스트리밍 서비스를 시작했다. 그러다가 2011년에는 DVD 대여 사업(퀵스터Qwikster)과 스트리밍을 두 개의 회사로 분할한다고 발표하고 구독료를 약 60% 인상하는 치명적인 실수를 저질렀다. 80만 명의 고객이 탈퇴하고 넷플릭스의 주가는 폭락했다. 몰락이 극적이었던 만큼 업계로의 복귀는 한층 더 극적이었다. 2013년 〈뉴욕타임스〉 기자 제임스 스튜어트James Stewart는 기사에서 "기업 실수의 역사에서, 특히 모멘텀이 중요한 테크 업계에서 한때 죽음의 나락으로 빠졌던 기업이 이렇게 회생한 사례는 거의 없다"라고 표현했다.13

넷플릭스의 창립자이자 CEO인 리드 헤이스팅스Reed Hastings는 회사가 망할 뻔한 원인이 어리석음과 오만함("너무나 필사적이었기 때문에 어리석은 우를 범했다"고 스튜어트에게 인정했다) 때문이었으며, 실행과 프로세스에 집중한 덕분에 재기할 수 있었다고 말한다. 그는 "배송과 배달이라는 기본 서비스를 개선한 전략이 주효했다. 이 경험이 안정적인 기반이 되었다. 핵심 미션을 더 잘 실행하는 것이 성공 비결이다"라고 설명했다.14

이후 2013년 넷플릭스는 콘텐츠 배포자뿐 아니라 제작자로 변신해, 히트 시리즈인 〈하우스 오브 카드〉와 〈오렌지 이즈 더 뉴 블랙〉을 출시하면서 새로운 발걸음을 내딛었다. 넷플릭스는 기존 할리우드 대기업처럼 콘텐츠를 직접 소유하고 자사의 시스템을 통해 구독자에게 콘텐츠를 배급하는, 수직적 통합을 통한 수익 공식으로 새로운 비즈니스 모델의 토대를 마련했다. 아이튠즈 모델은 수익성이 높지만, 애플이 고객에게 판매하는 콘텐츠는 라이선스이기 때문에 애플은 수익의 상당 부분을 콘텐츠 소유자와 공유해야 한다. 넷플릭스가 구독자에게 스트리밍하거나 DVD로 제공하는 대부분의 영화와 TV 프로그램도 마찬가지이다. 반면, 자체 제작 콘텐츠에서 얻은 매출은 100% 넷플릭스의 몫이다.

VCR과 DVR이 'TV 본방 사수'라는 패러다임을 깼다면, 넷플릭스는 관례를 완전히 깨뜨리고 고객이 TV세트(및 기타 모든 화면)를 재미, 정보, 휴식을 원할 때면 언제든지 즐길 수 있는 '검색 가능한 라이브 러리'로 인식하도록 훈련시켰다. 자체 제작 프로그램은 지금까지 고객이 시청한 프로그램 중 일부에 불과하지만, 브랜드 강화라는 중요한 목적을 달성하는 데 큰 기여를 하고 있다. 온디맨드on-demand 비디오 시장의 경쟁이 치열해짐에 따라(아마존 프라임은 넷플릭스의 주요 경쟁자이며, 훌루Hulu, 로쿠Roku도 있다) 오리지널 콘텐츠는 이미 뛰어난 넷플릭스의 경쟁력을 더욱 강화하고 공고히 하는 역할을 하고 있다.

최근 넷플릭스는 공격적으로 글로벌 서비스를 확장하며 외부의 화이트 스페이스로 진출하기 시작했다. 성과는 어떨까? 190개국 이상에서 회원을 보유하고 있으며, 고객에게 매일 2억 5,000만 시간에 달하는 TV 프로그램과 영화를 스트리밍하고 있다.[15] 영광의 자리에서 몰락했던 2011년부터 2016년까지 연간 매출액은 32억에서

88억 달러로 175% 증가했다. 동 기간 스트리밍 구독자 수는 전 세계 2,350만 명에서 9,380만 명으로 늘어났다.[16]

마이크로소프트, GE, 넷플릭스는 서로 다른 새로운 디지털 기술을 도입하고 이를 새로운 비즈니스 모델에 활용함으로써 스스로를 혁신하는 과감한 전략을 구사했다. 이를 통해 새로운 방식으로 새로운 시장에서 가치를 창출하고 확보했다.

지금까지 비즈니스 모델 혁신이 '무엇'인지 살펴보았다면 7장, 8장, 9장에서는 '방법'에 대해 알아보기로 한다.

3부

비즈니스 모델 혁신은
반복 가능한 프로세스다

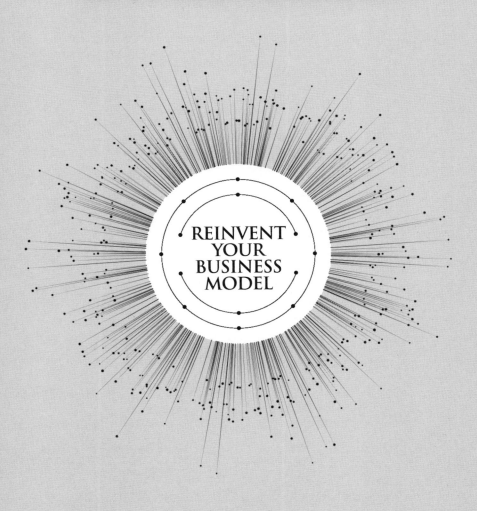

REINVENT
YOUR
BUSINESS
MODEL

> 혁신은 리스크가 있지만 무작위적이지는 않다.
> 한마디로 표현하기는 어려우나,
> 혁신가에게는 체계적인 프로세스가 있다.
> 샤워 중에 유레카의 순간이 찾아올 때도 있겠지만,
> 혁신은 엄격한 프로세스에서 비롯된다.
>
> A.G.래플리 Alan George Lafley

1부에서는 비즈니스 모델을 정의하는 프레임워크로 시작해, 비즈니스에 공통적으로 적용되는 가치창출의 원동력을 살펴보았다. 2부에서는 기존 시장에서의 비즈니스 모델 혁신, 새로운 시장 창출, 업계 전체의 변화에 대한 대응 등 다양한 상황을 살펴보았다. 이제 3부에서는 서술적인 접근에서 벗어나, 보다 구체적인 '방법'에 대해 살펴보고자 한다.

앞에서 소개한 기업에는 많은 공통점이 있다. 리더가 열린 마음, 대담함, 용기를 갖고 있었으며, 혁신적 성장의 기회를 직관적으로 감지했고, 새로운 고객 가치 제안을 위해 기존 비즈니스 모델을 재검토하는 것을 주저하지 않았다. 상상력, 역량, 약간의 운도 있었다. 그러나 이들에게는 비즈니스 모델 혁신에 대한 체계적인 접근 방식이 부족했다.

———

앞서 언급한 기업과 더불어, 이노사이트 등에서 다양한 기업에 관해 동료들과 연구하고 협업한 경험을 통해 나는 패턴과 원칙을 도출하고 비즈니스 모델 혁신에 대한 구조적인 접근법을 설계했다. 직관과 운에 의존하는 것이 아니라 예측 가능, 반복 가능한 프로세스를 따라가면 혁신적인 성장을 이룰 수 있다.

이 프로세스는 세 가지 기본 단계로 구성된다.

1. 첫 번째 단계에서는 비즈니스 모델에 대한 고민은 일단 제쳐둔다. 대신 충족되지 않은 중요한 과업이 있는 고객을 만족시킬 수 있는 기회부터 찾는다. 고객의 과업을 명확히 이해할수록, 더 효과적이고 지속 가능한 CVP를 수립할 수 있다.

2. 그다음에는 회사의 수익 창출에 대한 청사진을 수립한다. 2장에서 소개한 비즈니스 모델 프레임워크가 필요한 단계다. 청사진을 구상하고 기존 모델과 비교하는 과정에서 근본적인 비즈

니스 모델 변경이 필요한지 그 여부를 판단할 수 있다.

3. 마지막은 실행 단계로, CVP와 수익 공식의 추상적인 개념을 실현하기 위해 물리적 핵심 자원과 프로세스의 결합 방식을 구체적으로 결정하는 단계다. 새로운 비즈니스 시스템을 기존 사업부에서 관리할 수 있는지, 아니면 성공적 운영을 위해 새로운 사업부를 만들어야 하는지 여부도 결정한다.

고객의 과업이 처음부터 명확하게 이해되는 경우는 드물며, 청사진의 세부내용은 초기 구상 단계에서는 완전히 구체화되지 않을 수도 있다. 따라서 관리자는 비즈니스 모델 설계와 구현이 경직된 실행이 아니라, 열린 마음으로 가설을 테스트하고 배운 점을 적용하는 유동적인 과정이라는 것을 받아들여야 한다.

7장에서는 비즈니스 모델 혁신의 1, 2단계, 즉 과업을 파악하고 효과적인 CVP를 만드는 것부터 신규 비즈니스 모델의 청사진을 그리고 기존 모델과 비교하는 과정을 자세히 살펴본다. 8장에서는 실행에 초점을 맞추어, 화이트 스페이스의 성공 가능성을 극대화하면서 모델을 실행하는 방법에 대해 설명한다. 7, 8장을 통해, 스타트업과 기존 기업 모두에 유용한 새로운 비즈니스 개발과 확장 방법을 확인할 수 있을 것이다. 9장에서는 새로운 비즈니스 모델을 구축하거나 기존 비즈니스 모델을 재창조하는 과정에서 기존 기업이 직면하는 독특하고 복잡한 관리적·행동적 문제를 살펴본다.

신규 비즈니스 모델을 설계하는 방법

> 디자인은 어떻게 보이고
> 느껴지는가의 문제만이 아니라,
> 어떻게 기능하는가의 문제이다.
> 스티브 잡스

마르코 메이라트는 힐티의 공구를 범용화된 제품 라인에서 고급 서비스로 전환한다는 기발한 계획을 생각해냈다. 힌두스탄 유니레버는 유통의 본질을 근본적으로 새롭게 해석해, 수백만 명의 새로운 헤어케어 고객을 창출했다. 다우코닝의 돈 시츠는 실리콘 시장의 저가 부문을 공략할 새로운 방법을 구상했다. 이러한 사례는 우리에게 영감을 주기도 하지만, 한편으로는 무력감을 선사한다. 그 누구도 영감 같은 불규칙한 것에 의존해서 새로운 비즈니스를 창출하고 싶어 하지 않기 때문이다.

사실 누구도 그럴 필요는 없다. 진정 혁신적인 비즈니스 모델은 상상력, 영감, 우연에 의해서만 탄생하지 않는다. 스타니슬랍스키의 연기 연습처럼 비즈니스 모델 혁신은 구조를 통해 창의성을 발휘하는 질서정연한 과정의 결과일 수도 있고, 그 반대의 경우일 수도 있다.

2장에서 설명한 4-Box 비즈니스 모델은 기존 비즈니스 모델의 각 구성요소를 정의할 뿐 아니라, 새로운 비즈니스 모델을 구축하는 프레임워크로, 즉 올바른 질문과 가정을 도출하고 이를 건설적으로 조직하고 분류하며, 올바른 순서로 구현, 테스트, 학습하는 데도 활용할 수 있다.

7장, 8장을 통해 과업, CVP, 수익 공식, 핵심 자원 및 프로세스를

그림 13 | 4-Box 비즈니스 모델

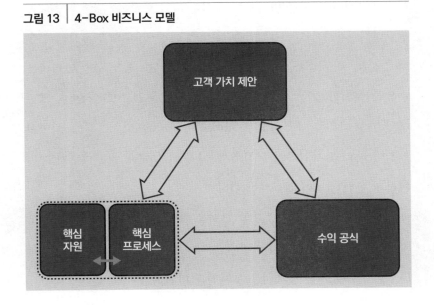

자세히 살펴보면서, 비즈니스 모델 혁신은 반복의 과정임을 기억하길 바란다. 네 가지 구성요소가 모두 제대로 작동하는 올바른 구조를 도출하기까지는 이 과정을 수차례 반복해야 할 수도 있다.

앞서 강조했듯이, 당신은 새로운 비즈니스 모델을 만들고자 하는 것이지, 기존 모델 혹은 경쟁사의 모델을 확장하거나 누구나 다 하는 방식을 그대로 따라 하려는 것이 아니다. 게임 체인저가 될 새로운 성장 기회를 탐색하는 이러한 여정은 고객의 미충족 과업을 발견하는 데서 시작된다. 쉽지 않은 이 단계에서는 새로운 관점으로 시장을 바라봐야 한다.

조직 내부의 관점, 즉 기존의 조직, 제품, 서비스의 관점에서 시장에 접근하는 방식은 너무나 자연스럽고, 벗어나기 힘들다. 하지만 내부의 시각에서 외부를 바라보는 방식을 버리는 것이야말로 우리에게 필요하다. 여기서 말하는 '미충족 과업'이란 회사가 충족시키지 못하고 있는, 즉 서비스를 제공하지 않고 있는 고객을 대상으로 한다는 점을 기억하라. 기존 고객에게 오랫동안 오퍼링을 성공적으로 제공해왔으니, 미충족 과업은 없을 것이라고 확신해서는 안 된다. 기업의 임원이 아니라 사업가의 관점에서, 아직 그 누구에게도 아무것도 판매하지 못한 것처럼 접근해야 한다.

그러면 실제 고객의 중요한 과업을 파악하는 데서부터 시작해보자. 고객 중심으로 접근해야 한다는 이야기는 이미 많이 들었을 것이다. '고객 중심'이란 구체적으로 어떤 의미일까?

고객의 과업을 발견하라

고객 중심 접근법에 관해 먼저 한 가지 사례를 살펴보자.[1] 한 치과용 장비 회사(가칭 덴트코DentCo)는 기술 장벽을 해소하는 혁신적인 기술로 틈새시장을 개척해 수익을 내고 있다. 치아 교정 시술은 교정 전문의만 할 수 있었으나, 새로운 기술 덕분에 일반 치과의도 할 수 있게 되었다. 경쟁사가 유사한 제품을 훨씬 저렴한 가격에 제공하기 시작하자, 덴트코는 선택의 기로에 놓였다. 가격 경쟁에 뛰어들어 전체 시장의 가치 하락을 감내할지, 아니면 다른 대응 전략을 찾을지 결정해야 했다. 덴트코는 다음 전략을 세우기 위해 고객에게 의견을 물었다.

덴트코와 같은 상황에서 대부분의 기업은 치과 의사에게 직접 묻거나 시장조사를 통해 '치과용 제품에 바라는 특징'을 질문하며 시장 분석을 할 것이다. 니즈 기반 또는 VOCVoice of the customer 접근법이라고 하는 이러한 설문조사는 고객 중심적인 좋은 방법처럼 보이지만, 실제로는 그렇지 않다. 이유는 두 가지다. 첫째, 제품에 어떤 부분이 필요한지를 고객에게 물어보면 '더 저렴한', '덜 침해하는', '사용하기 쉬운', '더 많은 기능' 등 제품과 관련된 뻔한 답변으로 끝나기 마련이다. 둘째, 니즈 기반 접근법은 일반적으로 제품의 기능이나 인구 통계적 속성에 따라 목표 시장을 분류한다. 이러한 속성이 반드시 고객의 과업과 일치하지는 않는다. 서로 다른 과업을 원하는 개인을 한 그룹으로 묶거나, (드물게는) 과업이 동일한 그룹을 분리해놓기도 한다. 덴트코가 애초에 시장 세그먼트를 인구통계학적으로 정의하면서(일반의, 교정 전문의) 이러한 상상의 세그먼트가 만들어졌다.

당연히 기업은 이러한 방식을 선호한다. 제품 및 인구통계학적 세그먼트에 대한 데이터는 비교적 쉽게 수집할 수 있고, 니즈 기반 질문은 기존 기업이 가장 잘하는 것, 즉 지속적인 제품 혁신(덴트코의 경우 치과용 장비의 기능 추가 등)을 강화한다. 만약 덴트코가 상상 속 세그먼트의 니즈를 충족시키는 데 주력했다면, 기존 제품을 계속 밀어붙이고 경쟁사와의 가격·기능 전쟁에 뛰어들었을 것이다.

니즈 기반 분석은 성장을 위한 혁신적인 CVP 수립에 맞지 않는 접근법이다. 진정한 고객 중심 방식은 고객에게 '무엇이 필요한지' 묻지 않고, '무엇을 해결하려고 하는지'를 묻는다.[2] 이는 과업 기반 방식으로 자연스럽게 연결된다.

덴트코는 일반 치과의와 교정 전문의에게 업무적인 과업이 무엇인지 질문함으로써, 서로 다른 시장 세그먼트를 파악하고 실질적으로 도움이 되는 정보를 얻을 수 있었다. 우선 덴트코는 모든 고객이 성공적인 병원 운영을 원한다는 사실을 확인했다. 당연하게 들릴 수도 있지만, 이는 상상의 세그먼트 분류를 뒤집는다. 이 지표는 고객이 전공 분야에 따라 엄격히 구분되기보다는 오히려 공통점이 많음을 보여준다. 덴트코는 심층 조사를 통해, 성공적인 병원 운영이 구체적으로 어떤 의미인지를 파악했다. 즉 성공적인 병원 운영이란 환자에게 최신 치료법을 제공하고, 비즈니스를 성공적으로 관리하며, 좋은 입소문이 나는 것이다. 덴트코는 이러한 과업 달성에 걸림돌이 되는 요소가 무엇인지를 질문했고, 기존 솔루션의 소비 장벽이 '시간'임을 확인했다. 병원을 성공적으로 운영하기 위한 새로운 제품과 치료법을 도입하기 위해서는 새로운 기술을 익히고 직원을 교육할 시간이 필요하다. 또한, 일반 치과의와 교정 전문의는 치료에 시간이 얼마나 소요되든, 치료당 비용을 청구하기 때문에 시간은 곧 돈이다.

덴트코는 이제 시장에 대해 실질적으로 도움이 되는 내용을 파악했다. 그다음에는 일반 치과의와 교정 전문의가 새로운 기술을 도입하는 데 필요한 시간을 최소화하면서 환자에게 최신 치료를 제공할 수 있도록, 편의성 중심의 가치 제안을 수립해야 한다. 고객에 대한 인사이트로 무장하면, 경쟁사와의 소모적인 가격 전쟁을 피할 수 있다. 제품에 더 많은 기능을 추가하는 것이 아니라, 모든 치과의를 대상으로 하는 대규모 시장에서 과업을 해결하는 가치창출 제품을 개발할 수 있다. 예를 들어, 전문가의 임상 지원 서비스를 받을 수 있는 시간 절약형 핫라인, 온라인 포럼을 통한 우수 사례 공유, 직원 교육 프로그램 등을 모두 맞춤형 제품 번들로 제공할 수 있다. 이제 덴트코는 4-Box 프레임워크를 사용해 기존의 비즈니스 모델로 새로운 서비스와 기능을 제공할 수 있는지, 아니면 이 기회를 선점하기 위해 새로운 비즈니스 모델이 필요한지를 결정할 수 있다.

고객의 과업에 집중하는 것은 소비자 의사결정의 진정한 본질에 다가가는 것이다. 클레이튼 크리스텐슨은 그의 저서 《성장과 혁신》에서 밀크셰이크 판매량을 늘리려는 한 패스트푸드 회사의 사례를 통해 이 개념을 설명한다.[3] 처음에 마케팅 부서는 완전히 잘못된 방법을 택했다. 제품(밀크셰이크)을 기준으로 시장을 정의한 다음, 자주 구매하는 고객의 인구통계학적 특징과 성격을 프로파일링하여 세분화한 것이다. 그다음에는 이러한 상상의 세그먼트에 속하는 고객을 포커스 그룹에 초대해 피드백을 요청하고, 더 진한 제품, 초콜릿을 더 넣은 제품, 더 저렴한 제품, 알갱이가 더 많은 제품 등에 관한 질문을 통해 더욱 내부 지향적으로 접근했다. 참가자들은 명쾌한 답변을 내놓았고 회사는 그에 따라 메뉴를 변경했다.

하지만 그러한 노력에도 매출이 늘어나지 않자, 회사는 새로운 연구원을 영입했다. 그는 고객 세그먼트에 대한 가정을 하지 않았고, 누구에게도 기존 제품에 대한 개선 의견을 묻지 않았다. 대신 하루 종일 매장에서 사람들이 어떤 과업을 해결하기 위해 밀크셰이크를 찾는지 관찰했다. 그는 고객이 밀크셰이크를 구매하는 시간대, 함께 구매한 다른 제품, 구매 시 고객과 함께 있던 사람, 밀크셰이크를 매장에서 마시는지 아니면 그 자리에서 급히 먹지 않고 차에 가지고 타는지 등을 기록했다.

과업 해결 관점에서 보면, 밀크셰이크 구매자는 두 가지 과업을 해결하기 위해 밀크셰이크를 이용했다. 두 경우 모두 주요 구매자는 '일하는 아빠'였다. 이들은 아침에 출근을 서두르면서 건강한 아침 식사를 할 시간이 없기 때문에, 밀크셰이크를 사서 차 안에서 즐긴다. 저녁에는 아이들을 데리고 패스트푸드로 저녁 식사를 하고, 아이들이 착한 행동을 하면 식사 후 밀크셰이크로 보상을 한다(모두 알다시피, 어린이에게 가장 중요한 것은 하루를 마무리할 때의 간식이다).

이 두가지 과업에는 두 가지 해결책이 있다. 아빠는 밀크셰이크로 출근길의 배고픔과 지루함을 달랜다. 시간을 절약할 수 있어야 하고 배도 채울 수 있어야 하기 때문에, 점도가 높고 과일 덩어리가 들어 있는 쉐이크를 선호한다. 그들은 운전하는 동안 더 즐거움을 누리기를 원한다. 저녁에는 아이들이 서둘러 먹을 수 있어야 하기 때문에, 점도가 낮고 과일이 없어서 빨리 마실 수 있는 제품을 선호한다. 동일한 구매자가 서로 다른 두 가지 과업을 수행하기 때문에, 마케터가 아무리 세그먼트를 세분화해서 제품에 대한 피드백을 물어봐도 그것만으로는 유의미한 정보를 얻을 수 없었다.

고객의 과업에 집중하는 것은 매출이 감소하는 시점이 되어서야 마케터를 통해 수행할 일이 아니다. 고객의 미충족 과업에 지속적이고 체계적인 방식으로 관심을 기울인다면, 필요한 정보를 얻을 수 있다. 예를 들어, 힐티는 고객이 현장에서 원하는 과업과 제품 성능에 대해, 공식·비공식 설문조사를 통해 질문하며 고객과 지속적으로 소통했다. 그렇게 하지 않았더라면 공구 시장의 범용화를 극복할 기회를 얻지 못했을 것이다. 또한, 현장에 직원을 파견해 영상을 촬영하는 등 고객의 제품 사용과 일상 업무 방식을 관찰했다. 단순히 고객이 무엇을 원하는지 또는 무엇을 필요로 하는지만 물었다면 '높은 신뢰성' 또는 '저렴한 가격'과 같은 다양한 대답만 얻었을 것이다.

과업 기반 접근법은 직접 소비자를 대상으로 하는 경우만이 아니라, B2B 기업 대상, 다수의 이해관계자가 있는 상황에도 적용된다. 예를 들어, 덴트코는 환자, 제3자 지불자, 규제 당국 등 의사의 과업과 관련된 이해관계자의 과업을 면밀히 검토한 후, 다양한 과업을 반영한 제품을 개발함으로써 더욱 강력한 제품, 나아가 견고한 비즈니스 모델을 구축할 수 있었다.

정서적 · 사회적 과업을 해결하라

미해결 과업을 파악할 때는 과업의 기능적 측면뿐 아니라 고객이 과업 수행 시 기대하는 사회적 · 정서적 경험도 함께 고려해야 한다.[4] 예를 들어, 힌두스탄 유니레버는 샤크티 암마가 마을 주민에게 브랜드 제품 이상의 가치를 제공하면 더 큰 성공을 거둘 수 있다고 판단했다. 그래서 샤크티 이니셔티브의 일환으로 개인 위생을 통한 질병 예방의 중요성을 강조하면 사회적 인식을 높일 수 있을 것이라 생각했다. 이러한 방식을 통해 여성들은 판매원을 넘어 중요한 사회적 혜택을 전파하는 존재로 인식되었다.

정서적 · 사회적 과업은 실질적인 과업보다 덜 가시적이기 때문에 정확히 파악하기 어렵지만, 새로운 비즈니스 모델 수립에서 반드시 고려해야 하는 부분이다. 예를 들어, 패션 분야에서는 정서적·사회적 과업이 고객 구매 결정에 큰 영향을 미친다. 패션에 대한 고객의 과업은 '외모에 자신감을 갖게 해주는 옷'이다. 여기에는 기능적인 측면(체형과 피부색에 맞는 옷)도 있지만 훨씬 더 중요한 사회적·정서적 측면(사람들과 잘 어울리고 최신 유행을 따르는 사람으로 보이게 하는 옷, 이성에게 어필할 수 있는 옷, 자신감과 매력이 느껴지는 옷, 좋은 인상을 남기도록 도와주는 옷)이 있다. 스페인 소매업계의 거물인 아만시오 오르테가Amancio Ortega는 이러한 측면에 집중함으로써 자신의 소매 브랜드인 자라의 비즈니스 모델을 혁신하고 성공적인 기업을 일구었고, 루이비통 패션 디렉터 다니엘 피에트Daniel Piette로부터 자라는 "아마도 세계에서 가장 혁신적이고 파괴적인 소매 기업일 것"이라는 평가를 받았다.[5]

1980년대 패션 유행은 빠르게 바뀌었다. 팝스타 마돈나, 록 밴드 듀란듀란 등 트렌드 세터의 새로운 비디오는 발매 후 며칠이 지나면 어디에서나 볼 수 있었고, 아무도 예측하지 못했던 새로운 스타일이 등장해 한 시즌 또는 1년 동안 유행했다. 그와 동시에 패션 산업 자체의 성장은 둔화되고 있었다. 세계화로 인해 저렴한 노동력이 공급되었지만, 패션 대기업의 내부 기능은 분산되었다. 디자인과 마케팅은 어느 한 대륙에서, 원단 소싱, 제조, 마감은 다른 대륙에서 이루어졌다. 밸류체인의 각 단계마다 조율하는 데 시간이 더 오래 걸렸기 때문에 디자이너들은 판매 시즌보다 최대 1년 앞서서 제품을 완성해야 했다. 고객은 더 빠르고 새로운 패션을 요구하는 반면, 디자이너는 작년의 룩을 밀어붙였다. 오르테가는 이러한 상황을 인식하고, 수요에 맞추어 빠르게 디자인하고 시장에 출시해 중요한 사회적 과업을 달성하는 새로운 유형의 기업을 구상했다.[6]

자라는 새로운 CVP를 구현하기 위해 핵심 자원과 프로세스를 근본적으로 재설계한 후 완전히 다른 방식으로 결합해야 했다. 첨단 자동화 시스템을 도입해 소매, 재고, 디자인 프로세스를 긴밀하게 통합했다. 또한, 첨단 커뮤니케이션 시스템을 구축해, 매장 관리자의 역할을 트렌드 관찰자로 전환하고 이들을 사내 디자이너와 연결했다. 대부분의 의류를 현지에서 생산하고 주 2회 각 매장에 상품을 배송할 수 있는 적시 배송 시스템을 구축했다. 최고의 기술을 기반으로, 사실상 주문형으로 의류를 생산하고 필요한 수량만큼만 배송하는 통합 공급망을 구축했다. 이러한 효율적이고 신속한 운영 덕분에 자라는 새로운 패션 제품을 디자인한 후 15개월, 15주도 아닌, 단 15일 만에 시장에 출시할 수 있었다.[7]

자라는 고객의 사회적·정서적 과업에 주목해, 비즈니스 모델의 대부분을 재편했다. 업계에서 찾아볼 수 없었던 수준의 커스터마이징과 신속한 출시 등을 구현하면서 시장의 니즈를 더욱 효과적으로 충족시키는 아웃사이드 인outside-in 방식(우리가 무엇을 잘하는지, 그 기술로 다른 무엇을 할 수 있을지를 묻기보다 우리의 고객이 누구인지, 그들이 무엇을 필요로 하는지를 질문하는 방식 – 옮긴이)을 도입했다. IT 혁명과 인터넷으로 고객 중심 경영이 활성화되기도 전에 이미 이 모든 것을 갖추었다.

생산자와 소비자의 경계를 허물어라

인터넷 덕분에 기업은 고객, 잠재 시장과 직접 소통하며, 이들에 대한 매우 상세한 정보를 얻을 수 있게 되었다. 따라서 상상의 세그먼트, 트렌드 관찰, 니즈 기반 분석에 의존할 필요가 없어졌다. 더 중요한 것은 이제 고객이 기업과 직접 소통하며 원하는 것을 요구할 수 있게 되었다는 점이다.

2000년 설립된 스레드리스Threadless는 크라우드소싱 기술을 통해 고객이 직접 디자인한 티셔츠를 판매하는 독특한 비즈니스 모델을 구축했다. 웹사이트를 통해 아마추어 디자이너와 젊은 트렌드세터 커뮤니티로부터 디자인을 제안받고, 그들이 구매하고 싶은 제품에 투표하게 한다. 그다음 대량 커스터마이징 기술을 통해 인기 있는 디자인을 몇 시간 내에 제작하여 효율적인 적시 공급망을 통해 최신 패션 유행을 원하는 고객의 과업을 해결한다.[8]

스레드리스는 고객이 회사의 제품 디자인에 직접 참여할 수 있게 함으로써, 자사 브랜드에 애착을 갖는 소비자들로 구성된 활발한 커뮤니티를 만들었다. 미리 정해진 수요에 맞춰 생산하기 때문에 비용은 낮고 마진은 30% 이상 유지된다. 또한, 어떤 셔츠를 만들어야 할지 회원들이 정확하게 알려주기 때문에 실패하는 제품이 없으며 모든 제품은 매진된다. 하버드 비즈니스 스쿨의 카림 라카니Karim Lakhani 교수는 〈Inc.〉 매거진과의 인터뷰에서 "스레드리스는 소비자와 생산자의 경계를 완전히 무너뜨렸다"라고 설명했다. "결국 고객은 아이디어 창출, 마케팅, 판매 예측 등 모든 운영에서 중요한 역할을 한다. 이 모든 것이 분배되어 있다."[9]

스레드리스 모델은 네트워크로 연결된 세상에서 고객의 힘을 보여준다. 이제 그 어느 때보다 성공은 외부에서 내부로, 시장에서 기업으로 흘러 들어오는 형태가 되었다. 따라서 기존 기업은 고객의 기능적·사회적·정서적 과업을 더 잘 파악하고 만족시킬 수 있는 방법을 창의적으로 모색해야 한다.

새로운 고객 가치 제안을 설계하라

고객의 중요한 과업을 파악한 다음에는 이를 위한 비즈니스 모델의 청사진을 만들어야 한다. 물론 새로운 모델의 설계는 CVP(주어진 가격에 과업을 해결하는 오퍼링)에서 시작된다. 2장에서 설명한 바와 같이, 포괄적인 CVP는 판매의 대상(제품, 서비스 또는 둘 다)뿐 아니라 판매 방법도 오퍼링에 결합시킨다. 따라서 CVP에는 오퍼링을 제공하는 방법(접근성) 외에도 고객이 비용을 지불하는 방법(결제 방식)이 포함된다. 앞서 설명한 것처럼 중요한 과업일수록, 오퍼링과 해당 과업 간

표 12 | **고객 가치 제안 공식**

	1	**2**
CVP 극대화 방안	현재 시점에서 충분히 해결되지 않은 고객의 중요한 과업을 파악하여,	가장 적절한 가격으로 다른 대안보다 효과적으로 과업을 수행하는 오퍼링을 구상 및 개발한다.

표 13 | **CVP 요소에 대한 포괄적 사고**

CVP 요소	고객의 관점에서 중요한 포인트
오퍼링	• 오퍼링이 나의 과업을 충족시키는가? • 적절한 절충점trade-off을 제공하는가? • 가장 중요한 요소가 나의 니즈에 충분히 부합하는가?
접근성	• 해당 오퍼링을 어떻게 얻을 수 있는가? • 누구를 통해 얻을 수 있는가? (직접 판매, 유통사 등) • 얼마나 자주 구매해야 하는가?
결제 방식	• 가격 지불 기준은? (단위당, 사용 건수당, 창출되는 부가가치당) • 결제 시기는? (선불, 구독 등) • 결제 형태는? (현금, 신용카드, 파이낸싱, 교환)

의 매칭이 잘될수록, (일반적으로) 오퍼링의 가격이 낮을수록, 고객에게 더 많은 가치를 선사할 수 있다.

CVP 설계는 가장 기본적인 것에서부터 시작하는 것이 좋다. 수행해야 할 과업을 명확히 염두에 두고 스스로에게 질문하라. 과업을 달성할 수 있는 방법은 제품, 서비스, 아니면 둘의 조합 중 어떤 것인가? 제품이라면 내구재 또는 소모품 중 어느 것인가? 제품의 기능은 제한적이어야 하는가? 포괄적이어야 하는가? 고객 지원이 많이 필요한가? 적게 필요한가? 직접 판매할 것인가? 유통사를 통할 것인가? 고객이 자주 접근할 수 있어야 하는가? 그렇지 않아도 되는가? 등의 질문을 계속 이어간다.[10] 가격과 결제에 대해서도 마찬가지로 기본적인 질문을 던진다. 고객은 현금으로 결제할 것인가, 아니면 파이낸싱

그림 14 | 제품·서비스 관련 레버 예시

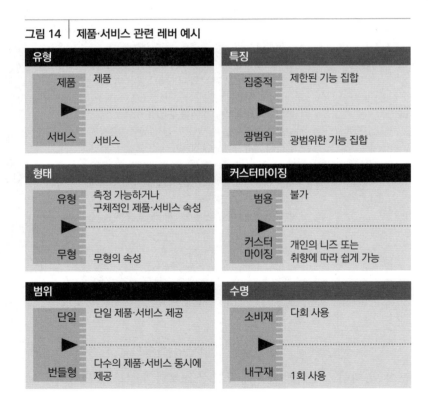

186

으로 할 것인가? 가격은 고정인가? 변동인가? 고객은 일시불로 결제할 것인가? 할부로 결제할 것인가?

이러한 질문을 시각화하기 위해, 선택지를 향해 위아래로 레버를 밀어 그 정도를 표시하는 양식을 만들어보았다. 물론 최종안은 양극단 사이 어딘가에 위치하겠지만, 이러한 도식화는 가능성에 대해 폭넓게 고민하는 출발점이 될 수 있다. CVP의 기본 구조에 해당되는 대표적 특성은 앞의 그림과 같이 표시할 수 있다.

다우코닝의 모델로 다시 돌아가보자. 지아미터라는 저가형 비즈니스 모델을 개발하기 전까지, 다우코닝의 고객은 숙련된 전문 영업 인력을 통해 실리콘 제품과 기술 서비스를 직접 구매했다. 고객은 다양한 실리콘 제품 중에서 선택했고, 용량도 거의 무제한으로 선택할 수 있었다. 고객은 각자의 고유한 니즈에 맞는 맞춤형 제품을 구매했다. 지아미터는 레버를 반대편으로 돌린 CVP를 통해 가격 중심의 새로운 고객 서비스를 제공하고자 했다. 주문 수량과 제품 수를 제한하고 온라인으로만 접근할 수 있게 했다. 리드타임, 가격, 결제 조건도 모두 고정시켰다.

힐티의 경우 범용 제품에서 고급 서비스로, 개별 고객의 요구 사항에 맞추어 레버를 반대쪽으로 전환했다. 접근성의 경우 고객 지원이 거의 없던 상태에서, 수시로 이용할 수 있는 다양한 고객 지원 서비스로 전환되었다. 결제 방식은 제품별 지불에서 서비스별 지불 체계로 바꾸어, 월 할부 결제가 가능해졌다.

그림 15 | 접근성 관련 레버 예시

CVP를 수립할 때는 상황에 따라 수많은 레버를 고려할 수 있지만, 우선은 오퍼링에 가장 중요하다고 생각되는 것에 집중해야 한다. 예를 들어, 힌두스탄 유니레버는 처음부터 샤크티 암마를 위한 교육과

그림 16 │ 결제 관련 레버 예시

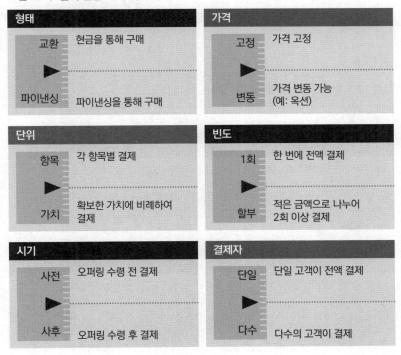

훈련의 형태로 많은 고객 지원이 필요하다는 점에 초점을 맞췄다.

수익 공식을 수립하라

CVP를 결정했다면, 이제는 이를 통한 수익 창출 방법을 수립할 차례다. 나는 대부분의 기업이 신규사업 개발 시 사용하는 방법과 매우 다른 방식을 선호한다.

전통적인 사업 개발 과정에서 경영진은 신중하면서도 다소 기계적으로 접근한다. 미래 비즈니스 환경에 대한 사실과 가정을 평가한

그림 17 | 다우코닝 vs. 지아미터의 오퍼링 레버 비교

다우코닝	지아미터

커스터마이징

	다우코닝		지아미터
범용	제한적 또는 불가	범용	제한적 또는 불가
커스터마이징 ▶	개별 니즈 또는 취향에 맞춰 쉽게 가능	커스터마이징	개별 니즈 또는 취향에 맞춰 쉽게 가능

범위

	다우코닝		지아미터
단일	단일 오퍼링 제공	단일 ▶	단일 오퍼링 제공
번들형 ▶	다수의 오퍼링 동시에 제공	번들형	다수의 오퍼링 동시에 제공

지원

	다우코닝		지아미터
적음	구매 단계에서 고객 지원이 거의 없거나 적음	적음 ▶	구매 단계에서 고객 지원이 거의 없거나 적음
많음 ▶	구매 시 상당한 고객 지원 제공	많음	구매 시 상당한 고객 지원 제공

가격

	다우코닝		지아미터
고정	현물 시장에서 고정	고정 ▶	현물 시장에서 고정
변동 ▶	협상 및 맞춤 가능	변동	협상 및 맞춤 가능

다음, 핵심 사업의 일반적인 수익 창출 방식에 부합하는 계획을 선정한다. 새로운 비즈니스 아이디어가 이러한 계획을 뒷받침하고 기존 재무 모델에 부합하는 듯 보이면, 진지하게 검토해서 승인한다. 하지만 새로운 수익 창출 방법이 필요하다면 이야기가 달라진다. 재무팀이 보수적으로 꼼꼼한 잣대를 들이대면서 기존의 수익 공식을 새로운 사업에 접목시키려고 한다. 새로운 CVP가 기존의 간접비 구조, 마진, 수익률 등에 맞지 않으면, 대부분 사장된다. 이러한 현상에 대해서는 8장과 9장에서 더 자세히 설명하겠다.

비즈니스 모델을 설계할 때는 수익 공식이 아니라 과업과 고객을 위한 가치창출에 집중하는 유연한 방식이 더 바람직하다. 이를 위해, 기업의 다양한 가치창출 방법을 반영한 적절한 재무 계획을 세울 것을 제안한다. 목표는 실행 단계에서 반복적으로 테스트, 수정할 수 있는 일련의 합리적인 가정을 수립하는 것이다.

이 단계에서 최선의 방법은 CVP에 해당하는 다양한 단위 마진 가정을 바탕으로, 여러 조합의 자원(인력, 기술, 시설 등) 투입에 대해 합리적 가정을 세우는 것이다. 물량·수량 가정은 다양하게 세울 수 있지만, 시장이 아직 존재하지 않는다면 이를 정확히 결정할 수 없다. 따라서 올바른 재무적 전략은 가정에 따라 달라지며, 가정은 실행 단계에서만 테스트할 수 있다. 다시 말해, 이 시점에서는 수익 창출에 대해 훨씬 느슨한 접근법이 필요하다.

'돈을 벌기 위해 느슨한 접근 방식을 취하라니? 뭘 제대로 알고 하는 소리인가?'라고 생각할 수도 있다.

하지만 한번 생각해보기를 바란다. 첫째, 이 단계에서 설계한 청사진은 잘못된 것일 가능성이 높거나, 더 정확하게는 수익 공식을 제대로 수립하기 전에 대대적으로 변경될 가능성이 높다. 비즈니스는 비즈니스이기 때문에, 주로 숫자가 중심이 된다. 따라서 경영진은 좋아 보이는 숫자를 발견하면 그것을 고정시켜놓고 어떻게든 달성하려고 한다. 이러한 방식은 고객의 과업 달성이라는 목표와 상당히 멀어지는 결과를 낳을 수 있다. 오퍼링을 뜯어 고치고, 불필요한 기능은 추가하고 필수적인 기능은 제거하면서 CVP를 위해서가 아니라 단기적인 재무 목표에 맞추어 자원을 배분하는 상황이 벌어진다. 수익 공식을 너무 조기에 확정하거나, 심지어는 핵심 사업의 수익 공식에 억지로 맞추어야 하는 상황이 되면, 결국 잘못된 타협을 하기 마련이다. 게다가, 청사진을 그리는 과정에서 명확한 CVP를 도출해야 하기는 하지만, 이를 뒷받침하는 재무적 수치(제조 원가, 간접비를 충당하기 위해 필요한 단위 마진 또는 물량, 이를 위해 창출해야 하는 수익의 유형 등)를 비롯해 많은 가정이 들어갈 수밖에 없다. 새로운 비즈니스에 대한 이해도가 높아지면, 수많은 가정에 기반한 결정은 여러 차례 수정되기 마련이다. 경영진이 이를 염두에 두지 않는 경우, 새로운 프로젝트가 목표를 즉시 달성하지 못하면 성급하게 중단 결정을 내리곤 한다.

사실 새로운 비즈니스 모델의 실행은 결국 가정을 관리하는 일이다. 가정을 관리하려면 가정을 명확하게 정의한 다음, 실행 단계에서 테스트해야 한다. 이를 통해 가정을 수용, 기각, 조정하는 데 필요한 근거를 확보할 수 있다. 수익 공식을 고려해 수익성 달성 방안을 여러 개 마련하면, 오퍼링을 저해하거나 타협하지 않고도 CVP 요건에 더 잘 대응할 수 있다. 이렇게 다수의 가정을 반복적으로 테스트해야 하기 때문에 느슨한 수익 창출 방식을 추천하는 것이다. 새로운 모델의 진화에 맞추어 현명하게 실행할 수 있는 다양한 선택지를 준비해두면, 최종 수익 공식을 달성하고 익숙한 과거의 방식으로 돌아가지 않는 데 도움이 된다.

선택의 폭을 넓히려면 최대한 많은 재무 시나리오를 브레인스토밍하는 데서부터 시작하는 것이 좋다. 새로운 아이디어를 얻을 수 있는 한 가지 방법을 소개하자면, 다른 업계의 기존 비즈니스 모델을 자신의 상황에 적용해보는 것이다. 게임 체인저가 될 비즈니스 모델이 꼭 동일한 산업에서만 탄생하지는 않는다. 때로는 익숙한 모델을 새로운 방식으로 적용하기만 해도 충분할 수 있다. 예를 들어, 애플의 아이팟·아이튠즈 모델, 아마존의 킨들은 킹 질레트의 면도날-면도기 모델을 디지털 미디어에 역으로 적용한 것이다.

지속 가능한 수익 공식을 완전히 수립하려면, 당연히 실제 손익계산서를 작성해야 한다. 새로운 수익 공식으로 비즈니스를 예측할 때 매우 유용한 도구 중 하나가 역reverse 손익계산서이다.[11] 기존 손익계산서처럼 매출에서 시작해서 비용과 마진을 계산하여 수익을 도출하는 것이 아니라, '시도해볼 만한 가치가 있으려면 해당 사업 기회의

표 14 | 비즈니스 모델 비교

유형	예	설명
멤버십 클럽	MBNA	멤버십 등 커뮤니티 그룹과 제휴하여 회원에게만 독점적으로 제품을 제공. 로열티를 받는 대신 더 많은 고객층에 접근 허용
자동화 기반 서비스	베터먼트 (Betterment), IBM 왓슨	기존에 사람의 노동력과 인지능력이 필요했던 프로세스를 자동화 소프트웨어를 통해 운영하여 비용 절감
중개	센츄리 21, 오비츠(Orbitz)	구매자와 판매자를 연결하고 거래를 원활하게 하여 거래가 체결될 때마다 수수료를 부과
번들링	패스트푸드 세트 메뉴, 아이팟·아이튠즈	관련 제품을 함께 패키징하여 더욱 간편하고 완전한 구매를 가능하게 함
크라우드소싱	위키피디아, 유튜브	광범위한 그룹에 작업을 아웃소싱하여, 다른 사용자의 콘텐츠에 접근하는 대가로 콘텐츠를 무료로 제공하게 함
데이터 자산화	웨이즈, 페이스북	데이터 관리 및 분석 프로세스를 활용해 데이터에 대한 접근권이나 소유권으로 가치창출
디지털 플랫폼	오픈테이블, 에어비앤비, 우버	개방형, 참여형 인프라를 통해, 외부 생산자와 소비자가 가치를 창출하며 상호작용할 수 있게 함
탈중개화	델, 웹MD	기존에 중개자를 거쳐야 했던 제품이나 서비스를 고객에게 직접 제공
분할화	타임쉐어형 콘도, 넷젯(NetJets)	사용자가 제품이나 서비스의 일부를 소유하되 적은 비용으로 전체 소유권의 폭넓은 혜택을 누릴 수 있게 함
프리미엄	스포티파이, 링크드인, 드롭박스	기본 서비스는 무료로 제공하지만 업그레이드 또는 프리미엄 서비스는 유료로 판매

유형	예	설명
대여	고급 자동차, 제록스, 머시너리링크 (MachineryLink)	고수익, 고비용 제품을 고객이 구매하지 않고 합리적인 가격으로 대여할 수 있게 함
로터치	사우스웨스트, 월마트, 지아미터	전통적으로 고가였던 제품을 서비스를 축소해 저렴한 가격에 제공
역 운영주기	아마존	재고를 적게 유지하고 고객이 추후 배송될 제품 또는 서비스에 대해 선불로 결제하도록 하여 높은 수익을 창출
사용량 기반	아마존 웹 서비스, 카투고	실제 사용량을 기준으로 비용 과금
면도기-면도날	질레트, 개인용 프린터	마진이 높은 '면도기'를 저렴한 가격 또는 무료로 제공하고 마진이 낮은 '면도날'을 대량으로 판매하여 수익 창출
면도기-면도날 역모델	아이팟·아이튠즈, 아마존 킨들	마진이 낮은 '면도날'을 저렴한 가격 또는 무료로 제공하여, 마진이 높은 '면도기' 구매 유도
제품의 서비스화	IBM, 힐티, 집카	제품을 그대로 판매하는 것이 아니라, 제품이 수행하는 서비스를 판매
표준화	미닛클리닉	과거에는 고가의 커스텀 제품이나 서비스를 통해 해결할 수 있었던 문제에 대해, 더 저렴하고 표준화된 솔루션을 제공
구독	넷플릭스, 파이브 포 클럽, 달러 쉐이브 클럽	제품 또는 서비스 접근권에 대해 고객에게 구독료를 청구
사용자 커뮤니티	엔젤 리스트	회원에게 네트워크 접근권을 부여하고 회비와 광고를 통해 매출 창출

3~5년 후 총 수익은 어느 정도여야 하는가?'라는 질문으로 수익 목표에서 시작해, 손익계산서를 역으로 작성하는 방식이다. 그다음에는 2장에서 설명한 수익 공식의 요소를 사용해, 지속 가능한 매출 모델, 비용 구조, 단위 마진을 정한다.

- 매출 모델 (가격×물량)
- 비용 구조 (직접비, 간접비)
- 단위 마진 목표
- 자원 속도 (재고 회전율, 전문 서비스 기업의 인력 활용율 등)

수익은 판매할 오퍼링의 총 수량을 추정한 후, 여기에 CVP에 필요한 가격을 곱하여 구한다. 총 판매량 추정치와 단위당 필요한 직접 원료비와 인건비를 더하면, 관련된 할당 간접비를 결정할 수 있고, 그다음 수익 목표에 필요한 단위 마진을 확정할 수 있다. 그 결과 도출되는 손익계산서는 마진, 비용 구조(매출원가, 마케팅 및 광고 예산 포함), 자원 속도 등에 대한 일련의 가정을 나타낸다. 이와 같이 손익계산서는 계획 수립에 필요하며, 테스트할 수 있는 가정 수립에 유용하다.

결국 새로 수립한 CVP와 기본 수익 공식에서 우리가 원하는 것은 두 가지 질문에 대한 해답이다. '새로운 CVP를 통한 성장 전략을 하나의 스토리로 제시할 수 있는가?' '가능하다면, 그러한 성장을 위한 다양한 재무 시나리오를 수립할 수 있는가?' 이러한 각 시나리오는 음악 용어를 빌리자면 '순음pure tone'이 되어야 한다. 즉 각 시나리오는 장단점을 명확하게 분석할 수 있도록 서로 확실히 구분되어야 한다.

핵심 자원 및 프로세스를 파악하라

역 손익계산서와 수익 공식을 작성하는 과정에서 자연스럽게, CVP 달성에 필요한 핵심 자원과 프로세스가 파악될 것이다. 또한, 비용, 가용성, 타당성에 대한 가정 수립이 시작된다. 자라는 광범위하게 분산된 매장에 주 2회 의류를 배송하고 경쟁력을 유지하려면 비즈니스 모델의 다른 부분에서 비용을 절감해야 함을 알고 있었다. 이들은 제조에서 배송까지의 중앙화된 밸류체인이 핵심 프로세스라고 판단했다.[12] 다우코닝은 IT 인프라가 지아미터의 핵심 자원이 될 것이라는 사실을 빠르게 깨닫고, IT 개발을 새로운 사업의 최우선 순위에 두었다. 힐티에는 개별 계약 관리가 매우 중요했다.

이러한 초기 설계 단계에서는 핵심 자원과 프로세스를 파악할 수 있는데, 이후 실행 단계가 되면 그 중요성이 더 커진다. 이 단계에서는 핵심 자원을 적절히 선택했는지, 비즈니스 모델의 다른 요소와 밀접하게 통합될 수 있는지, 프로세스가 실제로 작동하는지 등을 테스트해야 한다.

새로운 비즈니스 이니셔티브의 실행 단계로 넘어가기 전에, 일단 멈춰서 청사진을 핵심 사업의 비즈니스 모델과 비교해봐야 한다. 양립 가능성과 차별화 지점을 파악하면, 다음 단계로 넘어가는 데 유용한 세 가지 중요한 방법을 찾을 수 있다. 첫째, 핵심 사업에서 차용하거나 공유할 수 있는 핵심 자원을 파악함으로써 필요할 때 이를 활용하는 전략을 수립할 수 있다. 둘째, 핵심 사업에 대한 기대치와 업무 방식이 새로운 프로젝트의 성공을 저해할 수 있는 잠재적인 상충 요인을 미리 파악할 수 있다. 이를 통해 얼마나 많은 비즈니스 모델 변경이 필요한지 확인할 수 있다.

가장 어려운 세 번째 단계는 핵심 사업의 향방을 결정하는 것이다. 새로운 비즈니스 모델은 핵심 사업을 보완할 것인가, 아니면 결국 대체할 것인가? 후자라면 핵심 사업이 얼마나 더 유지될 수 있을 것인가? 효율성을 개선해 핵심 사업에서 장기간 수익성을 유지하는 것도 방법이다. DVD 대여는 넷플릭스가 현재 스트리밍 콘텐츠로 벌어들이는 수익의 극히 일부에 불과하지만, DVD 사업을 분사하기로 한 결정은 사실상 치명적인 실수였다. 애플은 아이팟, 아이폰, 아이패드가 가장 큰 성장 동력이 되었음에도 컴퓨터 사업을 포기하지 않았다.

이러한 갈등 요소를 관리하려면 나와 내 동료인 스콧 앤서니Scott Anthony, 클라크 길버트Clark Gilbert가 '이중 혁신double transformation'이라고 지칭한 기술을 마스터해야 한다.13 솔트레이크시티 〈데저릿 뉴스 Deseret News〉의 CEO였던 길버트는 디지털 기술로 변화된 시장에 적응하기 위해 투트랙 프로세스를 만들었다. 기존 인쇄 용지를 축소 및 효율화하고, 독자층을 지역에서 전국으로 확대하여 새로운 과업에 맞게 포지셔닝했으며, 성장을 위한 별도의 디지털 제품 포트폴리오를 구축하는 데 주력했다. 8장, 9장에서 살펴보겠지만, 명백한 악화 조짐이 있는 상황에서도 핵심 사업은 보통 그냥 조용히 사라지지 않는다. 이러한 이유로 핵심 사업은 새로운 이니셔티브에 가장 큰 위협이 된다.

08 　　　　　　　 비즈니스 모델을 실행하는
　　　　　　　　　　3단계 전략

> 과학의 발전은 우리가 무지했음을
> 깨닫게 만든다는 특징이 있다.
> 가스통 바슐라르Gaston Bachelard

　　훌륭한 비즈니스 모델 청사진은 화이트 스페이스를 확보하기 위한
중요한 첫걸음이다. 하지만 이론적인 청사진이 단숨에 실행 가능한
비즈니스로 전환될 수는 없다. 성공적인 비즈니스는 단계별로 진행되
는 통제된 실험의 결과물이다. 가설을 제시하고 테스트하며, 그 과정
에서 얻은 교훈을 바탕으로 운영하면서 필요한 부분을 조정해나가야
한다. 이렇게 하면 새로운 모델이 실제로 효과적인지를 확인하고, 큰
위험이 발생하기 전에 어떻게 변경해야 하는지 판단할 수 있다.

　　내가 말하는 '실행'이란 바로 그런 뜻이다. 실행의 핵심은 CVP와

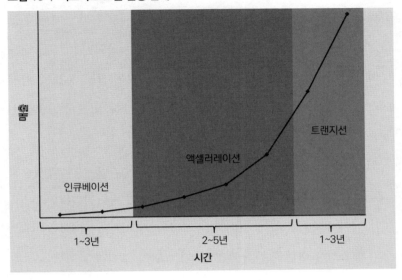

그림 18 │ 비즈니스 모델 실행 단계

수익 공식 달성에 필요한 핵심 자원과 프로세스를 결합해, 가정을 테스트하고 입증하는 것이다. 실행은 인큐베이션, 액셀러레이션, 트랜지션의 3단계로 진행되어야 한다.[1] 인큐베이션은 수익성을 확보하는데 초점을 맞춰야 하지만, 액셀러레이션 단계 전까지는 조기 수익 창출에 대한 압박을 주지 않는 것이 중요하다. 실질적인 대규모 매출은 트랜지션 단계 전까지 거의 발생하지 않는다.

1단계: 인큐베이션

인큐베이션은 비즈니스 제안의 성공에 있어 가장 중요한 가정을 파악한 다음, 집중적으로 체계적인 테스트를 거쳐 실행 가능성을 신속하게 증명하거나 반증하는 과정, 더 나아가 새로운 프로젝트의 실행 가능성을 확인하는 과정이다. 이 단계에서는 창의적인 문제 해결 능력, 발견 중심의 프로젝트 기획이 필요하다.[2] 당장의 목표는 비즈니스의 성공이 아니라, 새로운 배움을 얻는 것이다. 비즈니스 리더는 실패를 통해서라도 명확한 답을 구해야 한다.

회계 소프트웨어 기업 인튜잇Intuit의 창업자 스콧 쿡Scott Cook 은 "모든 실패의 이면에는 겉보기만 그럴듯한 엑셀 파일이 있었다"라고 농담 삼아 말한다.[3] 그는 혁신적인 기업의 리더로서, 집중적인 테스트의 중요성을 경험을 통해 배웠다. 어느 팀이 그에게 업무량이 적은 회계사와 과다한 회계사를 연결해서 로컬 서비스 시장을 글로벌한 네트워크로 전환하는 사업에 대한 제안서를 제출한 적이 있다. 이 팀은 회계사가 숫자에는 뛰어나지만, 마케팅이나 신규 고객 확보 역량은 부족하다고 생각했다. 심혈을 기울인 분석을 바탕으로 잠재적 수익성에 대해 상세한 엑셀 파일을 작성해 제안서에 덧붙였다. 그런데 기발한 아이디어로 보이긴 했지만 확실한 근거가 없었다.

쿡은 "9개월을 투자해 서비스 전체를 구축하기보다, 우선 공급 가설을 빠르게 테스트할 수 있는 방법이 있는지" 물었다. 해당 팀은 컴퓨터 대신 사람이 뒤에서 작업을 수행하는 방식으로 3주 만에 5만 명의 회계사에게 테스트 메일을 보냈다. 5주 후, 이들은 유능한 회계사들이 유휴 인력으로 남아 있다는 것을 사실상 아무런 비용도 들이지 않고 증명할 수 있었다.[4] 그리고 그들은 학습을 계속 이어갔다. 이러한 테스트와 학습 방식을 통해 몇 주마다 하나씩 프로젝트를 론칭하며 발전시켜나갔다.

일반적으로 새로운 비즈니스 프로젝트가 실패하는 이유는 담당자가 가정을 사실로 받아들이기 때문이다. 중요한 가정을 이해하고 검증하기 위해 충분히 또는 체계적인 노력을 기울이지 않은 채, 막대한 자원을 투입하거나 프로젝트를 포기해버린다. 관리자는 조기에, 적은 비용으로, 자주 테스트를 수행해야 한다. 조금 투자해서 많은 것을 배운다면, 신사업 개발의 불확실성을 극복하는 데 도움이 된다.

"신속한 테스트는 위험을 줄이는 방법입니다. 사람들은 대개 위험을 줄이는 방안을 기꺼이 실행합니다"라는 것이 쿡의 결론이다. 모두가 그 장점을 확실히 인지하게 되면, 이는 혁신 문화의 일부로 조직에 자리를 잡는다. 신사업 팀은 막연한 계획에 막대한 자원을 투입하기 전에, 핵심 가설을 테스트할 수 있는 방법을 일찍부터 고민하기 시작한다.[5]

새로운 비즈니스를 성공적으로 인큐베이팅하려면 저비용으로 실험실 역할을 할 거점 시장, 즉 소규모 지역 또는 고객 그룹을 정해야 한다. 거점 시장은 가급적이면 익숙하거나 친숙한 편이 좋지만, 궁극적으로 추구하고자 하는 더 큰 목표시장을 대표할 수 있어야 한다.[6] 힌두스탄 유니레버는 인도 남부의 안드라 프라데시주에서 샥티 이니셔티브를 테스트했으며, 열일곱 명의 여성으로 시작해 성공의 필수 요인을 파악하면서 천천히 그 수를 늘려나갔다. 힐티는 거점 시장인 스위스에서 몇몇 대형 고객사와 함께 화이트 스페이스 전략을 실행하기 위한 자원과 프로세스를 확보한 후, 점진적으로 전 세계로 확대했다. 화이트 스페이스에서 새로운 비즈니스를 인큐베이팅하는 시도는 수많은 불확실성을 내포하지만 위험만 있는 것은 아니다. 거점 시장에서는 안전하고 저렴한 비용으로 체계적인 테스트를 할 수 있고, 이로써 입증 가능한 결과를 얻을 수 있다.

인큐베이션에서 가장 중요한(아무리 강조해도 지나치지 않을 만큼) 것은 핵심 사업과 그 운영 방식에 간섭을 받지 않아야 한다는 것이다. 넷플릭스의 창립자인 리드 헤이스팅스 CEO는 "너무 많은 통제를 하지 않는 것도 창의적 도전의 일부"라고 말한다. "우리는 통제가 아닌, 맥락context, 가치와 영향력을 통해 새로운 혁신을 관리합니다. 혁신을 통제하거나 절차화하는 것이 아니라, 혁신을 지원하는 방안을 논의합니다. 그것이 바로 창의적인 방법이기 때문입니다."[7] 즉 인큐베이션에서는 프로세스 개선이 아니라, 핵심 자원을 배치하는 데 집중해야 한다는 뜻이기도 하다.

두 저비용 항공사의 이야기

새로운 비즈니스 모델을 인큐베이팅하는 과정에서는 모든 핵심 요소 간의 상관관계에 유의하고, 그러한 요소가 결합하여 CVP를 얼마나 잘 뒷받침하는지 모니터링할 필요가 있다. 구성요소가 잘 맞물리지 않는 모델은 거의 항상 실패한다.

전혀 다른 결과로 이어진 두 저비용 항공사, 사우스웨스트 에어라인과 델타 송Delta Song 에어라인의 사례를 소개한다. 사우스웨스트는 일반적으로 저비용 항공사 혁명의 시초로 여겨지며, 그 이야기는 여러 차례 소개된 바 있다. 반면 송 에어라인은 암울한 실패작으로 묻혀버렸다. 4-Box 비즈니스 모델을 통해 두 기업을 살펴보면, 내부적 일관성이 사우스웨스트의 성공에 얼마나 중요했는지, 일관성의 결여가 송 에어라인의 몰락에 어떤 영향을 끼쳤는지를 확인할 수 있을 것이다.

사우스웨스트는 설립 초기에 대형 항공사가 관심을 갖지 않았던 지역 통근 고객을 대상으로 삼았다. 이들은 비싼 항공료 때문에 오스틴, 댈러스 등의 도시를 버스로 통근하는 텍사스 거주자였다. 사우스웨스트는 이러한 비소비자를 확보하려면 타 항공사가 아닌 버스와 경쟁해야 함을 예리하게 파악했다. 그리고 버스비와 유사한 가격에 더 빠른 교통편을 제공함으로써 통근자들의 과업을 충족시키기 시작했다. 이러한 CVP를 위해 사우스웨스트는 수익 공식을 조정했다. 가격을 획기적으로 낮추기 위해서는 마진을 낮춰야 했고, 그 마진으로 수익을 창출하려면 직접비와 간접비는 낮추고, 자원 속도는 높여야 했다. 또한 자본 설비capital equipment(기계, 건물, 동력기 등의 총칭-옮긴이) 회전율을 높일 수 있는 방법이 필요했다.

사우스웨스트는 모델의 핵심 요소를 개발하면서, 이러한 요건을 충족하는 선택을 했다. 예를 들어, 항공권 직접 판매를 통해 여행사 수수료를 없앴고, 이처럼 중개인을 제거함으로써 결제 대금을 더 빨리 받을 수 있었다. 고객 서비스는 높은 수준으로 제공하면서도(친절에는 비용이 들지 않는다.) 식사, 엔터테인먼트 등 값비싼 부가서비스는 줄이거나 없앴다. 자원 측면에서는 수리와 유지·보수를 효율화하기 위해 단일 기종을 사용하고, 판매 채널에서 전자 시스템의 비중을 확대했다. 외부적으로는 탑승구 수수료가 낮아 운영 비용을 절감할 수 있는 보조 공항을 선택했다. 또한, 조종사 노조와 획기적인 이익분배 계약을 체결하여, 또 다른 고비용 요인을 줄였다.[8] 장기 연료공급 계약도 체결했다.

이러한 핵심 자원은 CVP와 수익 공식을 모두 뒷받침했다. 보조 공항과 표준화된 유지·보수 절차[업계의 일반적인 허브-앤-스포크 방식 대비 대기시간을 줄일 수 있는 포인트-투-포인트 방식point-to-point routing system(경유지 없이 출발지와 도착지를 직접 연결하여 운항하는 방식-옮긴이) 활용]를 통해 업계 최고의 턴어라운드 타임(승객이 내린 후 각종 정비를 완료하고 새 승객을 태우고 비행기가 이륙하는 데까지 걸리는 시간-옮긴이)을 확보했고, 비행기 운항 시간을 늘려 자산 속도를 극대화했다.[9] 또한, 좌석 예약제를 폐지하고 선착순 방식을 도입하면서, 승객들이 더 빠르게 비행기를 타고 내릴 수 있게 되었다. 이러한 선택을 결합해 일관성 있는 모델을 구축함으로써 사우스웨스트의 CVP를 강화하고 큰 성공을 거둘 수 있었다.

몇 년 후, 기존 항공사인 델타항공이 저비용 항공 사업 진출을 시도했다. 델타항공은 저비용 항공사의 편리함과 경제성 그리고 스타일을 원하는 '디스카운트 디바discount diva'라는 여성 여행객을 대상으로 송 에어라인을 출시했다. 송의 차별화 요소는 세련된 고객층에 서비스를 제공하는 것과 여행에 대한 '힙한' 접근 방식이었다. 델타항공으로서는 내부의 화이트 스페이스였지만 이를 제대로 인식하지 못했다. 사우스웨스트와 마찬가지로 송의 수익 공식에서는 낮은 마진, 낮은 원가, 높은 자원 속도가 핵심이었는데, 이 전략은 각 요소들의

그림 19 | 사우스웨스트의 성공

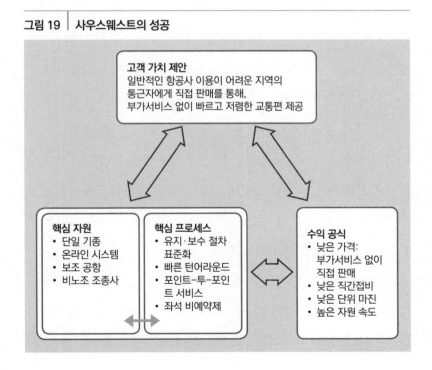

고객 가치 제안
일반적인 항공사 이용이 어려운 지역의 통근자에게 직접 판매를 통해, 부가서비스 없이 빠르고 저렴한 교통편 제공

핵심 자원
• 단일 기종
• 온라인 시스템
• 보조 공항
• 비노조 조종사

핵심 프로세스
• 유지·보수 절차 표준화
• 빠른 턴어라운드
• 포인트-투-포인트 서비스
• 좌석 비예약제

수익 공식
• 낮은 가격: 부가서비스 없이 직접 판매
• 낮은 직간접비
• 낮은 단위 마진
• 높은 자원 속도

부조화만 아니었다면 성공할 수도 있었다.

델타항공은 사우스웨스트를 모방하여 포인트-투-포인트 노선을 비행하는 단일 기종을 선택했으며, 이를 통해 턴어라운드 타임과 자원 속도 개선을 기대했다. 문제는 '디바'를 위해 좌석 예약제를 유지하고, 유기농 음식, 맞춤형 칵테일, 개인 엔터테인먼트 시스템, 승무원을 위한 디자이너 유니폼, 기내 운동 프로그램과 같은 다양한 서비스를 추가한 것이다. 정비와 청소에 드는 시간이 늘어나면서 이러한 서비스는 비용 상승 또는 턴어라운드 지연으로 이어졌다. 트렌디하고 재미있는 서비스는 속도나 효율성과 거리가 멀었다. 비즈니스 모델의 이러한 상충 요인은 해소하기 어려웠다. 주공항 운항도 비용을 상승시키고 자원 속도를 저해하는 또 다른 요인이 되었다. 혼잡한 활주로와 붐비는 인프라에서 신속하게 이동하기 어려웠기 때문이다.

그러나 이 모델의 가장 큰 치명타는 노조를 소외시키지 않기 위해 기존 조종사, 승무원, 기술직원을 송 에어라인에 근무하게 했다는 점이다. 오랫동안 고비용의 노조 계약으로 보호받던 직원들은 송 에어라인 모델에 필요한 자원 속도에 익숙하지 않았다. 핵심 문화는 바꾸기 어려웠고, 시스템 내 갈등은 더욱 심화되었다. 이러한 내재적 갈등은 결국 치명적인 결과를 초래했다.

사우스웨스트와 송 에어라인의 비즈니스 모델에는 모두 특정 과업을 위한 탄탄한 CVP가 있었고, 과업을 위해 설계된 차별화 요소가 있었다('디스카운트 디바'라는 개념에는 의구심이 들 수도 있지만, 적어도 델

그림 20 | 송 에어라인의 실패

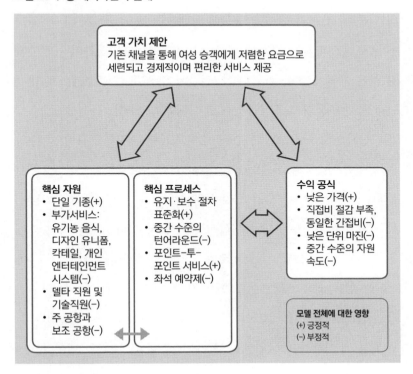

타 경영진의 머릿속에서는 명확하게 정의되어 있었다). 사우스웨스트는 소규모 거점 시장에서 모델을 완성한 후 점차 전국 서비스로 확장할 수 있었던 반면, 델타항공은 비즈니스 모델의 요소가 서로 맞물리지 않아 송의 CVP에 맞지 않는 모델에 베팅한 셈이 되었다.

매출 증대가 아닌 수익 우선

인큐베이션 초기에 비즈니스 모델 프레임워크를 활용하면, 일관성이 가장 부족한 가치 제안을 식별하는 데 도움이 된다. 또한, 성공의 기준과 그 평가 방법을 명확히 정의하는 것도 중요하다. 잘 설계된 프로젝트라 해도 확장에 대한 지나친 욕심, 불완전하거나 검증되지 않은 가정에 대한 과잉 투자, 시간이 더 필요한 프로세스에 대한 인내심 부족 등의 공통적인 문제로 실패할 수 있다.

혁신적 비즈니스 모델은 고객에게 가치를 제공하고 기업의 수익을 창출함으로써 펀더멘털fundamental(기업의 기초적이고 근본적인 경제 상태를 나타내는 주요 지표들-옮긴이)의 성공을 빠르게 입증해야 한다. 힌두스탄 유니레버는 불과 수십 명의 샤크티 암마 조직에서 창출한 초기 수익을 바탕으로 프로젝트의 궁극적인 성공을 예측했다. 지아미터는 범용 제품 시장에 필요한 엄격한 사업 규칙을 개선한 직후부터 생산 파이프라인을 가동하고 수익을 올리기 시작했다. 힐티의 경우 여덟 개 고객사에서 우선 수익성을 검증한 후, 마르코 메이라트를 비롯한 경영진은 공구 대여 서비스에 대한 확신을 얻었다. 이를 기반으로 1차 거점 시장인 스위스와 그 외 지역에서 신중하게 사업을 확장할 수 있었다.

이는 신제품 개발에 비즈니스 모델 프레임워크를 도입했을 때 얻을 수 있는 중요한 장점 중 하나다. 프레임워크의 핵심 가정에 더 빨리 더 명확하게 초점을 맞출수록, 적절한 성공 지표를 식별하고 평가하기가 쉬워진다. CVP, 수익 공식, 핵심 프로세스와 자원에 대한 명확한 정의, 비즈니스 모델 청사진과 실행에 대한 올바른 접근법을 결합하면, 화이트 스페이스에서의 투자와 실행 위험을 크게 줄이는 데 필요한 체계를 마련할 수 있다. 위험이 줄어든다는 것은 곧 두려움이 줄어든다는 뜻이다. 화이트 스페이스가 안전해지면 더욱 체계적으로 접근할 수 있다.

성공을 거둔 기존 기업은 이미 애써 제거한 불확실성을 다시 마주하고 싶지 않을 수 있다. 하지만 불확실성을 포용하는 동시에 체계적으로 해결해야 하는 모순적인 상황에 대처하는 법을 배워야 한다. 초기 실패에 대해서는 인내심이 필요하다. 때로는 실패가 더 큰 성공으로 이어질 수 있기 때문이다. 1999년 아마존은 타사 셀러의 참여를 유도하기 위해 이베이와 유사한 경매 모델을 도입했다. 당시 이 실험은 처참한 실패로 평가되었지만 결국에는 아마존의 성공 전략을 위한 중요한 발판이 되었다. CEO 제프 베조스는 "우리에게는 물건을 팔 수 있는 웹사이트가 있으니, 소비자에게 다양한 선택의 폭을 제공하고 싶다는 생각이었다"라고 말하면서 그가 사내 행사에서 자주 언급하는 이야기를 들려주었다.

선택의 폭을 넓히는 방법 중 하나는 외부의 셀러, 즉 제3자를 웹사이트로 초대해 동참시키고 서로 윈윈할 수 있게 하는 것이었다. 그래서 경매 모델을 시도해봤지만 결과가 만족스럽지 않았다. (…) 그다음으로 고정 가격 판매 모델인 지숍zShops을 출시했지만, 여전히 외부 업체들은 스토어 내 별도의 공간에 배치되어 있었다. 타사

셀러가《해리 포터》중고본을 판매할 경우, 새 책 바로 옆에 중고 책 구매 가능 여부가 표시되는 것이 아니라 별도의 세부 페이지로 이동해야 했다. 여전히 만족스럽지 않았다. '단일 상세 페이지' 모델로 전환하고 나서야 제3자 비즈니스 모델이 본격적으로 성공을 거두기 시작했다. 아마존 웹사이트에 디지털 카메라가 올라와 있는데, 당신이 동일한 제품을 판매하고 싶다면, 제품 바로 옆에 있는 상세 페이지에서 입찰가를 낮출 수 있다. 그러면 동일한 페이지의 '구매하기' 목록에 올라가게 된다.[10]

성공 지표를 명확하게 정의하면 명확한 달성 전략을 수립할 수 있으며, 초기 프로젝트에서 불가피한 실패를 더 잘 극복할 수 있다. 가정을 테스트하는 과정에서 성공 또는 실패를 통해 시스템 내에 지식이 축적된다. 기업이 추진력을 얻어 가능성을 향해 방향을 돌리면, 입증 가능한 지식을 얻을 수 있다.

2단계: 액셀러레이션

체계적인 인큐베이션을 통해 새로운 모델의 가능성이 입증되었다면 이제는 가속페달을 밟을 차례이다. 이제 필요한 요소 중에서 지식 수준이 상당히 높아졌으므로, 실험보다는 반복 가능한 프로세스를 통해 수익성을 높이는 데 더욱 집중할 수 있다. 액셀러레이션은 프로세스를 개선하고 표준화하고 이를 관리하기 위한 사업 규칙을 수립하며, 지속적인 성공을 보여주는 지표를 정의하는 데에서 시작한다. 시간이 지남에 따라 이러한 규칙과 지표는 규범으로 내재화되고, 구성원은 이를 '업무 방식'으로 인지하게 된다. 비즈니스가 확장되어도 이러한 관리를 통해 품질과 고객 만족도를 유지할 수 있다. 새로운 비즈니스가 각 성장 단계에 도달할 때마다 관리 방식을 모니터링하고 개선하여, 다양한 활동이 계속해서 조화를 이루도록 조율해야 한다.

인큐베이션에서 액셀러레이션으로 전환한다는 것은 거점 시장에서 대중적 시장 수용의 단계로 이동한다는 의미이다. 자라가 무척 빠르게 성장해서 성공적인 의류 소매 기업의 대열에 오를 수 있었던 것은 지속적인 액셀러레이션 덕분이다. 설립 초기 15년 동안 자라는 스페인에서만 사업을 확장하며 국내 거점 시장에서 견고한 수익성을 확보했다.

1988년에야 첫 해외 매장을 열었고, 그다음에는 포르투갈의 오포르투 인근에만 매장을 열었다. 이듬해에는 미국으로 건너갔지만 별다른 성공을 거두지 못했다.[11] 자라는 중앙화된 제조·관리 기반의 모델을 해외로 확장하기 위해서는 밸류체인과 수익 공식 모두를 상당히 수정해야 한다는 것을 깨달았다. 특히 수직 통합 생산모델을 먼 곳까지 확장할 수 있는 고도의 IT 시스템이 필요했다. 하지만 자라는 이러한 해외 테스트에 최소한으로 투자한 덕분에 핵심 자원을 확보할 수 있었고, 모델을 개선해서 필요한 역량을 개발할 수 있었다.

1990년 자라는 프랑스 시장에 진출해 큰 성공을 거두었다. 그리고 프랑스 전역 주요 도심에 새로운 매장을 빠르게 추가하기 시작했다.[12] 각 시장은 실험하고 조정할 수 있는 더 많은 기회를 제공했다. 회사 대변인은 '시행착오는 비즈니스 모델의 핵심'이라고 설명했다.[13]

자라는 성장을 위한 끊임없는 노력, 다양한 기업 구조에 대한 적극적인 연구(유럽: 기업 소유의 슈퍼스토어, 러시아: 프랜차이즈, 기타 지역: 파트너십 모델 등)를 통해 자사의 혁신적인 모델이 적합한 경우와 그렇지 않은 경우(마찬가지로 중요)를 파악할 수 있었다. 시간이 지나면서 자라는 프로세스를 간소화하고 성공 가능성이 가장 높은 곳에 액셀러레이션 노력을 집중했다.

힌두스탄 유니레버의 샤크티 모델도 비슷한 경우였다. 이 회사는 불과 2년 만에 샤크티 암마를 2,800명에서 4만 5,000명으로 늘리는 데 성공했지만, 미래의 성장 전략을 고민하면서 더 큰 확장을 위해서는 핵심 프로세스를 개선해야 한다고 판단했다.[14] 4만 5,000명의 담당자가 약 2년에 걸쳐 더 많은 물량을 처리할 수 있도록 비즈니스 모델을 조정하고, 훨씬 더 많고 다양한 고객의 요구를 충족시키기 위해 새로운 교육 툴을 개발했다. 2015년 샤크티 이니셔티브는 7만 명 규모로 확장되었을 뿐 아니라 방글라데시, 베트남, 이집트, 스리랑카 등의 국가에 다양한 버전으로 수출되고 있다.[15]

자라와 힌두스탄 유니레버는 모두 위험을 관리하면서 스마트하고 신중하게 사업을 확장했다. 액셀러레이션 단계 전반에 걸쳐 모델의 요소들이 어떻게 유지되고 작동하는지 면밀하게 모니터링하고 규칙과 지표를 수정했으며, 필요에 따라 속도를 조절함으로써 새로운 비즈니스를 보호하고 완성도를 높였다.

3단계: 트랜지션

실행의 마지막 단계는 기존 기업에만 적용되는 부분이다. 이 단계에서는 신규 비즈니스를 핵심 사업으로 통합할지, 별도의 부서로 유지할지를 결정한다.

성공 확률이 가장 높은 방식은 전략 개발 초기부터 새로운 비즈니스가 종료될 때까지 핵심 사업과 완전히 분리해서 운영하는 것이다. 대부분의 기업은 부서 또는 사일로 형태로 자신의 영역을 보호하면서, 자신들이 원하고 필요로 하는 것을 추진하는 문화 속에서 운영된다. 이러한 갈등은 비즈니스 모델 혁신 노력을 저해할 수 있다. "대형 세그먼트는 항상 소형 세그먼트를 지배하기 마련입니다"라고 플라스틱 기술 회사 W. L. 고어 앤 어소시어츠W. L. Gore & Associates의 테리 켈리Terry Kelly 아웃도어 의류 부문 사장 겸 CEO는 말한다. "분리와 세분화에 대해 깊이 고민해야만 새로운 기회의 불씨를 꺼뜨리지 않을 수 있습니다. 리더는 성장을 위한 분리 전략을 결정해야 합니다."[16]

새로 수립한 비즈니스 모델의 궁극적인 향방을 결정할 때는, 당연히 장기적인 성공 가능성을 가장 높일 수 있는 운영 조건에 대한 경영진의 판단을 따라야 한다. 그러나 운영을 통합하려는 성급한 욕구 때문에 모델의 고유한 특성을 간과하는 경우가 많다. 아래의 기준 가운데 하나라도 해당된다면 새로운 사업을 기존 사업부와 분리하여 운영하는 것이 바람직하다.

- 매우 이질적인 사업 규칙과 그에 따른 지표가 필요하며, 향후 상당히 성격이 다른 규범을 수립해야 하는 경우
- CVP 달성을 위해 핵심 브랜드와 뚜렷하게 차별화된 가치를 담은 별개의 브랜드가 필요한 경우
- 핵심 사업 모델에 파괴적인 영향이 예상되며(즉 훨씬 낮은 마진으로 수익 창출), 훨씬 낮은 간접비, 훨씬 높은 자원 속도 중 하나 또는 둘 다 필요한 경우

반면 다음과 같은 상황에서는 새로운 비즈니스를 핵심 사업으로 통합할 수도 있다.

- 주로 핵심 자원과 프로세스에서 차이가 있지만, 수익 공식은 핵심 브랜드와 상당히 유사하거나 단위 마진이 더 큰 경우
- 핵심 브랜드를 유의미한 방식으로 강화해야 할 경우
- 핵심 비즈니스 모델을 혁신하고 개선할 수 있는 경우

3장에서 살펴보았듯이, 돈 시츠가 새로운 CVP 요건에 대한 기존 직원과 시스템의 반응을 살펴보기 위해 인큐베이션 실험을 시작하면서, 지아미터는 다우코닝의 핵심 사업에서 분리되어 자율성을 확보해야 한다는 사실을 매우 초기에 확인했다. "실험의 결과는 기대와 달랐지만, 상당히 많은 도움이 되었어요. 만약 우리가 지아미터 브랜드와 관련된 모든 것에 대해 다시 협상하고 합의를 이루는 데 얽매였다면, 여전히 출시도 못 했을 겁니다. 그러한 실험이 실패하면 많은 노력이 중단되거나 방향이 크게 바뀌게 되지요. 기존 사업과 어떻게 분리되어야 하는지를 분명히 확인할 수 있었습니다."[17]

힌두스탄 유니레버는 초기 수익을 모두 핵심 사업에 배분하고 샤크티 직원들이 힌두스탄 유니레버 동료들과 함께 근무하게 함으로써 샤크티의 통합을 위한 기반을 마련했다. 샤크티가 충분한 규모로 성장하여 그 가치를 입증하고 안정적 기반을 마련하자, 회사 경영진은 핵심 사업의 자원을 활용해 신규 사업에서도 이익을 얻을 수 있을 것이라고 판단했다. 트랜지션 과정에서 조직 문화의 갈등이 있었지만, 체계적인 준비 작업과 사업가적 성과를 중시하는 조직 문화 덕분에 지금까지 이 모델은 성공적으로 운영되고 있다.

힐티는 핵심 사업부 내에서 새로운 모델을 성공적으로 성장시키고 운영할 수 있을지, 아니면 별도로 독립시켜야 할지에 대해 깊이 고민하지 않았다. 새로운 모델은 기존 모델보다 마진이 높아야 했기 때문에 통합이 적합하다고 판단했다. 또한, 힐티에는 성공적인 혁신의 역사가 있었기 때문에 적응형 조직 문화는 변화를 받아들이는 데 도움이 되었다.

비즈니스 모델 혁신 단계를 설명할 목적으로 트랜지션을 마지막 단계로 분류했지만, 통합의 문제는 인큐베이션과 액셀러레이션 단계에서도 고려해야 한다. 새로운 비즈니스 모델을 성공적으로 구축하려면 기존 비즈니스 모델과 비교해 어떤 충돌이 발생하는지 끊임없이 테스트하고 평가해야 한다. 따라서 새로운 비즈니스 모델 구축에 착수하기 전에 기존 모델의 핵심 요소를 철저하게 분석하고 구체화해야 한다. 아무리 강조해도 지나치지 않은 중요한 부분이다. 성공한 기업이라면 그 원동력이 된 비즈니스 모델을 이해하고 있어야 마땅하지만, 놀랍게도 그렇지 않은 경우가 많다. 비즈니스를 혁신하려면 먼저 일상적인 운영의 껍질을 벗기고, 비즈니스 모델의 핵심인 작동 원리, 가능성, 저해 요인을 반드시 파악해야 한다.

새로운 비즈니스 모델을 인수할 때

유기적인 신규 성장은 확실한 전략과는 거리가 멀다. 새로운 비즈니스는 성숙 단계까지 몇 년이 걸릴 수 있다. 신사업을 구상하고 인큐베이팅하는 데 필요한 역량은 많은 기업에 있어 극복하기 어려운 새로운 도전을 낳는다. "대기업에서 혁신에 대한 투자는 어려운 부분이다"라고 전자제품 소매 유통사 베스트바이Best Buy의 전 CEO인 브래드 앤더슨Brad Anderson은 언급한 적이 있다. "투자자가 새로운 운영 방식의 가능성을 보지 못해서이기도 하지만, 더 중요한 이유는 내부 직원이 새로운 사업의 가치를 인식하지 못하고 그 성공에 필요한 자원과 지원을 배분하지 않기 때문입니다."[18]

유기적 성장은 혁신적 성장을 추구하는 기업의 유일한 선택지는 아니다. 이 책에서는 기존 조직에서 새로운 비즈니스 모델을 수립하는 것을 주로 다루었지만, 인수를 통해서도 혁신적 성장을 달성하고 화이트 스페이스의 기회를 활용할 수 있다. 앤더슨은 베스트바이를 인수한 후, 연이은 전략적 인수를 통해 회사를 이끌며 단순한 소매 판매 모델을 넘어서는 성장을 이루는 데 기여했다.

일부 기업은 성공적인 인수합병 능력으로 유명하다. 한동안 GE는 매년 수십 개의 회사를 인수했다. 시스코는 32년 역사 동안 인수한 기업이 100개가 넘는다. 대부분의 피인수 기업이 인수되는 이유는 인수 기업의 기존 비즈니스 모델에 통합될 수 있는 자원과 역량을 보유하고 있기 때문이다. 또한, 인수는 매출을 빠르게 증대하고 평판을 구축할 수 있는 방법이기도 하다. 성숙한 조직은 인수를 통해 신생 기업을 '성공 가능성이 가장 높은 기업'으로 브랜딩하거나, 안정적인 전략적 성장을 꾸준히 추진할 수 있다.

그러나 연구에 따르면 인수 전략은 결과가 실망스러울 때가 많다. 경영학자들은 50%에서 많게는 80%까지 가치창출에 실패한다고 추정한다.[19] 1,800억 달러에 타임워너Time warner를 인수한 후 세간의 주목을 받았던 AOL은 고전했고, 이는 대표적인 인수 실패 사례이다. 그뿐 아니다. 다른 사례도 있다. 1994년 퀘이커 오츠Quaker Oats는 17억 달러에 스내플Snapple 브랜드를 인수했지만 3년 후 트라이아크Triarc에 불과 3억 달러에 매각했다.[20] 다임러 벤츠는 360억 달러를 투자해 크라이슬러와 합병했으나, 사모펀드에 74억 달러에 매각했다.[21]

이쯤 되면 알겠지만, 대부분은 아니더라도 상당수의 M&A 실패는 비즈니스 모델 수립의 펀더멘털을 이해하지 못한 데서 비롯된다. 피인수 기업을 완전히 파악하지 못한 채 인수를 진행하는 경우도 많다. 새로운 자원이나 제품은 핵심 사업부로 흡수될 수 있지만, 비즈니스 모델은 그러기 어렵다. 비즈니스 모델 인수의 성공 여부는 그 프로세스와 수익 공식에 따라 달라진다. 비즈니스 모델의 완전한 상호의존성, 통합성을 확보하는 것이 관건이다.

존슨앤드존슨은 새로운 비즈니스 모델을 빠르게 통합하는 것이 얼마나 어려운지 잘 알기 때문에, 초기 단계의 비즈니스를 인수하여 핵심 사업부로 안전하게 통합할 수 있을 때까지 분리된 상태로 유지한다. 예를 들어, 의료기기 및 진단 사업부(2016년부터 의료기기 사업부로 변경)는 시장별로 모델이 완전히 새로운 세 개 기업을 인수했다. 비스타콘Vistakon(일회용 콘택트렌즈), 라이프스캔LifeScan(재택 당뇨 모니터링), 코디스Cordis(혈관 성형술용 동맥 스텐트)이다. 존슨앤드존슨은 이들 기업을 초기에 인수하여 천천히 인큐베이팅하며 규모를 확장했고, 수년간 성장 동력으로 삼았다.

내부에서 수립한 신규 비즈니스 모델의 인큐베이션, 액셀러레이션, 트랜지션 원칙은 새로 인수한 모델에도 대부분 적용된다. 핵심 모델의 요소를 억지로 끼워 넣기보다는, 새로 인수한 비즈니스 모델에 필요한 부분을 핵심 모델에서 차용할 수 있도록 하는 리더의 의지도 중요하다. 비제이 고빈다라잔Vijay Govindarajan과 크리스 트림블Chris Trimble이 《늙은 코끼리를 구하는 10가지 방법Ten Rules for Strategic Innovators》에서 언급한 것처럼, 핵심 사업과 비즈니스 모델이 다른 신규 인수 비즈니스는 모기업에서 차용할 점, 버려야 할 점, 실행 또는 학습해야 할 새로운 방식 등을 결정해야 한다.[22]

베스트바이의 브래드 앤더슨은 컴퓨터 방문 서비스 회사인 긱스쿼드Geek Squad 인수에 대한 질문에 간단히 답했다. "긱스쿼드가 베스트바이를 인수한 것이지 그 반대가 아닙니다."[23] 앤더슨은 시너지 효과로 회사가 성장하고 변화될 것임을 알았지만, 베스트바이의 저마진 대량 소매업 문화가 긱스쿼드의 하이터치, 고마진 서비스 지향성을 쉽게 위축시킬 수 있다는 것도 알았다. 그는 긱스쿼드가 성공하는 데 필요한 것을 베스트바이에서 차용할 수 있게 했다. 인수 당시인 2002년, 긱스쿼드의 직원 수는 60명, 연간 매출은 300만 달러였다. 3년 만에 북미 전역의 700개 베스트바이 지점에서 근무하는 1만 2,000명의 긱스쿼드 서비스 직원들은 약 10억 달러의 실적을 올렸고 약 2억 8,000만 달러를 소매 사업 수익으로 돌려주었다. 2017년 긱스쿼드는 1,100개 지점에 2만 명의 서비스 직원을 갖춘 조직이 되었다.[24]

09   혁신을 가로막는 장애물을 극복하는 방법

> 모든 발전은 항상 똑같다.
> 사람들은 처음에는 당신을 무시하고,
> 그다음에는 미쳤다고, 위험하다고 한다.
> 그러다가 얼마 후에는 모든 사람이 당신에게 동의한다.
>
> 토니 벤Tony Benn

가상의 기업 도그코프DogCorp가 있다. 고품질 개를 제조하는 세계적인 선두 기업이다. 이 기업은 시장에서 가장 우수하고 효율적이며 혁신적인 최첨단 개를 생산한다. 수년 동안 지속적인 혁신을 통해 도그코프는 꾸준한 성장과 수익을 기록하며 업계의 유능한 애견 디자이너와 관리자가 근무하고 싶어 하는 회사가 되었다. 성장과 함께 강력한 개 중심 기업 문화도 구축했다.

어느 날, 새로 부임한 매니저는 도그코프의 강아지도 인기가 많지만 다른 종류의 반려동물, 즉 독립적이고 호기심이 많은 동물을 원하는 고객이 많으며, 이러한 니즈가 충족되지 않고 있다는 사실을 발견한다. 매니저는 이러한 새로운 성장 기회에 고무되어, 고양이라는 새로운 제품을 디자인하는 팀을 구성해 상사에게 보고한다.

도그코프의 임원들은 열광한다. 리더 회의가 소집된다. 재무를 담당하는 핏불테리어들은 불만을 토로하고, 푸들 매니저는 다른 품종이 고양이를 쓰다듬어주기를 기다리며 새로운 침입자가 위험하지 않다는 신호를 보낸다. 사냥개 부서는 고양이에게 도전하면 승진하지 못하니 그냥 앉아서 으르렁거릴 뿐이다. 고양이라는 제품이 유망해 보이기는 하지만, 도그코프의 개 자본가들에게는 뭔가 탐탁지 않다.

기업은 항상 혁신한다. 제품을 혁신하고, 마케팅 활동도 혁신한다. 효율성을 높이기 위해 프로세스를 혁신하기도 한다. 이러한 노력의 대부분은 기존 비즈니스 모델을 점진적으로 개선하여 효율성을 높이고, 수익 공식을 조정하고, 새로운 핵심 자원을 도입하고, 개별 프로세스를 변경하고 개선하는 방식으로 이루어진다. 그러나 기존 기업이 새로운 고객 가치 제안의 기회나 위협에 대응하여, 기존 비즈니스 모델을 재창조하거나 새로운 모델을 만드는 도전에 나서는 경우는 드물다. 좋은 뜻으로 시작했더라도 조직 내부의 알 수 없는 힘에 의해 혁신이 좌절되는 경우가 많다. 미래지향적인 전략을 기존의 편안한 방식에 억지로 맞춘다. 희망차게 출발했던 새 프로젝트는 현상 유지를 주장하는 강력한 세력에 의해 좌절되기도 한다. 진정성을 가지고 노력했지만, 가장 흥미로운 새로운 아이디어는 어느새 진부해진다.

왜 이런 일이 반복되는 것일까? 비즈니스 모델 프레임워크는 이에 대한 합리적인 해답을 제시한다. 핵심 비즈니스가 성공하면 조직의 모든 구성원은 그 성공 모델에 당연히 충성도를 보인다. 새로운 모델을 필요로 하는 혁신적 기회에 완전히 개방적이 되려면, 먼저 기존 모델이 설계 목적대로 현상 유지를 위해 어떻게 작동하는지, 그 모든 구성요소가 어떻게 맞물려 작동하는지를 이해해야 한다.

배제하거나 끼워 맞추지 마라

고양이 가죽을 벗기는 방법(일을 해결하는 방법 – 옮긴이)에는 여러 가지가 있다는 옛말이 있듯이, 고양이를 죽이는 방법도 여러 가지다. 도그코프는 보통 새끼 고양이 아이디어가 빛을 보기도 전에 차단해버린다. 도그코프의 관리자들은 처음부터 이러한 아이디어를 필터링해서 새로운 아이디어 시장에는 강아지만 통과시킨다. 새끼 고양이 아이디어가 통과하더라도, 개의 위협은 거기서 끝나지 않는다. 세 가지 위험이 도사리고 있다. 가장 흔한 위험은 상냥한 미소를 띠고 모른 척 아이디어를 방치하면서 고양이의 발전 가능성을 없애버리는 것이다. 이를 '개 아닌 것non-dog에 대한 딜레마'라고 부를 수 있다. 영리한 관리자는 회사의 핵심 사업과 유사한 프로젝트의 DNA를 알아챈다. 고양이는 개로 식별되는 유전적 마커가 없기 때문에, 먹고 살기 위해 여기 저기를 할퀴고 다니면 개집에 초대받지 못한다. 개가

224

아니라는 점은 관리자가 문을 걸어 잠그게 만드는 충분한 이유가 되기도 한다. 근본적으로 새로운 CVP, 새로운 수익 공식이 필요한 아이디어, 새로운 핵심 자원과 프로세스가 필요한 프로젝트는 모두 '개 아닌 것'으로 보일 수 있다. 관리자가 이들을 '고양이'로 인식한다면 새로운 용도, 미개척 시장, 충족되지 않은 소비자 니즈를 찾아낼 수 있을 것이다. 하지만 거기까지 연결하지 않고, 모든 사고는 '개 아닌 것'에 멈추고 만다.

'개 아닌 것'을 배척하는 태도는 자원 배분 실패로 이어지며, 이는 지휘 체계의 위아래에서 발생할 수 있다. 1960년대부터 1980년대까지 미니컴퓨터로 큰 성공을 거둔 디지털 이큅먼트 코퍼레이션DEC은 고객, CVP, 마진 구조, 시장 진입 채널, 제조 요건이 크게 달라진 PC를 보고 '개 아닌 것'이라고 판단했다. CEO 켄 올슨Ken Olsen은 컴퓨터를 단품으로 판매하는 데는 관심이 없었고, 고객사의 컴퓨팅 구조 전체를 관리하기를 원했다. DEC는 실험실에서 PC를 실제 개발 중이었고 20억 달러를 투자했지만, 불쌍한 고양이 쪽에 필요한 자원을 본격적으로 투입했을 때는 이미 너무 늦은 때였다.

마찬가지로 1975년 코닥의 엔지니어 스티브 사슨Steve Sasson은 저해상도 흑백 이미지를 캡처해 TV로 전송하는 최초의 디지털 카메라를 발명했다. 당시 코닥은 사진 필름의 선두주자였다. 아마도 이것이 치명적이었을지도 모르는데, 그는 회사의 임원들에게 기기를 시연하면서 '필름 없는 사진'이라는 이름을 붙였다. "회의 참석자들의 사진을 찍어 회의실 TV에 띄우고 나니 질문이 쏟아지기 시작했다"라고 사슨은 말했다. "사람들이 왜 굳이 자신의 사진을 TV를 통해 보고 싶어 하겠는가? 이 이미지들을 어떻게 저장할 것인가? 전자 사진 앨범은 어떤 형태일 것인가?"[1] 나중에 사슨은 경영진의 전반적인 피드백을 다음과 같이 회상했다. "필름 없는 사진이었기 때문에, '기술 자체는 흥미롭지만, 아무에게도 말하지 말라'고 했다."[2] 코닥은 이 아이디어를 '개 아닌 것'으로 분류했다. 코닥은 연구소에서 뛰어난 기술을 개발했지만 제품화는 부진했다. "코닥은 필름과 경쟁할 수 있는 모든 것에 대한 항체를 개발했던 것 같다"라고 코닥의 전 CTO 빌 로이드Bill Lloyd는 말한다.[3] 코닥이 이지쉐어Easyshare 브랜드로 디지털 카메라 시장에서 성공하기까지는 25년이 넘게 걸렸다. 그마저도 출시가 너무 늦었기 때문에, 파괴적 혁신의 물결에서 코닥을 구해내지는 못했다.

두 번째 위험은 기존 비즈니스 모델에 새로운 기회를 끼워 넣고 싶은 욕구이다. 이러한 경향은 '고양이를 개로 만들기'라고 부를 수 있다. 제품 만족 관리자는 "새로운 고양이 프로젝트에는 고양이의 놀이 욕구를 충족시킬 수 있는 털 달린 쥐가 필요하다. 하지만 우리는 최첨단 막대기 공급망과 첨단 던지기 시스템을 이미 갖추고 있으니 이것을 활용하는 것이 더 경제적이다"라고 말한다.

기존의 시스템이 더 경제적인 것은 맞다. 하지만 고양이는 막대기 던지기에는 관심이 없다. 고양이는 답답해지면 낑낑거리거나 달려들지 않는다. 대신 신경질적으로 변하면서 가구를 긁기 시작한다. 미친 고양이는 어떤 소비자도 원하지 않기 때문에 결국 고양이 아이디어는 폐기된다. 아이디어가 시장에 출시되더라도, 막대기를 물어오는 고양이는 너무 이상하기 때문에 아무도 구매하지 않는다. 이렇게 누구의 과업에도 맞지 않는 제품이 되어버린다.

'고양이를 개로 만들기'는 정부에서는 흔히 볼 수 있는 현상이다. 한 가지 목적을 위해 법안을 만들지만 (마치 온갖 것을 다져 넣어 소시지를 만들듯이) 입법 과정에서 완전히 다른 모습으로 탄생된다. 법안 비준을 위한 표를 얻기 위해 법안은 수정되고, 약화되고, 때로는 변경되면서 모두가 원하는 최선의 안이 합쳐져 결국 프랑켄슈타인이 탄생하고 만다.

관찰력이 뛰어난 매니저가 시장의 미충족 니즈를 발견하고 이를 해결할 방법을 담은 멋진 CVP를 수립한다고 가정해보자. 새로운 CVP가 시스템에 입력되고 영향력이 막강한 디자인 그룹이 제안 발표를 듣는다. 디자인 그룹은 내용에는 찬성하지만, 기존 디자인 패러다임 내에 제안을 담아내려면 필요하다면서 몇 가지를 변경한다. 그다음에 마케팅 조직이 합류하여 기존 고객층에 더 매력적으로 다가갈 수 있도록 몇 가지를 변경한다. 단호한 재무 그룹은 가격, 마진, 원가 기준을 '우리 조직을 위대하게 만드는 기준'에 맞추어 수정한다. 그러한 과정이 계속되다가 결국 누구의 니즈도 충족시키지 못하는 제품이나 서비스가 나온다.

예를 들어, 미 육군의 브래들리 전투 차량Bradley Fighting Vehicle은 원래 구상대로라면 10여 명의 병력을 신속하고 안전하게 작전 지역 안팎으로 이동시킬 수 있는 가볍고 빠른 장갑병력 수송차여야 했다. 하지만 국방부 장군들의 머리 속에는 군의 핵심 모델(고도로 복잡한 시스템)이 박혀 있었기 때문에 병력수송차, 정찰차, 대전차 무기 플랫폼을 조합해 고양이를 개로 만드는 우를 범했다. 전차 살상 무기를 탑재하기 위해 병력 수용 인원은 여섯 명으로 줄었다. 정찰 속도를 내기 위해 차체는 가볍고 취약한 알루미늄으로 제작되었다.[4] 이렇게 상반되는 사양을 갖춘 전투 차량은 결국 17년의 개발 기간과 130억 달러의 예산 투입 끝에, '병력을 실을 수 없는 병력 수송차, 정찰을 하기에는 너무 눈에 띄는 정찰차, 방호 장비는 제설기보다 부족하지만 워싱턴의 절반을 파괴할 수 있는 분량의 탄약을 탑재한 준 탱크'로 탄생했다.[5] 실사격 테스트에서 결국 약점이 드러났고, 단발 포탄으로 파괴되고 말았다.

힐티와 같은 매우 혁신적인 문화 속에서도 고양이를 개로 만들고 싶은 유혹은 이겨내기 힘들다. 힐티의 마르코 메이라트 전 영업 및 마케팅 책임자는 이렇게 설명했다. "장비 프로세스에서는 공구 수명에 따른 교체 시점을 결정하고, 고장이 나기 전에 공구를 새로 교체합니다. 우리 사업부에는 투자가치 극대화라는 방식이 습관화되어 있기 때문에, 보유 공구의 수명을 연장할 것을 제안했습니다. 하지만 이 당연한 생각이 공구 관리 프로그램의 가치 제안을 위태롭게 만들었어요. 고객이 최신 기술을 적용받지 못한 상태에서 고장이 자주 발생하면, 계약에 따른 가치를 제공받을 수 있는지 의구심을 품기 시작할 수밖에 없거든요."6

프로젝트 초기에는 공격이 더 노골적일 수도 있다. 무조건 고양이를 죽이고 싶어 하는 사람들도 있다. 핵심 조직이 갑자기 목표 달성에 어려움을 겪거나 운영상의 문제 또는 성장 기회를 위해 더 많은 자원이 필요한 경우, 아직 자리 잡지 못한 신규 프로젝트는 갑작스럽게 사장될 수 있다. 기존 부서는 새로운 고양이가 '개를 잡아먹는 호랑이'가 되어 중요한 자원을 소모하고 모든 개를 위험에 빠뜨릴 수 있다고 카니발라이제이션에 대해 우려한다. 또는 핵심 조직이 더 이상 기다리지 못하고 새로운 프로젝트가 기존의 사업과 똑같은 속도와 규모로 성장하기를 기대하는 경우, 새로운 프로젝트는 중단되거나 주류 조직으로 다시 통합되어 느리지만 확실한 죽음에 직면하곤 한다.

1990년대 초 HP에서 진행한 키티호크Kittyhawk라는 이름의 프로젝트가 바로 그러한 운명에 처했다. HP의 디스크 메모리 부서 소속이었던 키티호크 팀은 HP에서 가장 작은 3.5인치 하드디스크 드라이브와는 차원이 다른 1.3인치 하드디스크 드라이브로 파격적인 시도를 시작했다. 키티호크는 닌텐도 게임보이 같은 소형 기기에 전원을 공급하는 '작고 저렴하며 별다른 기능이 없는' 디스크 드라이브이자, 완전히 새로운 시장인 UPS 배송직원용 PDA를 위한 제품이었다. 하지만 디스크 메모리 사업부는 성장에 대한 열망이 컸다. IBM과 씨게이트Seagate라는 거대 기업을 따라가면서 빠르게 몸집을 불리고 싶어했고, 그래서 2년차 매출 성장 1억 달러라는 매우 야심 찬 목표를 수립했다. 그렇지만 이러한 목표는 키티호크 팀에게 닌텐도와 같은 매력적인 시장 기회를 탐색할 여유를 주지 않았다. 실패를 각오한 키티호크는 실제로 실패했고, 프로젝트는 초기 출시 2년여 만인 1994년에 종료되었다.[7]

기존의 규칙, 규범, 지표에서 벗어나라

도그코프 비유는 사람들이 기존 비즈니스 모델을 어떻게 지키려하는지를 흥미롭게 보여준다. 그러한 충동은 비즈니스 모델의 실질적인 필요 때문이 아니라 효과적, 반복적, 효율적인 모델 실행을 위해 수립한 사업 규칙, 행동 규범, 관련 성공 지표에 따라 발생하는 암묵적인 충동일 때가 많다. 기존 비즈니스 모델을 지키려는 이러한 노력은 핵심 사업의 성장, 인접 영역의 사업 추진을 위한 관리·혁신에 있어 필수적이다. 하지만 새로운 비즈니스 모델에는 독이 될 수도 있다.

기존의 비즈니스 규범은 프로젝트 팀이 전통적인 오퍼링에서 벗어나 새로운 시도를 할 수 있는 가능성을 제한함으로써, 새로운 접근법(이를테면 오프라인 매장에서 온라인으로 전환)을 저해할 수 있다. 근본적으로 새로운 CVP를 구상할 때는 CVP의 성공을 위한 수익 공식,

표 15 | 새로운 비즈니스 모델을 방해하는 기존 비즈니스 모델의 요소들

재무	운영	마케팅/영업/R&D/HR
총 마진	최종 제품의 품질	가격 책정
기회의 규모	공급사에 대한 신뢰도	요구 성능
단위 가격 책정	제조: 내부 vs. 아웃소싱	제품 개발 수명 주기
단위 마진	고객 서비스 수준	개인 보상 및 인센티브 기반
손익분기점 달성 기간	채널 옵션	브랜드 지표
순현재가치(NPV)	리드타임	
신용 조건	처리량	

핵심 자원 및 프로세스 변경 작업에 기존 규칙이 장애물로 작용할 수 있다.

수익 공식의 폐쇄적 특성

재무팀의 핏불테리어들은 기존 수익 공식을 보호하려 든다. 예를 들어, 핵심 사업의 기대 마진 때문에 경영진은 다른 마진 모델을 중심으로 재구성하는 것을 거부할 수 있다. 경영진은 수익 공식의 다른 요인을 조정하여(이를테면 낮은 마진, 낮은 간접비, 낮은 비용 구조, 높은 자원 속도를 결합) 수익성이 높은 화이트 스페이스 전략을 구사할 수 있는 상황에서도, 혁신을 거부할 수 있다. 특히 간접비와 관련해서는 기존 비용 구조에 본질적으로 경직성이 있고, 비즈니스의 자원 속도

를 구조적으로 변경하는 데 수반되는 문제가 있기 때문에, 사업부는 새로운 단위 마진 목표를 맞춰야 하는 프로젝트를 받아들이기가 쉽지 않다.

마르코 메이라트 이사가 힐티의 재무 분석가들에게 새로운 공구관리 서비스를 제안했을 때, 그는 바로 이러한 미묘한 반대에 부딪혔다. "재무 담당자들은 공구 분실과 수리 비용의 불확실성이 너무 크다고 생각했어요. 그래서 그들은… 어떻게 표현해야 할지 모르겠는데, 가격 책정에 대해 매우 안정 지향적이었지요. 나는 합리적인 가격을 유지하기 위해 노력해야 했습니다. 새로운 제품의 가격을 너무 높게 책정하면 시작하기도 전에 고사할 수 있기 때문이지요"[8] 힐티가 이 모델을 스위스 이외의 시장으로 확장하려고 할 때, 재무팀은 이번에도 CVP의 전체 가치를 생각하지 않고 가격을 인상하려고 했다. 이번에도 메이라트는 비즈니스 모델 혁신의 무결성을 유지하는 동시에 재무팀에도 그 가치를 입증하기 위해 고군분투했다. "찬성하는 듯하면서 꼭 문제를 제기하는 사람, 반대할 이유를 찾아내는 사람은 항상 존재합니다"라고 그는 말했다.

다우코닝의 돈 시츠도 지아미터를 인큐베이팅하는 과정에서 비슷한 문제를 경험했다. 신규 사업의 마진이 다우코닝의 핵심인 하이터치 영업 및 솔루션 사업보다 적게 설정되어 있었기 때문에, 재무팀에서는 초기의 수익 공식에 반대했다. 높은 마진을 유지하고 비용을 획기적으로 낮춰 목표 가격대를 달성할 수 있는 모델을 개발한 후에야 그는 재무팀의 동의를 얻었다. 운 좋게도 결국에는 성공을 거두었지만 갈등으로 인해 자칫하면 프로젝트가 중단될 수도 있는 상황이었다.

　이러한 사례의 재무 담당자들은 불합리한 주장을 한 것이 아니라, 새로운 수익 공식을 생각해내지 못했을 뿐이다. 새로운 성장 기회를 탐색할 때 흔히 범하는 오류 중 하나가 클레이튼 크리스텐슨이 '한계비용의 원칙'이라고 지칭했던 것이다.[9] 새로운 역량이나 인프라에 자본을 투자해야 하는 새로운 사업안을 받으면, 재무 담당자는 일반적으로 '기존 역량을 활용하면 한계비용이 2분의 1 또는 3분의 1인데 왜 새로운 것을 구축해야 하는지', '기존 설비에 추가 작업 여력이 있는데 왜 새 기계를 만들어야 하는지'를 묻는다. 그들은 기존 설비를 사용해서 신제품을 생산할 때 드는 최소한의 변동비만 고려할 뿐, 이미 감가상각된 대규모 투자금은 고려하지 않는다. 새로운 기계로 신제품을 만드는 것은 자본 투자, 관련된 새로운 역량을 고려하기 때문에 매우 비싸 보인다. 한계비용 비교는 표면적으로는 정확하지만, 새 모델의 비용과 기존 모델을 확장할 때 얻을 수 있는 수익을 비교하는 것은 사과와 포도를 비교하는 것과 같다. 완전히 새로운 영업 인력을 양성하는 것보다 기존 영업 인력을 활용하여 수익성이 낮은 제품을 판매하면 반드시 비용이 더 적게 든다는 결론도 마찬가지로 잘못된 추론에서 비롯된 것이다.

　새로운 아이디어가 기존의 수익 공식을 완전히 파괴하고 대체할 수 있음을 고려하지 않는다면, 이러한 재무 분석은 더욱 부정적인 결과를 가져올 수 있다. 대형 철강 회사들은 전기로를 사용하는 미니 제철소의 고수익 비즈니스 모델이 어떻게 그들의 사업에 타격을 주는지 제대로 판단하지 못했다. 철강 회사들은 한계성장으로 인한 수익 계산 시 기존 인프라의 매몰 비용을 무시하고 아무것도 실행하지 않을 때의 파괴적인 비용도 고려하지 않음으로써, 새로운 시도를 할 수 없게 만드는 잘못된 수치를 적용했다.

핵심 역량 활용의 비논리성

핵심 모델을 위한 기존의 핵심 자원과 프로세스는 기업을 일상적으로 운영하는 관리자에게 막대한 영향력을 끼칠 수 있다. 관리자는 새로운 모델에 도움이 되는지 여부와 관계없이 핵심 역량을 활용하려 든다. 예를 들어, 소니의 엔지니어는 하드 드라이브 기술이 조잡하다고 생각하면서 문화적 거부감을 느꼈기 때문에 MP3 사업 진출을 꺼렸다. 코닥은 초기에 필름 없는 이미징 사업에서 도피했다. 물론 화이트 스페이스 전략이라고 해서 기존 기능을 활용하지 못하는 것은 아니지만(아이팟은 애플 자체에서 나온 하드웨어·소프트웨어 통합 제품이었다), 새로운 비즈니스 모델은 자유롭게 핵심 사업에서 필요한 것을 취하고 나머지는 재창조할 수 있어야 한다.

기존 모델의 규칙은 불확실성을 방지할 수 있는 적합한 사유로 보이기 때문에, 새로운 모델에 특히 독이 될 수 있다. 오랫동안 지켜온 규범이 새로운 성장을 저해하는 것을 쉽게 인식하지 못할 수 있으며, 규범의 영향을 가장 잘 알고 있는 리더조차도 자신도 모르게 그 제한적 영향의 희생양이 될 수 있다. 몇 년 전 나는 새로 인수된 한 기업과 일한 적이 있다. 모회사는 피인수 기업은 비즈니스 모델이 다르기 때문에 운영 방식도 달라야 한다는 것을 알았다. 그럼에도 불구하고 모회사는 새로운 관리자에게 150개의 사업 규칙과 관련 지표를 준수할 것을 요구했고, 이로 인해 피인수 기업의 리더들은 고객 방문보다 내부 회의 참석에 더 많은 시간을 쏟아야 했다.

사업 규칙을 재정립하라

두 주인을 섬길 수 없다는 말이 있듯이, 기업이 핵심 모델과 다른 규칙·지표에 기반한 새로운 비즈니스 모델을 도입할 때는 어떤 규칙을 준수해야 하는지 모든 구성원이 명확히 알아야 한다. 그렇지 않으면 구성원은 해결 불가능한 이해관계 상충을 경험하게 될 것이다. 심지어, 개인마다 이 갈등을 해결하는 방식이 다르기 때문에 예측할 수 없는 방식으로 조직이 흔들릴 수도 있다.

새로운 비즈니스 혁신 프로젝트를 진행하는 중간 관리자가 핵심 비즈니스 규칙으로부터 확실하게 분리되지 않으면, 새로운 비즈니스 모델을 수용하는 것이 자신의 이익이나 조직의 이익에 가장 부합한다고 생각하기 어렵다. 새로운 것에 본디 반감을 갖고 있어서가 아니라, 여전히 기존의 것에 대한 책임을 지고 있다고 생각하기 때문이다. 핵심 사업을 수행해야 하는 사업부 책임자 입장에서는 새로운 프로젝트를 위한 여력을 확보하는 동시에 기존 역할을 수행하는 것이 힘들 수 있다.

또한, 혁신 프로젝트의 수익성·성장 목표는 핵심 사업과 다를 수 있지만 직원 보수 패키지, 승진, 보너스, 보상 등은 프로젝트보다는 조직 전체의 단기적인 성과와 연동될 때가 많다. 이러한 방식이 점진적 성장을 지속하려는 일부 부서에는 합리적일 수 있지만, 비즈니스 모델 혁신은 본질적으로 불확실성을 내포한다. 실제 수익 창출 시점을 예측하기 어렵고, 핵심 사업의 혁신 노력보다 실패할 가능성이 더 높기 때문이다. 유능하고 논리적인 직원이 '성과 평가 방식에 어긋나는 일을 하면 목표를 달성하지 못할 것'이라고 생각한다고 해서 그를 비난할 수는 없다.

안타깝게도 기업에서는 한 부서 내에서 두 가지 이상의 커리어 트랙을 허용하는 경우가 거의 없다. 사업부는 물론이고 한 조직 내에 서로 다른 보상 체계가 공존하는 것도 허용하지 않는다. 이와 같은 저해 요인은 뿌리 깊게 자리 잡고 있다. 리더십 전문가 스티븐 커Steven Kerr가 그의 대표적인 에세이 〈B를 바라며 A를 보상하는 어리석음On the Folly of Rewarding A, While Hoping for B〉[10]에서 지적한 것처럼 이러한 경향은 수면 위로 잘 드러나지 않는다.

이 장에서 설명한 '혁신을 죽이는 행동'과 '변화 공포증'의 문제는 하위 직원의 문제로 치부하는 경우가 많다. 두 비즈니스 모델에 필요한 각각의 규칙을 명확히 규정하면, 불필요한 갈등 및 위험 회피 행동을 상당 부분 해결할 수 있다. 핵심 비즈니스 모델에 적용되는 규칙은 반드시 필요하며, 구성원은 당연히 이를 준수해야 한다. 고위 경영진이 새로운 비즈니스 모델이 매우 이질적이어서 새로운 프로세스와 자원, 그에 따른 새로운 규칙이 필요하다고 판단하여 이를 도입하기로 결정할 때까지, 구성원은 계속해서 기존의 규칙을 따라야 한다.

리더가 해야 할 일

설명의 용이성을 위해, 지금까지는 가장 단순한 기업, 즉 단일한 비즈니스 모델에 하나의 제품만 있는 조직의 비즈니스 모델 혁신에 대해 설명했다. 하지만 당연히 많은 기업이 두 개 이상의 사업 단위를 운영하고 있으며, 각 사업 단위에는 고유한 비즈니스 모델이 있다. 이런 의미에서 기업은 하나의 비즈니스 모델이 아니라 비즈니스 모델의 집합체라고 할 수 있다. 한 사업 단위가 한 개 이상의 비즈니스 모델을 도입·운영하면서 둘 다 잘 수행하기는 거의 불가능하다. 따라서 한 사업 단위의 모델이 수명을 다하면 비즈니스 모델뿐 아니라 사업 단위 자체도 사라진다. 기업은 존속되지만, 이는 다른 사업을 진행 중인 사업 단위나 새로운 모델을 장착한 사업부의 창출로 이루어진다. 사업 단위(및 관련 비즈니스 모델)를 지속적으로 구축, 운영, 전환, 종료해야만 기업은 활력을 유지하고 계속 성장하며 고객의 실질적이고 중요하며 변화하는 과업을 제대로 해결할 수 있다.[11]

고위 경영진은 비즈니스 모델 혁신의 과제를 이러한 맥락에서 바라봐야 한다. 사업부 책임자들과 마찬가지로, 최고경영진도 기업의 화이트 스페이스를 추진할 때는 기존 핵심 비즈니스 모델의 영향을 감지하고 대응하는 방법을 배울 필요가 있다. 고위 경영진의 역할은 기업의 성장 추구이며, 위험을 관리해야 할 책임도 있다. 화이트 스페이스는 핵심 사업이나 인접 영역의 외부에 위치하기 때문에 과도하게 위험해 보이곤 한다. 방향성 없는 시도로 인한 실패 경험은 조직의 기억 속에 남아 지워지지 않을 수 있다. 뼈아픈 실패를 경험했던 리더는 실패의 원인이 체계적인 방식의 부재에 있음을 깨닫지 못한 채 "전에도 이런 시도를 해봤지만 효과가 없었다"라는 반응을 보인다. 경영진이 새로운 모델과 기존 모델에서 필요한 부분이 어떻게 다른지 이해하면 성공 확률을 크게 높일 수 있다.

새로운 프로젝트에 대한 최종 결정권이 있는 리더라면, 카니발라이제이션이 특히 우려될 수 있다. 기존 비즈니스를 위협하는 듯 보이는 프로젝트를 지원하려면 새로운 시각이 필요하다. 비즈니스 모델 프레임워크의 4-Box가 모두 어떻게 작동하는지 철저하게 파악해야 한다. 새로운 과업을 위한 새로운 모델을 수립한다고 해서 기존 모델이 위협을 받거나 바뀌어야 하는 것은 아니다. 다우코닝이 발견했던 것처럼, 새로운 모델은 핵심 모델을 강화하고 보완할 수 있다.

리더 역시 화이트 스페이스의 기회가 얼마나 빨리 잠재력을 발휘할 수 있을지 모른다는 불확실성 때문에 불안해하는 경우가 많다. 빠르게 자라는 '대나무형' 기회를 선호하는 성향 때문에 느리게 자라는 '참나무 묘목형' 사업은 의미가 없고 더 이상 지원할 가치가 없는 것처럼 보일 수 있다. 새로운 모델은 초기 수익성이 높아야 하지만 규모 확장이 가속화될 때까지는 매출 규모가 크지 않을 수 있다. 단기 경영에 익숙한 리더는 성장에 대해 조바심을 내기 쉬우며, 더 빠른 수익을 추구하다가 장기적인 잠재력을 가진 신생 프로젝트를 사장시킬 수 있다.

리더가 새로운 기회에 대한 도전을 불안해한다면 어떻게 다른 구성원이 도전하기를 기대할 수 있겠는가? 화이트 스페이스를 선점하려면 리더는 새로운 비즈니스 모델을 필요로 하는 새로운 가치 제안에 대한 직접적인 투자 그리고 지속적인 성장을 위한 투자 사이에서 균형을 잡아야 한다. 이러한 모델을 구축할 역량이 있는 팀을 만들어 이들을 보호하고 육성해야 한다. 이러한 팀은 규모가 클 필요가 없고 새로운 도전에 집중할 수 있어야 한다. 구성원이 핵심 사업과 신성장 사업 둘 다에 시간을 분배하도록 요구해서는 안 된다. 또한 팀원은 기존의 업무 방식을 따르지 않고, 자유롭게 자신만의 업무 리듬을 확보할 수 있어야 한다. 혁신팀에는 핵심 사업의 규칙을 완화하고 새로운 CVP를 위한 새로운 규칙과 지표를 개발할 수 있는 권한이 주어져야 한다. 이러한 권한 부여는 오직 리더만 할 수 있다.

익숙한 곳에 머무르는 위험을 설파하라

하버드 비즈니스 스쿨의 역사학자 알프레드 챈들러Alfred Chandler는 "조직 구조는 전략을 따른다"[12]라는 유명한 말을 남겼다. 많은 리더가 새로운 전략에 필요한 비즈니스 구조가 어쨌든 자연스럽게 진화할 것이라고 생각하지만, 결국에는 실망하곤 한다. 실제로 전략 계획과 실제 업무 모두에서 전략은 구조에서 비롯된다. 지금까지 알아본 바와 같이, 전략을 실행하는 구조는 비즈니스 모델의 필수 요소에 따라 결정된다.

대부분의 기업은 핵심 사업을 점진적으로 개선하는 데 초점을 맞춘 체계적인 운영 계획을 통해 매년 전략을 수립한다. 그러나 핵심 사업에 기반한 가정에서 출발한 전략적 이니셔티브는 대부분 핵심 사업에 기반한 전략으로 되돌아가는 경우가 많다. 이는 대부분의 전략 수립에 있어 근본적으로 잘못된 부분이다. 기존의 내부적 전략 수립 절차를 따르면 핵심 사업 모델의 역량에 따라 고려할 수 있는 전략적 아이디어가 제한된다.

새로운 방식으로 성장하려는 조직은 핵심 사업을 위한 가정에서 벗어난 전략 개발 프로세스를 수립해야 한다. 혁신 기회의 가능성에 열려 있는 조직을 만들기 위해 리더는 기존의 CVP, 수익 공식, 자원

및 프로세스 조합이라는 관점에서 바라보지 말고 챈들러의 조언을 진정으로 받아들여야 한다.[13]

전략에 따른 구조를 만들려면 전략 수립팀은 가치창출의 근원인 고객에서부터 시작해야 한다. 조직의 성장 목표를 달성하는 최선의 방법을 정하기 전에 기존 및 잠재 고객의 중요하고 미충족된 과업을 파악해야 한다. 그다음에는 비즈니스 모델을 전면적으로 재구상하거나 업계 내 판도를 바꾸거나, 기존 시장을 혁신하거나 신규 시장을 창출하는 등의 구체적인 방안 중에서 목표를 달성할 수 있는 하나 이상의 방법을 선택해야 한다.

다음으로 리더는 프로젝트 팀이 추진하기에 적합한 혁신 프로젝트의 유형을 구체화해서 올바른 전략에 집중해야 한다. 이러한 방식으로 화이트 스페이스 프로젝트는 조직 전체의 전략과 통합될 수 있다. 전략 개발은 유연하고 창의적인 프로세스로 유지해야 하고, 리더는 전략팀이 비즈니스 모델 혁신을 통해 새로운 성장과 혁신을 구상할 수 있도록 하는 한편으로 핵심 사업의 규칙과 규범을 준수하기 위해 의식적으로 노력해야 한다.

리더는 궁극적으로 이사회, 애널리스트, 투자자 등 다양한 이해관계자에게 해답을 제시할 수 있어야 한다. 투자자가 성장을 재촉하면서 핵심에서 과도하게 벗어난 새로운 프로젝트를 우려하면 대부분의 리더는 위축되기 마련이다. "우리가 시도했던 모든 새로운 비즈니스가 처음에는 외부에서, 때로는 내부에서조차 방해 요인이라는 인식에 시달렸다"라고 아마존의 CEO 제프 베조스는 말했다. "그들은 '왜 미디어 외의 사업으로 확장하는가? 왜 해외로 진출하는가? 왜 타사 셀러와 함께 마켓플레이스 사업에 진출하는가?' 등의 질문을 던진다. 모두 합리적인 질문이다. 이는 기존 기업이 새로운 프로젝트를 추진하기 어려운 이유를 보여준다. 큰 성공을 거두더라도 대개 수년 동안 조직의 경제에 유의미한 영향을 주지 못하기 때문이다."[14]

이러한 질문이 나오는 이유는 다양한 규모의 기업이 실패했던 전력 때문에 투자자와 분석가가 불안감을 느끼기 때문이다. 월스트리트는 안전하게 한 우물을 파는 전략을 선호한다. 안타깝게도 화이트 스페이스에서 엄청난 성장 기회를 발견하더라도 경영진은 새로운 가치 제안을 구체화하는 방법, 이를 지원하기 위해 조직을 근본적으로 개편하는 방법을 모를 때가 많다. 이들은 기존 방식과 매우 다른 재무 지표를 정당화하려 시도하지만 이에 큰 어려움을 겪는다. 애널리스트들은 결국 비관적인 보고서로 기업에 타격을 준다.

하지만 항상 그러리라는 법은 없다. 리더는 비즈니스 모델 프레임워크를 통해, 혁신적 성장 기회를 포착하기 위한 계획을 모든 이해관계자에게 명확하게 제시할 수 있다. 목표는 단순히 새로운 이니셔티브의 가능성에 대한 기대치를 설정하는 것이 아니라, 더 포괄적인 기업적 맥락에서 기대 목표를 제시하는 것이다.

이를 염두에 두면서 이 책에서 설명한 것처럼 이해관계자에게 성장 격차의 문제, 즉 기업이 핵심 사업과 인접 영역을 넘어서야 하는 이유, 체계적인 전략에 따라 화이트 스페이스로 움직이는 것보다 익숙한 곳에만 머무르는 것이 실제로 더 위험할 수 있는 이유를 설명하는 것부터 시작해보기 바란다. 그다음에 기존 CVP의 지속적인 성장 계획과 더불어 신규 프로젝트 착수 계획이 포함된 전사적인 전략을 제시하면서, 비즈니스 모델 혁신에 필요한 투자 규모를 구체적으로 설명할 필요가 있다. 이 단계에서는 어느 한 가지 방식만 주장할 것이 아니라, 기존 모델에 대한 모든 대안에 열려 있어야 한다. 당신이 열려 있다면 회사도 획기적인 CVP 포트폴리오에 열린 마음으로 접근할 것이다.

혁신의 문을 지키는 파수꾼은 많고 다양하며, 때로는 변장을 하고 숨어 있다. 그러나 기존 기업으로서 당면할 수 있는 도전과제를 항상 경계하면서 비즈니스 모델 혁신의 필요성을 인정하고 소통하는 리더는 그러한 난관을 안전하게 헤쳐나갈 수 있으며, 수익 창출의 기회가 있는 내부, 외부 그리고 중간의 화이트 스페이스를 선점할 수 있다.

세상이 너무나 빠르게 변화해서
'불가능하다'고 말하는 사람은
'실제로 해내는' 사람에게 뒤처지기 마련이다.

엘버트 허버드 Elbert Hubbard

피터 드러커는 말했다. "모든 조직에는 (…) 경영 이론이 있다. (…) 어떤 경영 이론은 매우 강력해서 오랫동안 지속되기도 한다. 하지만 (…) 영원한 이론은 없다. 사실 이제는 오래 유지되는 경우가 거의 없다. 결국 모든 경영 이론은 낡아져 무용지물이 된다."[1] 실제로 경영 이론의 평균 수명은 날로 짧아지고 있다. 훌륭한 비즈니스를 구축하고 잘 운영한다고 해도 100년, 심지어 20년 후에도 살아남을 수 있다는 보장은 없다. 1965년 S&P 500 편입 기업의 평균 존속 기간은 33년이었다. 1990년에는 20년으로 감소했고, 2012년에는 18년에 불과했다. 2017년의 이탈률을 감안하면 향후 10년간 S&P 500 기업의 절반이 교체될 것으로 예상된다.[2]

21세기에 있어 장기투자란 조직을 지속적으로 구축하고 재건한다는 의미이다. 기업의 라이프사이클이 짧아지면서 지속적인 혁신과 변화를 통해 조직을 이끌 수 있는 새로운 종류의 경영 원칙이 필요해졌다. 현재 시장에서 성공하고 장기 존속하기 위해서는 모든 기업이 혁신에 적합한 구조를 갖춰야 한다.

혁신을 위해서는 먼저 고객을 위한 가치에 집중하는 과감함이 필요하다. 가치를 파악하기 위해서는 고객이 원하는 중요한 미해결 또는 미충족 과업을 검토한 후, 이를 해결하기 위한 명확한 가치 제안을 제시해야 한다. 그 제안은 현재 제공하는 서비스와 다소 이질적일 수 있다. 제프 베조스는 이렇게 말한 바 있다. "고객에게 제공하는 서비스에 계속해서 활기를 불어넣으려면, 조직의 강점 분야에만 머물러서는 안 됩니다. 고객이 원하는 것, 필요로 하는 것을 직접 물어보고, 아무리 어렵더라도 이를 잘 수행해야 합니다."[3] 분명하고 명확하게 정의된 과업을 위한 CVP가 있다면, 리더와 프로젝트 팀이 협력하여 조직의 성장에 필요한 수익 공식, 핵심 자원 및 프로세스를 설계할 수 있다.

이러한 과업을 달성하기 위해 조직의 리더는 비즈니스 모델 전략가가 되어야 한다. 또한, 기존 비즈니스를 뒷받침하는 현재의 모델과 새로 고안할 모델 모두가 상호의존적인 요소가 있는 복잡한 시스템이며, 서로 맞물려 진정한 가치를 창출해야 함을 이해해야 한다. 이러한 시스템을 구축하려면 건축가나 엔지니어와 같은 사고방식으로 청사진을 그리고 프로토타입을 만들며 새로운 기회를 창출할 수 있는 구조를 개발해야 한다. 모든 답을 미리 마련할 수는 없지만, 올바른 질문을 던질 수는 있다. 그다음에는 예술가처럼 답을 찾아가야 하며 모든 관계자들이 '쉽게 해낼 수 있는 과업'이 아니라 '가능한 것을 자유롭게 상상할 수 있는 체계적인 창의성 프로세스' 안에서 탐구해야 한다.

비즈니스 모델 혁신 노력은 기존 시장의 게임 체인저가 되고, 완전히 새로운 시장을 창출하며, 산업 전체를 변화시키는 등 원대한 목표 달성에 중점을 둬야 한다. 새로운 비즈니스 모델을 통해 중요한 성장 기회를 어떻게 포착할 것인지(또는 지각변동 상황에서 어떻게 강력한 혁신의 동력으로 삼을지) 리더가 명료하게 제시할 수 없다면, 화이트 스페이스 전략이나 근본적인 비즈니스 모델 혁신은 당위성을 얻기 힘들다. 비즈니스 모델 혁신가는 대어를 낚는 사냥꾼이 되어야 하고, 핵심 자산을 수확하는 일은 다른 사람에게 맡겨야 한다.

큰 그림을 그리는 작업은 화이트 스페이스를 포착하기 위한 필수 전제 조건이지만, 마찬가지로 작게 시작할 필요도 있다. 거점 시장을 활용하여 새로운 사업을 천천히 인큐베이팅하면 성장, 성숙 단계에서 가설을 테스트하고 수정할 수 있으며, 최고의 가치를 제공할 핵심 자원과 프로세스를 개발하는 데 필요한 시간과 공간을 확보할 수 있다.

궁극적으로 기업은 기존의 방식에서 벗어나는 방법을 배워야 한다. 많은 이에게 이것이 가장 어려운 도전처럼 느껴질 수 있다. 하지만 리더, 관리자, 직원이 새로운 도전에서 겪는 어려움의 대부분은 기존 비즈니스에 대한 이해 부족에서 비롯된다. 현재의 조직이 실제로 어떤 비즈니스 모델에 따라 운영되고 있는지 알지 못하는 경우가 상당히 많다. 과거의 경험치, 인센티브, 특이한 성공 사례에만 의지해서 그날그날의 업무를 처리한다. 반면, 현재 비즈니스 모델의 구성요소를 명확히 이해하는 조직은 새로운 기회를 활용하거나 향후 위협에 대처할 준비가 되어 있는지를 훨씬 명확하게 파악할 수 있다.

비즈니스 모델 혁신은 탐색하는 조직 문화, 즉 새로운 가치 제안과 비즈니스 모델에 대한 아이디어에 주목하고 격려하는 환경에서 발전한다. 혁신을 추구하는 기업의 관리자는 초기 비즈니스 기회가 아무리 작다 해도, 향후 큰 성공의 열쇠가 될 수 있음을 알고 있다. 리드 헤이스팅스 넷플릭스 CEO는 "혁신을 관리한다는 것은 모순"이라고 말한다. "혁신은 자극하고 지원해야 하는 대상입니다. 품질 프로세스에서는 변동성을 줄이는 것이 목표지만, 혁신을 위해서는 변동성을 높이는 방법을 찾아야 합니다. 비즈니스 모델 혁신은 가장 어려운 도전이기 때문에 두려울 수밖에 없습니다."[4]

혁신이 꼭 두려움의 대상일 필요는 없다. 이 책에서는 새로운 것을 창조하는, 본질적으로 비구조적인 프로세스에 어떻게 체계적으로 접근할지를 자세히 알아보았다. 화이트 스페이스로의 도약은 높은 불확실성을 수반하지만, 리스크가 항상 큰 것은 아니다. 조직은 비즈니스 모델 혁신을 하나의 경영 원칙, 명확하고 반복 가능한 프로세스로 만들 수 있다.

화이트 스페이스의 확보는 4-Box로 구성된 간단한 비즈니스 모델 프레임워크에서 시작되지만, 21세기 글로벌 커머스의 격변기를 헤쳐 나가는 모든 조직에 광범위한 영향을 미친다. 비즈니스 모델 혁신은 성장 격차, 시장 변화, 혁신적인 기술, 통제할 수 없는 사회적 요인 등 기업이 직면한 다양한 과제를 해결하는 데 도움이 될 수 있다. 이를 통해 기업은 전 세계 소비자와 사회의 요구에 맞는 수익성 있는 시장 기반의 솔루션, 즉 삶의 질을 높이고 경제 성장을 촉진하는 솔루션을 개발할 수 있다. 새로운 성장을 창출하고 혁신을 촉진하며 조직을 새롭게 변화시키기 위해서는 비즈니스 모델 혁신을 통해 화이트 스페이스를 포착하는 전략을 이해해야 한다.

친구이자 동료인 클레이튼 크리스텐슨과 함께 15년 전 이노사이트를 설립할 때부터 나는 비즈니스 모델과 그 혁신에 대해 고민해왔다. 1999년 클레이튼과 만난 자리에서 앤디 그로브Andy Grove 전 인텔 CEO는 파괴적인 위협은 본질적으로 새로운 기술이 아니라 새로운 비즈니스 모델에서 비롯된다는 점을 지적했다. 그 이후로 우리는 파괴적 혁신과 비즈니스 모델 혁신이 동전의 양면과 같음을 깨달았다. 이는 곧 다양한 질문으로 이어졌다. 비즈니스 모델이란 과연 무엇일까? 진정 새로운 비즈니스 모델은 어떻게 창출할 수 있을까? 특히 1990년대 후반 인터넷 붐이 일면서, 비즈니스 모델 혁신이라는 단어가 많이 사용되었지만, 만족할 만한 프레임워크는 그 누구도 제시하지 못했다.

그러던 중 2005년, 나의 고객이자 좋은 친구인 댄 판탈레오Dan Pantaleo SAP AG 글로벌 커뮤니케이션 담당 부사장이 회사의 주요 고객과 고위 경영진이 미래를 위해 집중해야 할 최우선 과제를 파악하는 데 도움을 달라고 요청해왔다. 우리는 가장 명확히 정의하고 이해해야 할 문제는 비즈니스 모델 혁신이라는 데 즉시 의견을 같이했다. 약 2년에 걸쳐 비즈니스 모델 혁신 기업으로 판단되는 여러 사례를 심층적으로 연구하고 이에 대한 CEO 서밋을 여러 차례 개최하면서 협업했다. 이 작업은 궁극적으로 〈하버드 비즈니스 리뷰〉의 기사 '비즈니스 모델을 재창조하라'로 이어지면서 맥킨지상을 수상했다. 나와 클레이튼 크리스텐슨, 헤닝 카거만 전 SAP CEO가 함께 집필한 글이다. 댄은 소중한 동료로서 비즈니스 모델 혁신을 통한 혁신적 성장과 쇄신에 수반되는 현실적 문제를 파악하는 어려운 작업에 항상 기꺼이 참여해주었다.

이러한 연구 이후, 더 많은 궁금증이 생겨나 이 책을 쓰게 되었다. 책을 통해 나는 비즈니스 모델을 쉽게 이해할 수 있고 새로운 비즈니스 모델 개발에 적용할 수 있는 간단한 프레임워크를 설명하고자 했다. 그리고 직접 연구한 사례에 이를 적용해보았다. 이러한 연구가 이 책의 핵심을 이루고 있다.

지금 전 세계 기업은 선진국과 개발도상국을 막론하고 비즈니스 모델을 재창조하고 있다. 나는 직접 상세히 조사한 기업 사례를 통해 비즈니스 모델 프레임워크의 위력과 가능성에 대해 이야기하고자 했다. 이 프레임워크가 비즈니스 모델에 대한 유일한 접근법이라고 말하고 싶지는 않다. 그보다는 화이트 스페이스에 대한 두려움을 덜고, 비즈니스 모델 혁신을 예측 가능하고 체계적으로 관리되는 프로세스로 만드는 데 유용한 도구로 제시하고자 한다. 따라서 이 프레임워크가 민간 기업뿐 아니라, 변화하는 환경에 대응해야 하거나 새로운 기회를 활용하는 데 어려움을 겪고 있는 다른 많은 기관(NGO, 정부기관, 방위산업체 등)에도 적용되기를 바란다.

많은 분의 도움이 없었다면 개념 구상부터 집필까지의 긴 여정을 완수할 수 없었을 것이다.

SAP의 댄 판탈레오 외에도, HBR 기고문의 공동 저자인 헤닝 카거만 SAP 글로벌 커뮤니케이션의 허버트 하이트만Herbert Heitmann과 스테이시 컴즈Stacy Comes의 헌신적인 지원에도 감사드린다.

특히 P&G의 칼 론Karl Ronn, 존 레이햄John Leiham, 조지 글랙킨George Glackin에게 감사를 표한다. 이들은 수년 동안 비즈니스 모델 프레임워크에 대한 방대한 피드백과 지침을 제공해주었다. 또한 비즈니스 모델과 그 혁신을 실무와 연결시키는 방법에 대해 몇 시간 동안 열띤 대화와 토론을 함께해주었다.

스콧 쿡 인튜잇 회장은 HBR 기고문과 원고 검토에 귀중한 피드백을 제공해주었다. 그의 의견은 항상 통찰력이 풍부하여 나의 사고를 크게 확장해주었다.

넬슨 핸델Nelson Handel은 창의적이고 재능 있는 이야기꾼으로, 머릿속에서 이야기를 꺼내 종이에 옮기는 막막한 작업에 큰 도움을 주었다. 수많은 시간 동안 아이디어에 대해 이야기하고, 조사를 돕고, 초고를 검토하고, 수많은 반복 작업을 함께하면서 스토리텔링이 제대로 전달될 수 있도록, 끈기 있고 꼼꼼하게 도와주었다.

또한, 원고 검토에 기꺼이 시간을 할애하고 귀중한 의견을 준 아래 수많은 동료에게도 깊은 감사를 표한다. SAP의 비벡 바팟, 인피네움 Infineum의 피터 블랙맨과 도미니크 푸르니에, E.ON AG의 스테판 보캄프, 록히드 마틴의 밥 보이드, 이센 디스켄, 닐 카세나, GM의 래리 번스, 토니 포사와츠, 브리검영대학교 아이다호의 킴 클락, 존슨앤드존슨의 로이 데이비스, 미셸 굿리지, 잭 그로펠, 캘빈 슈미트, 할란 와이즈먼, 시트릭스 시스템의 크리스 플렉, BAE 시스템의 존 가티, 싱가포르 국립대학교의 항창치, 하버드비즈니스스쿨의 타룬 칸나와 윌리 시, 베스트바이의 수잔 마르시넬리, 메릴린치의 스티브 밀루노비치, MIT의 스티브 스피어, W레이팅즈의 게리 윌리엄스, 미국 해군연구소의 톰 월커슨 등이 있다. 특히 SAIC의 클레멘트 첸과 쉘의 러스 컨서는 매우 구체적이고 통찰력 있는 의견을 제시해주었고 이는 내 생각을 여러 번 크게 발전시켜주었다.

이노사이트의 모든 동료는 나에게 과거에도 그리고 현재도 많은 가르침을 주고 있다. 특히 비즈니스 모델 연구 초기에 중요한 역할을 해준 조쉬 서스퀴비츠와 전 동료였던 알렉스 라이히만, 라일락 버니커에게 감사를 표한다. 알렉스 슬로스비와 제니퍼 게이즈도 매우 유용한 연구와 지원을 제공했다. 라이언 피셔, 팀 후세, 데이브 굴레, 앤디 월렉은 원고를 꼼꼼하게 검토해주었다. 스티브 원커는 책 초안 작성에 없어서는 안 될 기여를 해주었다. 7장 집필에는 네드 칼더와 조

싱필드가 크게 기여해주었다. 안드레아 오반스는 뛰어난 편집 기술을 보여주었다. 항상 정확하고 간결하게 서술할 것을 강조했고, 시종일관 명확한 논리가 유지되도록 애써주어 매우 감사하게 생각한다. 또한, 원고를 세심하고 정확하게 검토해준 에일린 로슈, 재니스 에반스, 르네 캘러한과 모든 그래픽 작성에 중요한 도움을 준 다니엘 기데라의 노고에도 깊은 감사를 표한다. 또한 주디 하빌랜드, HBR의 카렌 플레이어도 그래픽 완성에 큰 도움을 주었다.

나를 저자로 영입할 만큼 믿어주고 새로운 길을 열어준 전 편집장 홀리스 하임부치, 작업 과정 내내 많은 격려를 아끼지 않은 훌륭한 코치 자크 머피 등 하버드 비즈니스 프레스의 주 편집자들에게도 깊은 감사를 전한다. 항상 친절하게 도와준 앨리슨 피터와 아니아 위코프스키에게도 감사한다.

앨런 스토다드에게 특별한 감사를 표한다. 원고 작성, 동료 검토 과정에서 매우 중요한 부분을 담당했으며, 부지런함, 작은 것도 놓치지 않는 꼼꼼함, 긍정적인 태도 등 책이 완성될 때까지 긴 시간을 기꺼이 견뎌낸 그의 노력은 정말 말로 다 표현할 수 없을 만큼 대단하다.

특히 이 책을 집필하는 동안 도움을 주고 원고를 검토해준 동료이자 이노사이트 이사인 스콧 앤서니, 매트 아이링, 딕 포스터, 클라크 길버트에게 깊은 감사를 표한다. 이들은 오랜 세월 내게 훌륭한 동료뿐 아니라 훌륭한 친구가 되어주었다.

이번 개정판 작업에는 이노사이트의 많은 동료들이 큰 도움을 주었다. 팀 라이저와 스테판 페이트는 통찰력 있는 연구와 유용한 조언을 해주었다. 캐시 올로프슨과 에반 슈워츠는 개정 원고를 검토하고 다양한 제안을 하며 많은 도움을 주었다. 아서 골드워그는 생각을 글로 옮기는 데 있어 생각의 파트너이자 재능 있는 작가로서 큰 도움을 주었다. 개정판 원고를 작성할 기회를 주고 이러한 아이디어를 전 세계와 공유할 수 있는 또 다른 기회를 준 하버드 비즈니스 리뷰 프레스 편집자 팀 설리반에게 감사드린다.

클레이튼 크리스텐슨의 단호한 지원과 변함없는 경청의 자세, 연구에 대한 날카로운 비평은 말로 다 표현할 수 없는 그 이상의 의미를 담고 있다. 그는 탁월한 지성, 공감, 겸손을 겸비한 사람이다. 자신을 아낌없이 내어준다는 것이 무엇인지 가르쳐주었고, 개인적으로나 업무적으로 나를 위해 해준 모든 것에 대해 항상 감사하고 있다.

평생의 스승이자 친구인 레오 톤킨 변호사로부터 정말 많은 도움을 받았다. "성찰하지 않는 인생은 살 가치가 없다"는 명언을 내게 심어준 분이다. 인생의 여정에서 그의 가르침은 나의 세계관, 업무 및 개인적 문제에 대한 생각에 다양한 영향을 끼쳤다. 그의 영향력은 이 책에 고스란히 담겨 있다. 진심으로 감사드린다.

마지막으로, 가족에게 깊은 감사를 표한다. 아이들은 끊임없는 기쁨의 원천이며 내가 더 나은 사람이 되도록 영감을 주었다. 아내 제인은 가장 훌륭한 응원자이자 가장 친한 친구이다. 비즈니스 모델에 대해 연구하고 이 책을 집필하는 동안 현명한 조언과 지원을 아끼지 않았다. 언론인으로서 훌륭한 스토리텔링의 힘을 가르쳐주었고, 원고를 다듬고 생기를 불어넣는 데 도움을 주었다. 무엇보다도 다른 사람들과 소통하고 배려하는 것의 중요성을 가르쳐주었다. 아내의 따뜻함, 사람에 대한 섬세한 직관, 진실은 나의 삶을 상상할 수 없을 만큼 풍요롭고 아름답게 만들어주었다.

1장

1. "Lockheed-Martin 'Skunk Works' P791", video, November 21, 2007, www. youtube.com/watch?v=W3n5cUaG5fg.

2. "Hovercraft in Military Operations", *HoverWorld Insider*, March 2006, www. worldhovercraft.org/insider/mar06.htm#military.

3. David E. Rosenbaum, "Arms Makers and Military Face a Wrenching New Era", *New York Times*, August 4, 1991, https://www.nytimes.com/1991/08/04/us/ arms-makers-and-military-face-a-wrenching-new-era.html?pagewanted=all.

4. Clayton M. Christensen and Michael E. Raynor, *The Innovator's Solution: Creating and Sustaining Successful Growth* (Boston: Harvard Business School Press, 2003), ch. 9.

5. Chris Zook and James Allen, *Profit from the Core: Growth Strategy in an Era of Turbulence* (Boston: Harvard Business School Press, 2001); Chris Zook, *Beyond the Core: Expand Your Market without Abandoning Your Roots* (Boston: Harvard Business School Press, 2004); Cris Zook, *Unstoppable: Finding Hidden Assets to Renew the Core and Fuel Profitable Growth* (Boston: Harvard Business School Press, 2007).

6. Owen W. Linzmayer, *Apple Confidential 2.0: The Definitive History of the World's Most Colorful Company,* 2nd ed. (San Francisco: No Starch Press, 2004), 68; "Dangerous Limbo at Apple", *BusinessWeek, July 21, 1997.*

7. Kiran Venkatesh, Best Data CABO MP3 Player, March 12, 2000, https://www. anandtech.com/show/501/4.

8. 사실 아이튠즈의 음악은 회사에 손실을 가져올 수도 있었다. 애플이 곡당 거둬들인

0.99달러 가운데 3분의 2는 음악 레이블에, 22%는 신용카드 처리 비용으로 사용되어 사이트 비용과 기타 직간접비를 충당할 금액은 거의 남지 않았다. (David B. Yoffie and Michael Slind, "Apple Computer, 2006", Case 9-706-496 [Boston: Harvard Business School Publishing, 2007], 14 참조).

9. 애플의 아이튠즈 및 아이팟에 대한 데이터는 2018년 1월에 필자가 이노사이트 내부 연구, Apple 10k 2003-2010, 와이차트(ycharts) 등 여러 출처를 종합하여 수집했다.

10. Randy Stross, "How the iPod Ran Circles around the Walkman", *New York Times* , March 13, 2005.

11. 비즈니스 모델 혁신에 관한 데이터는 2017년 3월에 필자가 이노사이트 내부 연구와 데이터스트림(Datastream) 등 여러 출처를 종합하여 수집했다.

12. 비즈니스 모델 혁신가에 대한 데이터는 2017년 3월에 필자가 이노사이트 내부 연구, 로이터, 구글 파이낸스 등의 출처를 종합하여 수집했다.

13. Zhenya Lindgardt and Margaret Ayers, "Driving Growth with Business Model Innovation", *BCG [Boston Consulting Group] Perspectives*, October 8, 2014, bcg.com/publications/2014/growth-innovation-driving-growth-business-model-innovation.

14. Donna J. Bear et al., *The Quest for Innovation: A Global Study of Innovation Management 2006-2016* (New York: American Management Association, 2006), 74.

2장

1. 다음 내용을 각색했다. Konstantin Stanislavsky and Elizabeth Reynolds Hapgood, *An Actor Prepares* (1936; reprinted New York: Taylor & Francis, 1989), 177-181.

2. Peter Drucker, "The Theory of the Business", *Harvard Business Review*, September-October 1994, 95-104.

3. Joan Magretta, *What Management Is: How It Works, and Why It's Everyone's Business* (New York: Free Press, 2002), 46.

4. 예를 들어 다음을 참고하라. Henry William Chesbrough, *Open Business Models: How to Th rive in the New Innovation Landscape* (Boston: Harvard Business School Press, 2006); and Henry William Chesbrough, *Open Innovation: The New Imperative for Creating and Profiting from Technology* (Boston: Harvard Business School Press, 2003).

5. 핵심 자원과 프로세스는 '기업의 역량'이라고도 할 수 있으며, 특정 방식으로 조직화하면 비즈니스 밸류체인을 표현하는 데 사용될 수 있다.

6. 과업이라는 용어는 게이지 푸드(Gage Foods)의 CEO인 리처드 페디(Richard Pedi)가 처음 만들었으며 하버드대학교 비즈니스 스쿨 클레이튼 크리스텐슨 교수 등에 의해 널리 퍼져 나갔다. 예를 들어 다음을 참조하라. David Duncan et al., *Competing against Luck: The Story of Innovation and Customer Choice* (New York: Harper Business, 2016).

7. Theodore Levitt, "Marketing Myopia", *Harvard Business Review* (Best of HBR 1960), July 2004, 1–13.

8. Christensen and Raynor, *Innovator's Solution: Creating and Sustaining Successful Growth* (Boston: Harvard Business School Press, 2003), 99*n*17.

9. 물론 지금은 많은 사람이 유선전화를 없애고 휴대폰에만 의존하고 있다.

10. Peter Drucker, *Managing for Results* (New York: Collins, 1993), 94.

11. Charles D. Ellis, Anne M. Mulcahy, and Joel M. Podolny, *Joe Wilson and the Creation of Xerox* (Hoboken, NJ: John Wiley & Sons, 2006), 196.

12. 때로 높은 가격이 고객 가치를 창출하는 경우도 있지만(고급 주거지역, 골프장 회원권, 예술품 등) 이러한 사례는 흔치 않다.

13. "Heart Attack Kills One Person Every 33 Seconds in India", *India Times*, May 19, 2016; "Heart Disease No. 1 Killer of Indians", *DNAIndia.com*, July 28, 2013.

14. Nancy F. Koehn and Katherine Miller, "John Mackey and Whole Foods Market", Case 9–807–111 (Boston: Harvard Business School Publishing, 2007), 9.

15. Clayton Christensen and Richard S. Tedlow, "Patterns of Disruption in Retailing", *Harvard Business Review*, January–February 2000, 42–45.

16. Ronald Fink, "Forget the Float? The 2001 Working Capital Survey", *CFO Magazine*, July 1, 2001, www.cfo.com/article.cfm/2997693.

17. William A. Sahlman and Laurence E. Katz, "Amazon.com: Going Public", Case 9–899–003 (Boston: Harvard Business School Publishing, 1998), 22.

18. Phillip Elmer–DeWitt, "How to Grow the iPod as the MP3 Player Market Shrinks", *CNN Money,* January 29, 2008, https://fortune.com/2008/01/29/how–to–grow–the–ipod–as–the–mp3–player–market–shrinks.

19. "iTunes 'Biggest US Music Seller'", *BBC News*, April 4, 2004, http://news.bbc.co.uk/2/hi/business/7329886.stm.

20. "Healthy Heart for All: 2013 Edison Awards", YouTube, April 24, 2013, www.youtube.com/watch?v=rUOJtqjLgc4.

21. John R. Wells and Travis Haglock, "Whole Foods Market, Inc.", Case 9–705–476 (Boston: Harvard Business School Publishing, 2005), 5–6.

22. Koehn and Miller, "John Mackey and Whole Foods Market", 8.

23. Yuichiro Kanematsu, "Foxconn, Apple and the Partnership Th at Changed the

Tech Sector", *Nikkei Asian Review*, July 13, 2017.

24. Thomas M. Box and Kent Byus, "Ryanair (2005): Successful Low Cost Leadership", *Journal of the the International Academy for Case Studies* 12, no. 2 (2005), 10–11.

25. Wells and Haglock, "Whole Foods Market", 8.

26. Samuel Sen, "Whole Foods Market: To Be or B2B" (Austin, TX: McCombs School of Business, fall 2001), 1.

3장

1. "Highlights from the History of Dow Corning Corporation, the Silicone Pioneer", Dow Corning Corporation, Form No. 01–4027–01, 2007.

2. C. K. Prahalad and M. S. Krishnan, *The New Age of Innovation: Driving Co-Created Value through Global Networks* (New York: McGraw–Hill, 2008), 199.

3. David J. Morrow, "Statement on Breast Implant Claims", *New York Times*, November 10, 1998.

4. 이 장에 등장하는 다우코닝에 대한 이야기는 다우코닝 부사장이자 CFO인 돈 시츠와의 인터뷰(2006년 11월 1일 필자 인터뷰)와 다우컨슈머솔루션스(Dow Consumer Solutions)의 상업 및 소비자 경험 부문 수석 부사장인 댄 퍼터와의 인터뷰(2017년 4월 13일 필자 인터뷰)를 바탕으로 했다.

5. Clayton M. Christensen, *The Innovator's Dilemma: When New Technologies Cause Great Firms to Fail* (Boston: Harvard Business School Press, 1997), 183; Geoffrey A. Moore, *Crossing the Chasm* (New York: HarperBusiness, 1991). 기업은 여러 수준의 성과로 경쟁하고 차별화할 수 있다. 이 글에서는 경쟁의 주요 기반에 초점을 맞추고자 한다.

6. Stephen E. Lin and Enrico Senger, "Case Study Xiameter: E–Commerce Solution Covering Business Customer Ordering and Information Processes", case study (Hanover, NH: Center for Digital Strategies at Tuck School of Business at Dartmouth, and St. Gallen, Switzerland: Institute of Information Management, 2003).

7. 론 필모어(Ron Fillmore) 지아미터 글로벌 전무 이사와의 인터뷰(2006년 10월 18일 필자 전화 인터뷰).

8. 이번 장의 힐티에 대한 논의는 힐티의 이사회 일원이자 전 세계 영업 및 마케팅 책임자인 마르코 메이라트를 필자가 인터뷰한 내용을 바탕으로 했다.

9. 피우스 바셰라, 필자와의 전화 인터뷰 녹음본(2008년 6월 3일).

10. "Fred Smith on the Birth of FedEx", The Great Innovators/Online Extra, *BusinessWeek*, September 20, 2004, https://www.bloomberg.com/news/articles/2004-09-19/online-extra-fred-smith-on-the-birth-of-fedex.

11. Amar V. Bhide, *The Origin and Evolution of New Business* (Oxford: Oxford University Press, 2000), 185.

4장

1.   Rekhu Balu, "Strategic Innovation: Hindustan Lever Ltd.", *Fast Company*, May 2001.

2.   니틴 파란지페와 필자의 전화 인터뷰 녹음본, 2008년 7월 11일.

3.   V. Kasturi Rangan and Rohithari Rajan, "Unilever in India: Hindustan Lever's Project Shakti—Marketing FMCG to the Rural Consumer", Case 9-505-056 (Boston: Harvard Business School, 2002), 6; 2001 Census of India.

4.   니틴 파란지페 인터뷰.

5.   Scott Anthony, Mark W. Johnson, Joseph V. Sinfield, and Elizabeth J. Altman, *The Innovator's Guide to Growth: Putting Disruptive Innovation to Wark* (Boston: Harvard Business Press, 2008), 48-59.

6.   Ming Zen and Peter J. Williamson, "The Hidden Dragons", in *Harvard Business Review on Doing Business in China* (Boston: Harvard Business School Press, 2004), 68.

7.   Justin Lahart, Patrick Barta, and Andrew Batson, "New Limits to Grow Revive Malthusian Fears", *Wall Street Journal*, March 24, 2008.

8.   고빈드 라잔과 필자의 전화 인터뷰 녹음본, 2008년 6월 27일.

9.   Ibid.

10. Ibid.

11. 파란지페 인터뷰.

12. 이니셔티브가 이후 규모와 시장 수용성을 확보하면서 마진 수준이 높아졌다.

13. 파란지페 인터뷰; Unilever, "Expanding Opportunities in Our Value Chain: Shakti—Driving Opportunity & Sales", Unilever web page, 2018.

14. 크리슈넨두 다스굽타와의 필자 전화 인터뷰 녹음본, 2008년7월 2일.

15. 산지브 카카르와의 필자 전화 인터뷰 녹음본, 2008년 6월24일.

16. Chris Trimble, "Hindustan Lever", Case 2-0011 (Hanover, NH: Tuck School of Business at Dartmouth, 2002).

17. 카카르 인터뷰.

18. 다스굽타 인터뷰.

19. "Marketing to Rural India: Making the Ends Meet", India Knowledge@Wharton (2007), 2–3; and Rangan and Rajan, "Unilever in India".

20. 다스굽타 인터뷰.

21. 파란지페 인터뷰.

22. Ibid.

23. Unilever, "India: Creating Rural Entrepreneurs", Unilever web page.

24. 다스굽타 인터뷰; 카카르 인터뷰.

25. 다스굽타 인터뷰.

26. Clayton M. Christensen, Jerome H. Grossman, and Jason Hwang, *The Innovator's Prescription: A Disruptive Solution for Health Care* (New York: McGraw–Hill, 2009), 312–313.

27. Sarah A. Leavitt, "A Thin Blue Line: The History of the Pregnancy Test Kit", National Institutes of Health, December 2003, https://history.nih.gov/exhibits/thinblueline/index.html.

28. Jon Cohen, *Coming to Term: Uncovering the Truth about Miscarriage* (Boston: Houghton Mifflin, 2005), 28–29.

29. Leavitt, "Thin Blue Line".

30. 기본 원형은 다음 두 내용에 요약되어 있다. Charles B. Stabell and Øystein Fjeldstad, "Configuring Value for Competitive Advantage: On Chains, Shops, and Networks", *Strategic Management Journal* (May 1998): 413–437; and Geoffrey A. Moore, "Strategy and Your Stronger Hand", *Harvard Business Review*, December 2005, 62–72.

31. 이 일반적인 프레임워크는 피엘슈타트와 무어가 다루었는데, 용어에 약간의 차이가 있다. 피엘슈타트는 '솔루션 숍'이라는 용어를 사용한 반면, 무어는 '복잡한 운영(complex operations)'이라는 용어를 선호한다.

32. 이 프레임워크를 설명할 때 피엘슈타트, 무어, 크리스텐슨은 약간 다른 용어를 사용한다. 피엘슈타트는 밸류체인, 크리스텐슨은 가치 추가 프로세스, 무어는 볼륨 오퍼레이션이라는 용어를 사용한다.

33. Steve Wunker, "Get the Job Done", *Strategy & Innovation* 3, no. 4 (July–August 2005): 11–13.

34. https://www.cvshealth.com/about/our–strategy/company–history.html.

35. Christensen, Grossman, and Hwang, *Innovator's Prescription*, 166.

36. Joseph L. Bower and Clark Gilbert, "Pandesic: The Challenges of a New

Business Venture (A)", Case 9－399－129 (Boston: Harvard Business School, 1999); and Joseph L. Bower and Clark Gilbert, "Pandesic: The Challenges of a New Business Venture (B)", Case 9－399－130 (Boston: Harvard Business School, 1999).

37.　Clayton Christensen and Michael Raynor, "How to Pick Managers for Disruptive Growth", *Harvard Business School Working Knowledge*, October 13, 2003.

5장

1.　Peter J. Williamson and Ming Zeng, "Value－for－Money Strategies for Recessionary Times", *Harvard Business Review*, March 2009, 66－74.

2.　Clayton M. Christensen, *The Innovator's Dilemma: When New Technologies Cause Great Firms to Fail* (Boston: Harvard Business School Press, 1997), 24.

3.　Ibid., 87－93.

4.　비즈니스 모델 혁신을 분석하기 위해 필자와 이노사이트가 수행한 내부 연구 결과.

5.　Farhad Manjoo, "While We Weren't Looking, Snapchat Revolutionized Social Media", *New York Times*, November 30, 2016.

6.　샤이 아가시, 크리스티안 스틴스트럽(Kristian Steenstrup) 인터뷰, 2009년 2월.

7.　Max Chafkin, "A Broken Place: The Spectacular Failure of the Startup Th at Was Going to Change the World", April 7, 2014, *Fast Company*, www.fastcompany.com/3028159/a－broken－place－better－place.

8.　Ibid.

6장

1.　Amazon, *2002 Annual Report*; and *2008 Annual Report*, http://phx.corporate－ir.net/phoenix.zhtml?c=97664&p=irol－reportsannual.

2.　Scott D. Anthony and Evanl. Schwartz, *The Transformation 10: Strategic Change Rankings for 2017*, Innosight, 2017, www.innosight.com/wpcontent/uploads/2017/05/Innosight_Transformation－10.pdf.

3.　Bloomberg, "How Amazon Opens Up and Cleans Up", Special Report: Will Web Services Click?, *BusinessWeek* , June 24, 2003.

4.　Taylor Soper, "Amazon Web Services Posts $3.5B in Sales, Up 47% from Last Year, Reaches $14B Annual Run Rate", *GeekWire*, February 2, 2017, www.

geekwire.com/2017/amazon‒web‒services‒posts‒3‒5b‒revenue‒47‒ last‒year.

5.   아마존은 판매량을 공개하지 않지만, 씨디그룹(Citigroup)의 분석가인 마크 마하니(Mark Mahaney)는 2008년 킨들 판매량이 약 50만 대에 달할 것으로 예상했다. Douglas MacMillan, "Amazon Kindle 2: No iPod for Books", *BusinessWeek*, February 10, 2009.

6.   Jeff Bercovici, "Amazon vs. Book Publishers, by the Numbers", *Forbes. com*, February 10, 2014, www.forbes.com/sites/jeffbercovici/2014/02/10/ amazon‒vs‒book‒publishers‒by‒the‒numbers/#5f651a2f4ef9.

7.   Dan Frommer, "Why Microsoft Stock Is at an All‒Time, 31‒Year High", *Recode*, July 21, 2017, https://www.vox.com/2017/7/21/16008618/ microsoft‒all‒time‒stock‒price‒chart..

8.   Richard Waters, "Microsoft Recruits Help in Strategy Shift", *Financial Times*, June 13, 2016, https://www.ft.com/content/6c48312e‒3182‒11e6‒ad39‒ 3fee5ffe5b5b.

9.   Microsoft, *2017 Annual Report*, https://www.sec.gov/Archives/edgar/ data/789019/000156459017014900/msft‒10k_20170630.htm.

10. GE, *2015 Annual Report*, https://www.annualreports.com/HostedData/ AnnualReportArchive/g/NYSE_GE_2015.pdf.

11. GE, "HBR on GE's Revolutionary Evolution", *GE Digital (blog),* n.d., 해당 내용은 아래 기사를 바탕으로 쓰였다. Marco Iansiti and Karim R. Lakhami, "Digital Ubiquity: How Connections, Sensors, and Data Are Revolutionizing Business", *Harvard Business Review* November 2014, https://hbr.org/2014/11/digital‒ubiquity‒ how‒connections‒sensors‒and‒data‒are‒revolutionizing‒business.

12. Steve Blank, "Why GE's Jeff Immelt Lost His Job: Disruption and Activist Investors", *Harvard Business Review*, October 2017, https://hbr.org/2017/10/ why‒ges‒jeff‒immelt‒lost‒his‒job‒disruption‒and‒activist‒investors.

13. James B. Stewart, "Netflix Looks Back on Its Near‒ Death Spiral", *New York Times*, April 26, 2013, www.nytimes.com/2013/04/27/business/netflix‒ looks‒back‒on‒its‒near‒death‒spiral.html.

14. Ibid.

15. Janko Roettgers, "Netflix's Latest Streaming Record: Members Viewed 250 Million Hours of Video on a Single Day in January", *Variety*, March 16, 2017, http://variety.com/2017/digital/news/netflix‒250‒million‒ hours‒1202010393.

16. Leo Sun, "Is Netflix Inc. a Growth Stock or a Cult Stock?", *Fox Business*, January 25, 2017, https://www.fool.com/investing/2017/01/25/is-netflix-inc-a-growth-stock-or-a-cult-stock.aspx.

7장

1. 이어지는 사례 연구는 기밀 유지를 위해 회사 이름은 바꾸었지만, 이노사이트에서 수행한 실제 프로젝트이다.
2. 또한 기존 제품에서 출발해야 한다면 '내 제품에 무엇이 필요한가'가 아니라 '내 제품이 어디에 사용되고, 그 작업을 수행하는 데 이것이 가장 적합한 방법인가'를 질문해야 한다.
3. Clayton M. Christensen and Michael E. Raynor, *The Innovator's Solution: Creating and Sustaining Successful Growth* (Boston: Harvard Business School Press, 2003), 75-79.
4. Scott Anthony, Mark W. Johnson, Joseph V. Sinfield, and Elizabeth J. Altman, *The Innovator's Guide to Growth: Putting Disruptive Innovation to Work* (Boston: Harvard Business Press, 2008), ch. 4.
5. "Zara, a Spanish Success Story", *CNN.com,* June 15, 2001.
6. Miguel Helft, "Fashion Fast Forward", *Business 2.0*, May 2002.
7. Nirmalya Kumar, "Zara: Spanish Season", *Businessworld*, October 2005.
8. Max Chafkin, "The Customer Is the Company", *Inc.*, June 2008.
9. Ibid.
10. Joseph V. Sinfield, Edward Calder, Steve Colson, and Bernard McConnell, "How to Identify New Business Models", *Sloan Management Review* (Winter 2012), https://sloanreview.mit.edu/article/how-to-identify-new-business-models.
11. 역 손익계산서의 우아한 공식화에 대해서는 리타 맥그래스와 이안 맥밀란의 도움을 많이 받았다. 다음을 참조하라. Rita Gunther McGrath and Ian C. MacMillan, *The Entrepreneurial Mindset: Strategies for Continuously Creating Opportunity in an Age of Uncertainty* (Boston: Harvard Business School Press, 2000).
12. Pankaj Ghemawat and Jose Luis Nueno, "Zara: Fast Fashion", Case 9-703-497 (Boston: Harvard Business School Publishing, 2003), 9.
13. Scott Anthony, Clark Gilbert, and Mark Johnson, *Dual Transformation: How to Reposition Today's Business While Creating the Future* (Boston: Harvard Business Review Press, 2017).

8장

1. 3단계 실행 아이디어는 2008년 2월 18일 하버드 비즈니스 스쿨에서 인텔의 신사업 이니셔티브 그룹을 대표해 데이비드 가빈(David Garvin)이 강연한 내용을 바탕으로 서술했다.

2. Rita Gunther McGrath and Ian C. MacMillan, "Discovery – Driven Planning", *Harvard Business Review*, July – August 1995, 44 – 54.

3. Scott Cook, quoted in "A Formula for Failure", *BusinessWeek Playbook*, July 10, 2006.

4. Scott Cook, 성장 필수 충족 포럼(Meeting the Growth Imperative forum)에서 한 발언, 보스턴, 2008년 8월 7일.

5. Ibid.

6. Scott Anthony, Mark W. Johnson, Joseph V. Sinfield, and Elizabeth J. Altman, *The Innovator's Guide to Growth: Putting Disruptive Innovation to Work* (Boston: Harvard Business Press, 2008), 149.

7. Reed Hastings, 성장 필수 충족 포럼에서 한 발언, 보스턴, 2008년 8월 7일.

8. Rigas Donganis, *The Airline Business in the Twenty – First Century* (London: Routledge, 2001), 132.

9. Vijay Govindarajan and Julie B. Lang, "Southwest Airlines Corporation", Case 2 – 0012 (Hanover, NH: Tuck School of Business at Dart – mouth, 2002), 1 – 2.

10. Julia Kirby and Thomas A. Stewart, "The Institutional Yes: An Interview with Jeff Bezos", *Harvard Business Review*, October 2007, 74 – 82.

11. Pankaj Ghemawat and Jose Luis Nueno, "Zara: Fast Fashion", Case 9 – 703 – 497 (Boston: Harvard Business School Publishing, 2003), 15.

12. Ibid.

13. 인디텍스(Inditex) 자라 대변인과의 필자 전화 인터뷰 녹음본, 2008년 5월 27일.

14. 트리슈넨두 다스굽타와의 필자 전화 인터뷰 녹음본, 2008년7월 2일; 산지브 카카르와의 필자 전화 인터뷰 녹음본, 2008년 6월24일.

15. Vijay Mahajan, "How Unilever Reaches Rural Consumers in Emerging Markets", *Harvard Business Review*, December 14, 2016.

16. Terry Kelly, 성장 필수 충족 포럼에서의 발언, 보스턴, 2008년 8월 7일.

17. Don Sheets, 필자와의 인터뷰, November 1, 2006.

18. Brad Anderson, 성장 필수 충족 포럼에서 한 발언, 보스턴, 2008년 8월 7일.

19. 예를 들어 다음을 참조하라. Ronald N. Ashkenas and Suzanne C. Francis, "Integration Managers: Special Leaders for Special Times", *Harvard Business Review*, November – December 2000, 108 – 116; and Larry Selden and Geoffrey

Colvin, "M&A Needn't Be a Loser's Game", *Harvard Business Review*, June 2003, 70-79.

20. John Deighton, "How Snapple Got Its Juice Back", *Harvard Business Review*, January 2002, 47-53.

21. Jim Mateja, "How Chrylser Marriage Failed", *Chicago Tribune*, May 15, 2007.

22. Vijay Govindarajan and Chris Trimble, *Ten Rules for Strategic Innovators: From Idea to Execution* (Boston: Harvard Business School Press, 2005), 6.

23. Anderson, 성장 필수 충족 포럼에서 한 발언, 보스턴, 2008년 8월 7일.

24. Best Buy website.

9장

1. Steve Sasson, "Plugged In: A Blog about Kodak Products and Customers", October 16, 2007.

2. Claudia H. Deutsch, "At Kodak, Some Old Things Are New Again", *New York Times*, May 2, 2008.

3. Ibid.

4. W. Blair Haworth, *The Bradley and How It Got That Way: Technology, Institutions, and the Problem of Mechanized Infantry in the United States Army* (Westport, CT: Greenwood Press, 1999), 28, 78.

5. 영화 〈펜타곤 전쟁(The Pentagon Wars)〉에서 인용한 마이클 프로스페로(Michael A. Prospero)의 말, "Build an Army for Your Ideas", *Fast Company*, June 2006.

6. Marco Meyrat, 필자 전화 인터뷰 녹음본, 2008년 6월 17일.

7. Clayton M. Christensen, "Hewlett-Packard: The Flight of the Kittyhawk (A)", Case 9-606-088 (Boston: Harvard Business School Publishing, 2006).

8. Meyrat, 인터뷰.

9. Clayton M. Christensen, Stephen P. Kaufman, and Willy C. Shih, "Innovation Killers: How Financial Tools Destroy Your Capacity to Do New Things", *Harvard Business Review*, January 2008, 98-105.

10. Steven Kerr, "On the Folly of Rewarding A, While Hoping for B," *Academy of Management Journal* 18, no. 4 (December 1975): 769-783.

11. Richard Foster and Sarah Kaplan, *Creative Destruction: Why Companies That Are Built to Last Underperform the Market—and How to Successfully Transform Them* (New York: Currency, 2001), 162.

12.　Alfred D. Chandler, *Strategy and Structure: Chapters in the History of the American Industrial Enterprise* (Cambridge, MA: MIT Press, 1990), 14.

13.　Joseph L. Bower and Clark G. Gilbert, "How Managers Everyday Decisions Create—or Destroy—Your Company's Strategy", *Harvard Business Review*, February 2007, 72–79.

14.　Julia Kirby and Thomas A. Stewart, "The Institutional Yes: An Interview with Jeff Bezos", *Harvard Business Review*, October 2007, 74–82.

에필로그

1.　Peter F. Drucker, "The Theory of the Business", *Harvard Business Review*, September–October 1994, 95–104.

2.　Scott D. Anthony et al., "Corporate Longevity Forecast: The Pace of Creative Destruction Is Accelerating", *Innosight Executive Briefing*, January 2017.

3.　Jeff Bezos, 필자와의 전화 인터뷰 녹음본, 2008년 10월 27일.

4.　Reed Hastings, 성장 필수 충족 포럼에서의 발언, 2008년 8월 7일.

세계적인 전문 컨설팅사 PwC는 비즈니스 모델 혁신(Business Model Reinvention, 이하 BMR)을 글로벌 차원의 어젠다로 설정하고 강력하게 추진하고 있다. 디지털 신기술을 도입하고 현재 일하는 방식에 변화를 주는 것만으로는 미래에 있어야 할 곳에 다다를 수 없으며, 기존의 업무의 최적화를 넘어서 새로운 방식으로 비즈니스를 재창조할 필요가 있다는 것이 골자이다.

이 책은 '파괴적 혁신'으로 국내에서도 잘 알려진 하버드 경영대학원의 클레이튼 크리스텐슨 교수의 제자가 쓴 것으로, 두 사람은 BMR에 대해 수년간 연구해 〈하버드 비즈니스 리뷰〉에 기고했고 이 주제를 실행에 옮기고자 컨설팅사 이노사이트를 창업한 바 있어 사제지간을 넘어 비즈니스 파트너 관계이다. 특히, 본서의 서문을 크리스텐슨 교수가 집필해 BMR 연구에 대한 정통성과 깊이를 더하고 있다.

이 책은 내용 면에서 세 가지 특징이 있다. 첫째, 비즈니스 모델 설계를 위한 명확한 프레임워크를 제시한다. 이 프레임워크는 고객의 니즈를 해결하기 위한 핵심 프로세스와 인프라를 포함하는 실행 중심의 가이드라고 할 수 있다. 둘째, 풍부한 사례를 통해 독자가 BMR을 쉽게 이해할 수 있도록 돕는다. 국내에 잘 알려진 사례를 BMR 관점에서 재해석했으며 국내에는 생소하지만 이해에 도움이 되는 사례도 흥미진진하게 제공한다. 셋째, BMR을 이론으로만 설명하지 않고 반복 가능한 프로세스로 정착시키기 위한 구체적으로 방법을 안내한다. 고객의 니즈를 발굴하는 과정부터 비즈니스 모델을 정의하고 실행하는 과정에 이르기까지 중요한 마일스톤과 예상되는 이슈를 짚어준다.

여기에 PwC는 특별 부록으로 'BMR 마스터 클래스'를 덧붙였다. PwC가 글로벌 차원에서 제시하는 BMR의 다섯 가지 유형을 제시하고 국내외 최근 사례로 설명했다. BMR은 경영학 교재에 나오는 과거의 스토리가 아니라 지금 주목받고 있는 기업들이 펼쳐가는 현재 진행형 스토리임을 보여주고자 했다.

이 책이 치열한 글로벌 경쟁 환경에서 생존하고 시장을 선도하고자 끊임없이 매진하는 국내 기업의 의사결정자들에게 많은 도움이 되기를 바란다. BMR을 통해 화이트 스페이스를 발견하고, 지속 가능한 성장을 이루는 데 PwC가 함께할 수 있기를 기대한다.

마지막으로, 이 책이 출간되기까지 많은 노력을 아끼지 않은 BMR 그룹의 유원석 파트너, 백종문 파트너, 이주형 파트너, 권종훈 디렉터와 북이십일의 임직원들께 깊은 감사의 마음을 전한다.

PwC컨설팅 BMR 그룹 리더

임상표 본부장

BMR 마스터 클래스:
국내외 사례 분석

본 한국어판에는 PwC가 제시하는 비즈니스 모델 혁신에 관한 내용을 특별 부록으로 첨부했다. 여기서는 글로벌 메가 트렌드에 따라 CEO들이 느끼는 위기 의식에 대응하여, 근본적인 개선의 도구로서 비즈니스 모델 혁신(Business Model Reinvention, 이하 BMR)의 중요성을 다룬다. 또한 혁신의 유형을 정의하고 국내외 사례를 제시하였다. 이러한 사례는 원저자인 마크 존슨과는 별개로 작성되었음을 밝힌다. 이 책에서 일관되게 제시하는 것처럼, BMR은 가치 창출 방식을 근본적으로 재고찰하는 것이다. BMR을 통해 한국의 기업이 스스로의 경쟁력을 돌아보고 과감한 도전과 전환을 시도한다면, 후대에 회자될 혁신적인 사례가 다수 탄생할 것으로 기대한다.

차례

오늘날 기업은 정치, 경제, 산업, 사회가 재편되는 전례 없는 대전환기에 직면했다. 정치적 불안은 정부의 정책 변화, 무역 분쟁 등 기업이 예측하기 어려운 리스크를 가져올 수 있다. 금리, 환율, 유가 등 거시경제의 불확실성은 상존하며, 기술의 발전으로 산업이 전환되는 시기에 적절히 대응하지 못하면 글로벌 경쟁에서 뒤처질 수 있다. 더불어 소비자의 요구와 선호도가 변하고, 기업의 사회적 책임이 강조되는 등 기업은 여러 기로에 서 있다. PwC는 이를 종합하여 최근 세상을 재편하는 다섯 가지 메가 트렌드를 제시한 바 있다.

기후 변화(Climate Change): 지구 온도는 다수의 시나리오에서 2040년까지 산업화 이전의 평균온도 대비 약 1.5도 상승할 것으로 예상된다.[1] 그러면 기상 이변 현상은 더욱 심해질 것이고 생물다양성은 감소할 것이다. 정부와 소비자는 기업의 지속 가능하지 않은 활동에 대해 더 많은 책임을 물을 것이다. 한편, 물이나 희귀 원자재 등의 고갈로 제품 가격이 상승할 뿐만 아니라, 고온 현상, 홍수, 산불 등으로 생산 현장, 창고, 운송 경로가 파괴되어 공급망 붕괴로도 이어질 수 있다.

분열된 세상(Fracturing World): 자국의 영향력을 확대하려는 움직임에 따라 국가 간 경쟁이 심화되고 더 많은 이해관계 영역이 생겨나 2차 세계대전 이후보다 훨씬 복잡하고 혼란스러운 상황이 전개될 것이다. 정치적 동기에 의한 수입과 수출의 제한도 글로벌 공급망에 방해가 될 수 있다. 또한 끊임없이 변화하는 국가별 규정, 최신 제재 정보를 파악하는 것이 기업의 부담을 가중시킬 수 있다.

사회적 불안정(Social Instability): 사회문제는 그 자체로 트렌드이자 다른 모든 메가 트렌드의 결과물로서 가장 어려운 문제 중 하나이다. PwC는 ADAPT라는 프레임워크로 사회적 불안정을 설명한다. 돈, 권력, 교육 등 개인이 겪는 비대칭성(asymmetry), 변화에 적응하지 못하는 기업이나 국가가 겪을 큰 혼란(disruption), 고령화된 국가가 겪는 세수 부족과 젊은 인구가 많은 국가가 겪는 고용 수요 충족의 어려움(age), 정부의 실책으로 개인이 교육과 일자리 등에서 느끼는 양

극화(polarization), 정부와 사회제도에서 느끼는 신뢰 하락(trust)이 그것이다.

인구통계적 변화(Demographic Shifts): 최근 높아지는 평균 연령은 모든 국가에서 전 세계적으로 관찰되는 현상이다. 그러나 그 증가 속도는 국가마다 다르다. 속도가 빠른 국가에서는 핵심 분야에서 일할 사람이 부족해지고 속도가 느린 국가에서는 청년 실업률과 불완전 고용이 급증할 것이다. 이런 문제를 해결하지 못하면 사회 불안은 가중될 것이 자명하고, 고도로 숙련된 인재를 채용하고 유지하는 데 어려움을 겪을 수 있다. 이에 따라 기업은 소비 패턴의 변화를 적시에 감

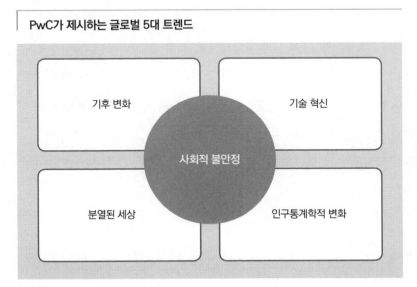

PwC가 제시하는 글로벌 5대 트렌드

기후 변화

기술 혁신

사회적 불안정

분열된 세상

인구통계학적 변화

출처: PwC

지하고 대응해야 한다.

기술 혁신(Technological Disruption): AI, 로보틱스, 블록체인 등 디지털로 대표되는 최신 기술은 놀라운 속도로 발전하고 있다. 기술은 백오피스의 효율성을 개선하기 위한 수단에서 가치창출의 수단으로 진화했다. 한편, 사이버 보안 문제, 가짜 뉴스의 확산, 일자리 상실에 대한 불안 등의 이슈도 공존하고 있는 게 현실이다. 따라서 디지털 기술을 활용할 줄 아는 인재 확보 경쟁은 더욱 치열해지고 있다.

변화의 동인과 영향력 변화

2024년 초 발표된 PwC의 27차 '글로벌 CEO 서베이'를 보면 이러한 트렌드에 대해 CEO들이 어떻게 생각하는지를 엿볼 수 있다. CEO들은 기술 변화, 소비자 선호 변화, 정부 규제, 기후 변화 등의 요인이 과거 5년보다 향후 3년 동안 자사의 가치창출 방식에 주도적으로 더 많은 변화를 끼칠 것으로 전망했다.

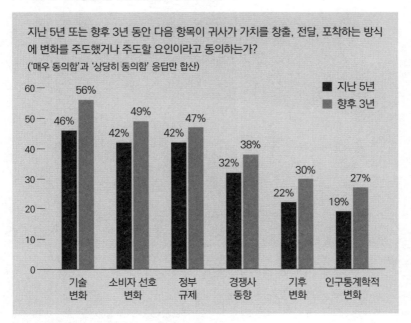

기업의 가치창출 방식에 변화를 미치는 요인

지난 5년 또는 향후 3년 동안 다음 항목이 귀사가 가치를 창출, 전달, 포착하는 방식에 변화를 주도했거나 주도할 요인이라고 동의하는가?
('매우 동의함'과 '상당히 동의함' 응답만 합산)

■ 지난 5년
■ 향후 3년

기술 변화	소비자 선호 변화	정부 규제	경쟁사 동향	기후 변화	인구통계학적 변화
46%	42%	42%	32%	22%	19%
56%	49%	47%	38%	30%	27%

출처: PwC 글로벌 CEO 서베이 (2024)

변화에 따른 CEO의 위기 의식

변화에 직면한 CEO들은 생존에 위기 의식을 느끼고 있다. PwC의 글로벌 서베이에 따르면 자사가 현재의 방식으로 계속 운영된다면 10년 뒤에는 생존이 어려울 것이라는 응답이 45%에 달했으며 이는 2023년 39%에서 6%포인트 증가한 수치이다. 특히 한국 CEO는 75%가 이에 동의하여 글로벌 CEO보다 더 심각하게 위기를 절감하고 있는 것으로 드러났다. 이는 한국 경제의 대외 의존도가 높아서

시어즈 매장 폐점을 알리는 표지판과 폐점 세일 모습

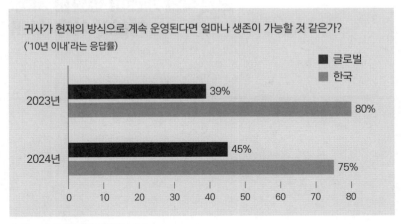

CEO가 느끼는 생존에 대한 위기 의식

귀사가 현재의 방식으로 계속 운영된다면 얼마나 생존이 가능할 것 같은가?
('10년 이내'라는 응답률)

- 글로벌
- 한국

2023년
39% (글로벌)
80% (한국)

2024년
45% (글로벌)
75% (한국)

출처: PwC 글로벌 CEO 서베이 (2024)

글로벌 이슈에 민감하고, 외부 환경 변화에 대응하기 위한 혁신의 필요성을 크게 느끼고 있다는 의미로 보인다.

CEO들이 이렇게 자사의 생존에 위협을 느끼고 있는 상황에서 실제 데이터상으로도 기업의 수명이 짧아지고 있음을 알 수 있다. 2003년 〈포천〉 500 기업 중 52%는 파산하거나 인수되는 등 더 이상 존재하지 않으며,[2] 영국 FTSE 100 기업[런던 증시(LSE)에 상장된 100대 기업]의 76%는 최근 30년간 사라졌다.[3] 예를 들어, 시어즈는 한때 미국 최대 유통사로 미국 내 3,500개 매장과 30만 명의 직원을 거느린 유통 공룡이었으나[4] 온라인으로 재편되는 유통업의 트렌드를 따라잡지 못하고 2018년 파산보호 신청을 하기에 이른다.

근본적인 개선이 필요한 시점: 개선의 시작, BMR

급변하는 시대에 기업의 수명은 더욱 위협받을 전망이며 따라서 생존을 위한 근원적인 개선이 필요한 시점이다. 지금 하는 것을 더 잘하는 수준이 아닌 새로운 성장의 소스를 찾아 차별화해야 한다. 이렇게 근원적인 개선이 필요할 때에는 비즈니스 모델을 혁신reinvention 할 필요가 있다. 비즈니스 모델이란 기업이 수익을 창출하는 방법으로서 고객을 위한 가치 제안, 가치 제안을 실현하는 데 필요한 내부 자원 및 역량 그리고 이것이 재무 성과로 어떻게 연결되는지를 설명하는 체계이다. 주의할 것은 BMR은 단순히 새로운 제품과 서비스를 도입하거나, 프로세스를 개선하는 것과는 차원이 다르다는 것이다. 즉 기존 비즈니스 체계하에서 R&D를 강화한다거나 내부 효율화로 비용을 줄이는 정도가 아니라 '기업이 가치를 포착, 창출, 전달하는 방식'을 본질적으로 전환하는 것을 의미한다.

BMR이란?

기업이 역동적인 비즈니스 환경에서 적응하고 번영하기 위해 가치를 포착, 창출, 전달하는 방식을 근본적으로 변혁하는 전략적 과정. 이는 변화하는 시장 상황과 고객의 요구에 대응하기 위해 기존 모델의 다양한 요소를 재구성하는 것을 포함한다.

BMR은 그저 다음과 같은 수준에 그치지 않는다

- 단순히 새로 론칭하는 제품이나 서비스
  (심지어 근본적으로 더 나은 것일지라도)
- 고객에게 더 많이 그리고 더 효율적으로 판매하는 것
- 기존의 수익 창출 구조를 유지한 채 더 많은 돈을 벌기 위해 고안한 새로운 방법
- 업무 프로세스 개선 등

BMR로 공룡을 물리치다: 블록버스터 vs. 넷플릭스

BMR은 멀리 있지 않다. 대표적인 사례로 넷플릭스를 꼽을 수 있다. 1990년대 후반 비디오 대여 산업을 선도하던 회사는 블록버스터였다. 블록버스터는 1985년 설립되어 10여 년 만에 미국 전역으로 빠르게 확장해나갔다. 1990년대 초반 250개에[5] 불과했던 블록버스터의 대여점은 가정용 비디오와 DVD 플레이어의 보급이 늘어나면서 전성기 시절 1만 개가 넘는 매장을 운영했다.[6] 이 회사의 강점은

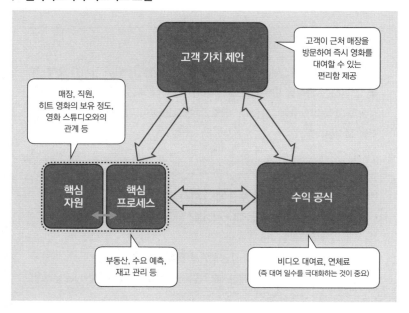

블록버스터의 비즈니스 모델

고객 가치 제안

고객이 근처 매장을 방문하여 즉시 영화를 대여할 수 있는 편리함 제공

매장, 직원, 히트 영화의 보유 정도, 영화 스튜디오와의 관계 등

핵심 자원

핵심 프로세스

수익 공식

부동산, 수요 예측, 재고 관리 등

비디오 대여료, 연체료 (즉 대여 일수를 극대화하는 것이 중요)

미국 인구의 90%가 자동차로 10분 이내에 블록버스터 매장에 닿을 수 있다는 말이 있을 정도로 많은 매장, 타 비디오 대여 가게 대비 풍부한 콘텐츠, 지역 주민의 취향을 분석하여 선별한 콘텐츠였다.[7]

이러한 강점을 바탕으로 블록버스터는 시장을 거의 독점하다시피 했다. 그런데 이 비즈니스 모델에는 약점이 있었다. 대여 일수가 길수록 매출이 증가하는 구조이므로, 만약 대여 일수가 감소하면 임차료, 인건비 등 고정비가 그대로 남아 수익성이 악화되고 만다. 이러한 구조적인 약점에 더해 넷플릭스의 등장은 치명적인 타격으로 다가왔다.

넷플릭스의 구독 모델

넷플릭스는 엔지니어 출신 리드 헤이스팅스가 마크 랜돌프Marc Randolph와 함께 1997년에 설립했다. 둘은 매일 아침 같이 출근하며 다양한 사업 아이템을 구상하다가 당시 시장에 등장한 DVD를 빌려주는 아이디어에 도달했다.[8] 당시 소비자는 매장에 방문해서 대여하는 방식을 불편해했고, 제때 반납하지 못하면 내야 하는 연체료에 불만이 있었다. 넷플릭스는 비디오 대여 비즈니스 모델을 재구성하며 이러한 페인 포인트pain point를 단계적으로 해결해나갔다.

넷플릭스는 창업 이듬해 온라인 대여 사이트를 론칭하여 매장 방문의 불편함을 없앴고 1999년에는 월정액만 내면 연체료 없이 무제한으로 DVD를 대여할 수 있는 구독 기반의 비즈니스 모델을 도입했다. 즉 가입자는 횟수 제한 없이 DVD를 우편으로 받아서 보고, 반송용 봉투에 담아 우체통에 넣어 반납하면 고객의 리스트에 있는 다음 비디오가 순차적으로 배송되었다. 이러한 모델은 소비자에게 큰 반향을 일으키며, 가입자 수 증가에 크게 기여했다. 이 무렵에도 블록버스터는 "온라인 기반 렌탈 서비스는 장기적으로 수익을 낼 수 있는 모델이 아니다. 이 서비스는 다수가 아닌 틈새시장에만 집중하고 있다"[9]라고 평하며 위기 의식을 갖지 못했다.

구독 서비스가 확산됨에 따라 블록버스터를 통해 다수의 영화를 대여해 보던 충성 고객층은 넷플릭스가 제공하는 무제한 구독 서비스로 갈아타기 시작했고 블록버스터의 수익성은 급속도로 악화되기

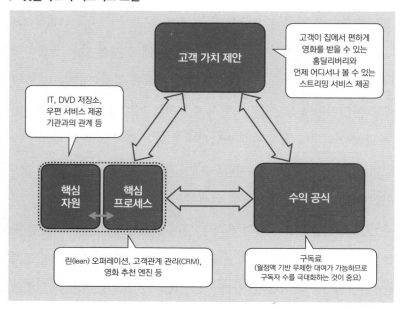

넷플릭스의 비즈니스 모델

고객 가치 제안

고객이 집에서 편하게 영화를 받을 수 있는 홈딜리버리와 언제 어디서나 볼 수 있는 스트리밍 서비스 제공

IT, DVD 저장소, 우편 서비스 제공 기관과의 관계 등

핵심 자원 핵심 프로세스

수익 공식

린(lean) 오퍼레이션, 고객관계 관리(CRM), 영화 추천 엔진 등

구독료 (월정액 기반 무제한 대여가 가능하므로 구독자 수를 극대화하는 것이 중요)

시작했다. 급기야 블록버스터는 2010년 파산신청을 하기에 이르렀으며 2013년에는 전국의 매장을 모두 폐쇄하기로 결정한다.[10]

스트리밍 서비스의 등장

넷플릭스는 2007년 스트리밍 서비스를 도입하면서부터 급성장하기 시작했다. 리드 헤이스팅스는 컴퓨터공학 전공자답게 창업 초기부터 인터넷을 통해 영화를 제공하는 모델을 구상하고 있었는데, 넷net(인터넷)과 플릭스flicks(영화의 속어)를 조합한 사명으로 이를 짐작해볼 수 있다.[11] 넷플릭스는 기존 가입자에게 추가 요금 없

폐점한 블록버스터 매장

출처: angelo Yap from NC, usa, CC BY 2.0 https://creativecommons.org/licenses/by/2.0, via Wikimedia Commons.

넷플릭스 초창기에 DVD를 배송하던 봉투

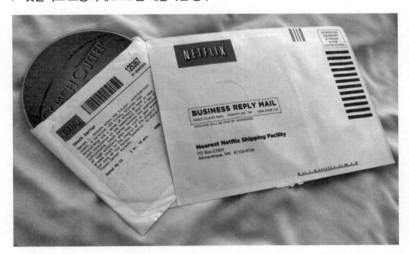

출처: BlueMint, CC BY 2.5 https://creativecommons.org/licenses/by/2.5, via Wikimedia Commons.

이 DVD와 스트리밍 서비스를 동시에 제공해 스트리밍 서비스로 가입자를 자연스럽게 유인했다. 2010년에 들어서는 '스트리밍 온리' 서비스를 월 7.99달러에 론칭하며 본격적으로 스트리밍 서비스에 박차를 가했다.[12] 그리고 론칭 후 1년간 매출과 영업이익이 각각 약 50%, 30% 증가하여 성공을 거뒀다.[13] 그러나 이듬해 콘텐츠 제공 업체들이 계약금을 과다하게 요구하자 비용이 크게 증가하여 위기를 맞았다.

오리지널 콘텐츠의 제작

이에 맞서기 위해 넷플릭스는 콘텐츠 제작사로 다시 한번 비즈니스 모델 전환을 시도한다. 넷플릭스는 콘텐츠 이용자의 빅데이터를 이용해 취향을 분석하고, 이를 충족할 수 있는 작품을 제작했다. 그 결과 탄생한 오리지널 콘텐츠인 〈하우스 오브 카드〉가 스트리밍 콘텐츠 최초로 에미상 세 개 부문을 수상하면서 넷플릭스는 스스로의 콘텐츠 제작 역량을 확신할 수 있었다. 이후 〈오렌지 이즈 더 뉴 블랙〉, 〈나르코스〉 등 연이어 히트작을 내놓으며 콘텐츠 제작사로서의 입지를 성공적으로 다졌다. 나아가 스페인의 〈종이의 집〉, 덴마크의 〈더 체스트넛 맨〉처럼 특정 국가만의 독특한 소재를 활용한 작품이 여러 나라에서 공감을 얻어 경쟁사의 콘텐츠와 차별화를 이루고 있다.[14] 2024년 2분기 현재 넷플릭스의 글로벌 유료 가입자 수는 2억 7,700만 명을 넘어서며[15] 글로벌 온라인동영상서비스OTT 플랫폼 중

선두를 유지하고 있다.

넷플릭스의 향후 도전과 응전

글로벌 OTT 시장은 2023년 현재 1,620억 달러(약 230조 원)에서 2029년 2,150억 달러(약 300조 원)로 성장이 예상된다.[16] 10년 전인 2019년에 비해 두 배 이상 성장하는 셈이다. 그러나 최근 글로벌 OTT 시장은 녹록치 않다. 콘텐츠 제작비가 꾸준히 상승하고 아마존프라임, 디즈니플러스 등과 스포츠 중계권 확보 경쟁이 치열하다. 넷플릭스 CEO는 자사의 최대 경쟁 상대는 고객이 잠자는 시간이라고 말한 바 있다.[17] 고객의 시간을 점유하는 것이 비즈니스의 핵심

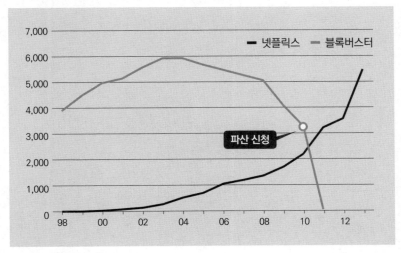

넷플릭스와 블록버스터의 매출액 비교(단위: 100만 달러)

출처: 각 사 Form 10-K

인 이상 틱톡이나 쇼츠 같은 숏폼, 각종 게임과 동일선상에서 경쟁이 불가피하다. 지금까지 넷플릭스가 성공적으로 사업을 확장할 수 있었던 것은, 고객 니즈와 페인 포인트를 간파하여 비즈니스 모델을 지속적으로 혁신했기 때문일 것이다. 앞으로 더욱 치열해질 경쟁에서 선두를 유지하기 위해 넷플릭스가 어떤 BMR로 승부할 것인지 관심이 집중된다.

BMR의 유형과 사례

PwC는 '공동체의 신뢰를 얻고 중요한 문제를 해결한다'는 목적 purpose, 즉 존재의 이유를 달성하기 위한 아젠다 중 하나로 BMR을 선정했다. 이에 따라 기업으로 하여금 혼돈의 시대에 맞서 비즈니스 모델을 재정의할 것을 설파하고 있다. BMR에는 다양한 유형이 있지만 PwC는 다음의 다섯 가지에 특히 주목한다. 이 다섯 가지는 상호 배타적이지 않으며, 더 높은 가치를 제공하기 위해 복수의 유형을 조합하여 비즈니스 모델을 만들 수도 있다.

① 디지털 프로덕트

디지털 프로덕트Digital Products란 전통적인 물리적 제품이 아닌 디지털 기술을 기반으로 하는 소프트웨어, 앱, 웹사이트 또는 기타 디지털 형태로 제공되는 제품 또는 서비스를 의미한다. 소비자가 느끼는 효익으로는 모바일앱 등을 통해 언제 어디서나 제품 또는 서비스에 접근할 수 있는 편의성, 맞춤형 추천 등 개인화된 경험, 가입자 간의 원활한 상호작용 등이 있다.

사례 / 디지털로 팬덤 경험을 혁신한 하이브의 위버스

우루과이에 사는 열여섯 살 카밀라는 K팝에 푹 빠져 있다. 보이 그룹 보이넥스트도어의 팬인 카밀라는 라이브 방송을 시청하고, 최근에는 공식 굿즈도 구매했다. 커뮤니티 기능을 통해 보이넥스트도어 멤버들의 메시지를 확인하는 것은 카밀라의 일상이 되었다. 카밀라가 지구 반대편에서 이렇게 K팝을 즐길 수 있는 것은 위버스Weverse라는 플랫폼 덕분이다.

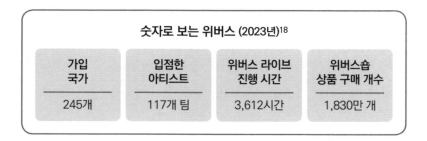

숫자로 보는 위버스 (2023년)[18]

가입 국가	입점한 아티스트	위버스 라이브 진행 시간	위버스숍 상품 구매 개수
245개	117개 팀	3,612시간	1,830만 개

2018년 〈페이크 러브〉를 시작으로 〈작은 것들을 위한 시〉, 〈다이너마이트〉, 〈버터〉 등 발표하는 곡마다 빌보드 핫 100 상위권에 진입

하며 세계적인 인기를 증명한 BTS가 K팝 역사상 초유의 기록을 써 내려가는 동안, 많은 이가 BTS 이후의 하이브를 걱정했다. 그러나 하이브는 BTS 의존도를 낮추기 위해 이미 다양한 사업을 준비하고 있었다. 첫째, 전 세계 팬들로부터 사랑받는 아티스트의 IP를 확보하여 이를 바탕으로 다양한 형태의 콘텐츠를 재생산했다. 하이브의 글로벌 인기 아티스트 엔하이픈의 IP를 기반으로 제작한 웹툰 〈다크 문: 달의 재단〉이 그 예이다. 둘째, 위버스라는 팬덤 플랫폼을 구축하여 팬들이 언어적·공간적 제약 없이 아티스트와 직접 소통하고 친밀감을 나눌 수 있도록 했다. 이 두 가지 사업 중 디지털 프로덕트 개발을 통한 고객 경험을 강화한 사례로서 후자에 대해 자세히 알아보고자 한다.

팬덤 문화를 재창조한 위버스

위버스가 출시되기 전 팬들은 주로 팬카페 활동을 통해 아티스트를 소비하고 즐겨왔다. 이에 따라 엔터테인먼트사의 비즈니스 모델은 아티스트를 내부에서 발굴하고 훈련시킨 뒤 음원, 음반, 공연, 행사를 통해 매출을 창출하는 구조였다. 그러나 하이브는 위버스를 개발함으로써 상품 및 라이선싱, 콘텐츠 사업, 영상 출판물 등 아티스트 간접 참여형 사업에서 매출을 창출할 기반을 마련했다. 팬덤 관점에서도 아티스트마다 파편화되어 있던 팬 커뮤니티를 통합하여 다양한 아티스트들의 팬덤 활동 전반을 하나의 앱에서 가능하게 함으로써 고객 경험을 혁신했다.

위버스는 오래전부터 고착화되어온 팬 커뮤니티의 페인 포인트에 주목했다. 기존 팬덤 문화는 아티스트와 소통하기 위해 아티스트의 SNS와 팬카페를 오가고, 굿즈를 구매하기 위해 공연장에서 새벽부터 줄을 서는 등 비효율적이고 불편한 점이 많았다. 특히 언어적·공간적 제약으로 인해 글로벌 팬덤을 확보하기 어렵다는 문제도 존재했다. 이를 해결하고 팬덤을 수익화하기 위해 하이브는 글로벌 통합 팬덤 플랫폼인 위버스를 탄생시킨 것이다. 현재 위버스의 주요 기능은 커뮤니티, 콘텐츠, 커머스다. 이를 기반으로 위버스가 어떻게 고객 경험을 고도화했는지 알아본다.

주요 기능 1 **커뮤니티** ｜ 커뮤니티는 위버스의 핵심 기능이라고 할 수 있다. 연예 기획사가 팬 커뮤니티를 관리하고 공지하는 일방향 소통 방식이 아닌 팬과 아티스트가 직접 소통하는 쌍방향 소통 기능을 제공하고 있다. 2023년 12월 현재 117개 아티스트 팀이 입점했으며, 플랫폼의 영향력이 커짐에 따라 하이브 소속 가수 이외에도 트레저, 아이콘, 블랙핑크(이상 YG), 에스파, NCT(이상 SM) 등 타 소속사 아티스트도 입점해 있다. 더 나아가 제레미 주커Jeremy Zucker, 코난 그레이Conan Gray, AKB48, 이마세imase 등 정상급 해외 아티스트도 입점시키며 플랫폼의 몸집을 키우고 있다. 즉 이제 아티스트로 성장하기 위해 위버스 입점은 필수가 된 모양새다. 위버스의 월간 활성화 이용자 수는 2023년 7월 말에 1,000만 명을 돌파한 이후로 꾸준히 증가세를 보이고 있다. 여기에 더해 2023년 5월에는 아티스트와 팬이 프라이빗 메시지를 주고받을 수 있는 구독형 서비스 '위버스 DM'을 출시했다. '젤리'를 구매하여 일정 기간 이용할 수 있는 위버스 DM은 아티스트와 팬이 친구와 대화하는 듯한 사용자 경험을 제공한다. 여기에 사진, 동영상, 이모지 전송 기능을 추가하여 아티스트와 팬 사이에 보다 친밀하게 유대감을 형성할 수 있도록 했다. 그뿐 아니라 위버스 이용자의 90% 이상이 해외 유저이기 때문에 영어, 일본어, 중국어, 힌디어 등 15개 언어 자동 번역 서비스를 제공하여 전 세계 팬덤의 고객 경험을 극대화했다.[19]

주요 기능2 **콘텐츠** | 위버스에서는 라이브로 콘서트, 팬미팅, 먹방 등 풍성한 콘텐츠를 즐길 수 있다. 따라서 팬들의 위버스 플랫폼 이용 시간과 방문 수는 지속적으로 증가하고 있다. 위버스컴퍼니가 공개한 '2023 팬덤 트렌드'에 따르면 가입자의 위버스 평균 이용 시간은 월 평균 246분으로 전년 대비 46% 증가했으며 위버스 라이브 건수도 직전년 대비 약 네 배 증가하여 4,310건에 이른 것을 확인할 수 있다. 사실 기존 K팝 실시간 방송 플랫폼 시장에서는 네이버의 '브이라이브'가 독보적 지위를 누리고 있었다. 그러나 2019년 뒤늦게 출범한 위버스가 BTS 팬덤인 아미를 등에 업고 급성장하자, 네이버는 브이라이브 사업을 위버스컴퍼니에 양도했다. 당시 네이버가

공들여 만든 브이라이브를 전격 포기하고 오히려 4,100억 원가량을 위버스에 투자했다는 것은 그만큼 위버스의 미래 가치를 높게 평가했다는 뜻으로 보인다. 최근에는 위버스에서만 볼 수 있는 〈나나투어 with 세븐틴〉을 제작, 유료로 배포하여 하이브의 재무 실적에 기여하고 있다.

주요 기능 3 **커머셜** ǀ 굿즈 판매는 매출을 견인하는 주요 영역이다. 위버스는 단순 굿즈 판매에서 나아가 개인화 상품 제작 서비스인 '위버스 바이 팬즈' 서비스를 출시하여 나만의 굿즈를 만들어 소장하고 싶은 팬들의 니즈를 반영했다. 커머스 플랫폼인 위버스숍에서 제품(의류, 가방 등)을 선택한 뒤 앱 내에서 아티스트 이미지나 손글씨, 스티커 등을 배치해 개인의 취향에 맞게 커스터마이징할 수 있다. 현재 위버스 바이 팬즈로 제작 가능한 품목은 티셔츠와 그립톡, 포토카드, 아크릴 키링 등 총 20여 종에 달한다. 2023년 한 해 동안 위버스숍을 통해 판매된 상품 개수는 총 1,830만 개로 인당 평균 7.7개, 사용자당 분기에 두 개씩 구매한 셈이다.[20]

하이브는 이처럼 팬들이 어떤 경험을 하고 있는지의 관점에서 기존 비즈니스 모델을 재고찰한 결과, 내부에서 아티스트를 육성하고 음반, 공연을 중심으로 수익화하는 정형화된 기존 비즈니스 모델에서 벗어나 팬의 아티스트에 대한 접근성을 획기적으로 높였다. 출시 이후 매출은 지속 상승하여 2023년 기준 3,379억 원(과거 3년 연평균 성장률 16%)을 기록했으며 MAU(Monthly Active Users, 월간 활성 사용자 수)는 2023년 7월 말 1,000만 명을 돌파하는 등 꾸준히 증가세를 보이고 있다. 이러한 수치는 디지털 프로덕트를 기반으로 한 위버스 컴퍼니의 새로운 비즈니스 모델이 고객 경험을 성공적으로 개선했다는 것을 증명한다.

글로벌 셀렙 플랫폼으로의 성장 기회

K팝은 BTS의 글로벌 성공과 같은 비약적인 성장을 이루어냈다. 그러나 방시혁 하이브 의장은 "세계 음악 시장에서 K팝 기업의 점유

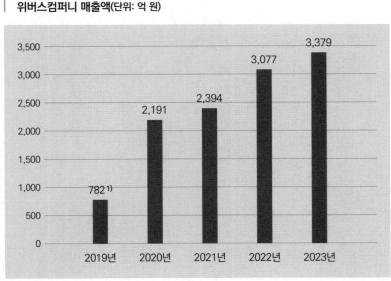

위버스컴퍼니 매출액(단위: 억 원)

출처: 위버스컴퍼니 감사 보고서
1) 2019년 6월 출시로 인해 7개월간에만 해당하는 금액

율은 2% 미만에 불과하고, 유니버설뮤직 등 글로벌 골리앗 3사에 비하면 다윗과 같다. 미국 등 주류시장에서 K팝의 성장이 둔화하고 있다"며 우려를 표했다.[21]

이러한 상황에서 팬덤 플랫폼의 역할을 다시 생각해봐야 한다. 팬덤 플랫폼은 기본적으로 스타와 팬으로 구성되는 구조이다. 팬심을 공고히 하는 것만큼이나 스타의 범위를 보다 적극적으로 확장하는 것이 중요하다. 실제로 위버스는 일부 배우 그리고 최근에는 크리에이터 20여 명을 입점시켰다.[22]

여기에 국내외 스포츠 스타, 게이머, 셰프, 웹툰 작가, 디자이너, 기업가 등을 확보하면 아이돌 가수를 넘어 비로소 '셀렙 플랫폼'으로

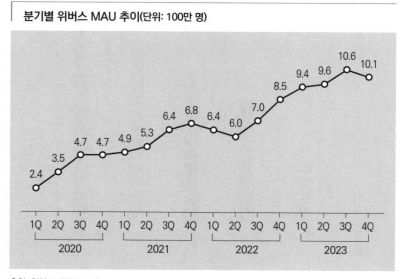

분기별 위버스 MAU 추이(단위: 100만 명)

출처: 하이브 실적 보고서

거듭날 수 있다. 그러면 위버스가 셀렙의 인스타그램을 대체할 수 있을지도 모른다. 유튜브에 대해서도 마찬가지다. 유튜브는 동영상의 바다로서 위상이 막강했으나 편의성이 우수한 틱톡 같은 플랫폼의 등장으로 위협을 받아 다급히 쇼츠를 론칭하기도 했다. 위버스가 예를 들어 프랑스의 스타 셰프, 스웨덴의 유명 게임 스트리머, 호주의 인지도 높은 건축가 등을 보유한 글로벌 셀렙 플랫폼으로 자리 잡으면, 관심 있는 셀렙에 대해 알아볼 때 유튜브가 아닌 위버스에 접속하는 게 나을 수도 있다. 즉 위버스가 셀렙에 있어서만큼은 유튜브에 위협적인 존재가 되는 시대가 오는 것이다. 5년, 10년 뒤 위버스의 위상이 더욱 기대된다.

② 모든 것의 서비스화

모든 것의 서비스화(Anything-as-a-service, 이하 XaaS)는 원래 클라우드 컴퓨팅에서 파생된 용어이며 각각 소프트웨어, 플랫폼, 인프라를 서비스 형태로 제공하는 SaaS(Software-as-a-service), PaaS(Platform-as-a-service), IaaS(Infrastructure-as-a-service)에서 확장하여 무엇이든(anything) 서비스 형태로 제공하는 것을 뜻한다. 다시 말해 제품 또는 솔루션을 소유하지 않고 필요한 만큼만 서비스 형태로 구독하여 사용하는 방식이다. 대표적인 예로 예전에는 마이크로소프트 오피스 소프트웨어를 구매하여 PC에 설치하여 사용했지만 마이크로365는 월 사용료를 내고 인터넷에서 구독해서 쓰는 모델이다. 이러한 모델을 통해 사용자는 필요에 따라 서비스를 확장 또는 축소해서 쓰는 유연성, 초기 투자 비용 절감, 업데이트 및 유지보수 불편 최소화 등의 효익을 누릴 수 있다. 또한 XaaS를 제공하는 기업은 기존 모델에 더해 새로운 수익원을 창출하는 셈이며 고객과 일회성이 아닌 지속적인 관계를 유지할 가능성이 높다. 이러한 이유로 XaaS는 최근 여러 분야에서 활용되고 있다.

사례 | 에너지를 구독하다, 엔지의 에너지 서비스화

전통적으로 소프트웨어 개발사가 제공했던 서비스화as-a-service 모델은 이제는 전력 산업에서도 확인할 수 있다. 에너지의 서비스화(Energy-as-a-service, 이하 EaaS)란 다양한 에너지원, 스마트 하드웨어 및 소프트웨어, 최신 디지털 기술을 기반으로 에너지 밸류체인 전체에 걸쳐 에너지 최적화를 추구하는 사업모델이다. 일반적으로 전력회사라고 하면 전력을 생산, 송배전, 판매하고 전력 요율(타리프tariff)에 따라 사용료를 청구한다. 즉 유틸리티사가 에너지원을 끌어다가 자신이 보유한 각종 기술을 적용하여 중앙집중된 운영체계를 통해 표준화된 서비스를 판매하는 것이다. 따라서 소비자는 냉난방, 조명, 요리 등에 필요한 전기를 구매할 뿐 사실상 추가적인 서비스는 거의 없었다.[23] 반면 EaaS는 서비스 제공사가 외부에서 다양한 에너지를 확보하고 각종 기술을 보유한 업체들로부터 기술을 조달하여 고객에게

전통적인 에너지 비즈니스 모델과 EaaS 비즈니스 모델 비교

전통적인 에너지 비즈니스 모델		EaaS 비즈니스 모델
• 중앙집중화된 운영체계를 통한 에너지의 단순 상품화 • 유틸리티사가 조달하는 에너지 자원	에너지 자원 조달 방식	• 글로벌 에너지 트렌드의 흐름을 반영하는 맞춤형 플랫폼 사업 모델 • 외부에서 다양한 에너지 확보(전기, 가스, 열 등)
• 에너지 관련 이슈를 유틸리티사 내부에서 관리 • 자원 관리 관련 의사결정 사항은 내부 운영 정책에 따라 처리	에너지 자원 관리 방식	• 파트너십을 통해 에너지 관련 이슈를 관리 • 전략적 파트너십을 통해 자원관리 방안 고도화
• 모든 에너지원 및 관련 기술은 유틸리티사 소유	자산 소유	• 제3자 업체, 솔루션사가 오너십을 가지고 운영을 대행
• 전통적인 전력 요율에 기반한 과금 방식	과금 방식	• 구매(구독)하는 서비스에 따른 과금 방식(열량 기반, 부가서비스 기반 등)
• 높은 수준의 표준화로 인한 제한적인 유연성	유연성 및 확장성 여부	• 고객 맞춤형, 확장성, 유연성이 강화된 솔루션 제공

출처: PwC

맞춤형 서비스를 제공하면 고객은 서비스 구독료를 지불한다.

EaaS 대표기업 엔지

이러한 EaaS 비즈니스 모델을 보유한 대표적인 기업으로 프랑스의 엔지Engie를 꼽을 수 있다. 앞서 국영기업 GDF('프랑스의 가스 Gaz de France'라는 의미)와 민간기업 수에즈Suez가 합병하여 GDF수에즈가 탄생했다. 이후 탈탄소로 대표되는 에너지 전환의 트렌드에 맞추어 기업 이미지 제고를 위해 2015년 엔지로 사명을 변경하였다.

> ### 숫자로 보는 엔지(2023년)
>
> **매출액** 826억 유로(약 124조 원)[24]
>
> **EaaS의 매출 비중** 13%[25]
>
> **유럽, 북남미, 아시아** 총 31개국 진출

엔지의 EaaS 소개

엔지의 EaaS는 한마디로 '공급 유틸리티 관리와 에너지 사용 분석을 통한 데이터 기반의 설비 효율 향상 솔루션'이라고 할 수 있다. 이는 크게 세 가지 서비스를 포함하고 있다.

첫째, 멀티 유틸리티 설비 관리 서비스는 각종 발전 설비, LNG 또는 LPG 터미널, 파이프라인 등 유틸리티를 생산, 저장, 공급하는 데 필요한 설비를 운영한다.

둘째, 에너지 효율화 서비스는 고객의 에너지 사용 데이터를 분석하여 에너지 절감 솔루션을 제시한다. 이때 사용되는 솔루션이 에너지관리시스템(Energy Management System, EMS)인데 디지털 기술과 제어 기술을 이용하여 고객이 사용하는 에너지를 실시간 모니터링하고 의사결정을 내릴 수 있는 데이터를 제공한다.

셋째, 고객의 에너지 설비 O&M(Operation & Maintenance) 서비스이다. O&M이란 가스 탱크, 보일러, 자가 발전기, 전열기기, 조명기기

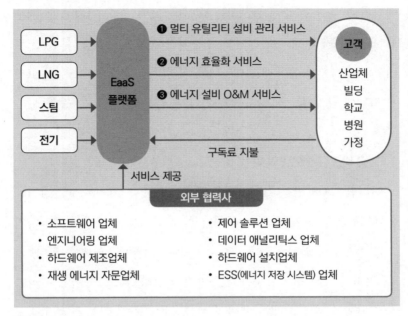

EaaS 비즈니스 모델 개념도

- LPG
- LNG
- 스팀
- 전기

EaaS
플랫폼

❶ 멀티 유틸리티 설비 관리 서비스

❷ 에너지 효율화 서비스

❸ 에너지 설비 O&M 서비스

고객

산업체
빌딩
학교
병원
가정

구독료 지불

서비스 제공

외부 협력사

- 소프트웨어 업체
- 엔지니어링 업체
- 하드웨어 제조업체
- 재생 에너지 자문업체

- 제어 솔루션 업체
- 데이터 애널리틱스 업체
- 하드웨어 설치업체
- ESS(에너지 저장 시스템) 업체

출처: PwC

등 에너지 관련 설비의 운영과 보수를 의미한다.

엔지의 외부 협력사들

엔지는 EaaS 플랫폼으로서 이상의 세 가지 서비스를 제공하기 위해 다양한 외부 업체와 협업하고 있다. 즉 고객사 프로젝트별로 외부 협력사와 적절한 협력 구도를 형성하는 것이 서비스의 효율을 좌우하는 중요한 요소인 것이다. 예를 들어, 미국의 C3.ai는 데이터 애널리틱스 전문업체로서 대용량의 데이터를 분석할 수 있는 역량을 보유하고 있다. 이 업체는 고객과의 접점에서 발생하는 CRM 데이터, 에너지 시설 운영 중에 발생하는 데이터, 날씨, 소셜 미디어 등 외부 데이터를 수집하여 머신러닝으로 분석한다. 수백만 개의 온도 조절기와 미터기에서 쏟아지는 데이터를 처리하여 장비와 시스템의 고장을 사전에 감지하는 예측 유지보수Predictive Maintenance가 가능하다.

EaaS 비즈니스 모델의 이점

이러한 EaaS 비즈니스 모델을 통해 고객은 크게 두 가지 장점을 누릴 수 있다. 첫째, 설비의 구매와 설치 단계를 엔지에게 일임하여 초기 자본투자(Capital Expenditure, CAPEX) 부담을 줄일 수 있다. 둘째, 설비 운영과 유지보수를 전문가가 담당하므로 효율적인 관리가 가능하다. 실제로 고객이 에너지 사용량을 기준으로 단위당 고정요금을 지불하기 때문에 엔지는 낮은 원가를 달성하여 수익성을 높이기 위해 다양한 수단을 적극적으로 모색하게 된다. 따라서 엔지에는 재무적 효익으로, 고객에게는 안정적이고 효율적인 에너지 공급으로 양측에 이득이 되는 것이다.

엔지의 의료 시설 장기 계약 사례[26]

엔지는 빌딩, 병원, 공장, 가정 등 다양한 유형의 고객을 대상으로 EaaS를 제공하여 고객의 호응을 얻고 있다. 일례로 벨기에 브뤼셀의 한 병원을 대상으로 12년간 EaaS를 제공하는 계약을 체결했다. 이 병원에는 30개 이상의 수술실과 900여 개의 병실이 있었다. 기본적으로 병원에는 다수의 민감한 의료 장비들이 있어 안정적이고 효율적인 에너지 공급이 환자의 안전과 병원의 수익성에 큰 영향을 미친다. 엔지는 이 병원의 보일러, 펌프, 냉각 장치 등을 설치하고 원격 제어하여 운영했을 뿐 아니라 내부에 데이터 센터를 설치하여 에너지 사용에서 발생하는 데이터를 분석함으로써 효율적인 에너지 사용에 기여했다. 이 구독 계약을 통해 엔지는 안정적인 현금 흐름을 확보할 수 있었고, 나아가 데이터 분석에 기반한 추가적인 서비스를 병원에 제안할 수 있었음은 물론이다.

엔지는 미국에서도 EaaS를 제공하고 있다. 미국 보스톤의 롱우드 메디컬 지역은 하버드 보건대학, 의과대학, 치과대학 등이 몰려 있는 대규모 의료단지로 유명하다. 엔지는 이 하버드대학교 건물과 다섯 개의 병원을 대상으로 2051년까지 34년간 99메가와트의 마이크로그리드(중앙집중식 전력공급시스템이 아닌 소규모의 독립된 전력망으로 개별 건물이나 산업단지 등에서 쓰임) 전력과 냉난방 시설을 제공하는 계약을 맺은 바 있다.

에너지 전환과 EaaS에 거는 기대

기후 변화에 직면하여 전 세계적으로 탄소국경조정제도, 탄소세와 같은 다양한 탄소 감소 정책이 논의되거나 시행되고 있어 기업은 에너지 소비자로서 환경적 책임 이행의 압박을 받고 있다. 이러한 외부 환경 변화에 대응하기 위해 기업은 초기 투자 비용과 운영 비용을 줄이고 맞춤형 최적의 에너지 솔루션을 확보하는 것이 중요하다. 이러한 이유로 글로벌 EaaS 시장 규모는 연평균 10%씩 성장하여 2029년 1,476억 달러(약 203조 원)에 이를 전망이다.[27] 엔지가 이러한 트렌드를 타고 어떠한 EaaS를 제공하여 시장을 선도할지 이목이 집중된다.

③ 스마트 연결 솔루션

스마트 연결 솔루션Connected Physical Products이란 일반적으로 센서가 장착된 물리적 제품으로, 데이터 수집 능력과 교환 기능을 갖추어 연결되어 있지 않은 제품보다 효율이 크게 높다. 제품에 장착된 센서가 온도, 위치, 움직임 등 다양한 데이터를 수집하여 다른 장치와 상호작용할 수 있다. 또한 클라우드 기반 분석 플랫폼으로 데이터를 전송하여 사용자의 사용 패턴을 이해하고 개선된 경험을 제공할 수 있다. 예를 들어, 자동차 산업에서는 연결된 차량 간의 주행 데이터를 실시간으로 수집, 분석하여 안전 운전을 돕고, 운전자 경험을 개선하며 차량의 유지보수 시점을 예측한다. 의료 분야에서는 웨어러블 기기가 환자의 건강 데이터를 실시간으로 모니터링하고, 이상 징후를 조기에 감지하여 적절한 조치를 취할 수 있도록 돕는다.

　세계 최대 전자 박람회 CES가 팬데믹으로 인해 온라인으로 진행되었다가, 2023년 3년 만에 오프라인으로 재개됐다. CES 2023은 팬데믹 이후 최대 규모 오프라인 행사인 만큼 전시 규모는 지난해보다 50% 이상 커졌다.[28] 개막 첫날, 첫 번째 기조 연설의 주인공은 농기계 제조사 존 디어 John Deere의 CEO 존 메이 John May가 맡았다. CES의 간판이라고도 할 수 있는 기조 연설에 농기계 제조사 CEO가 무대에 선 것은 이번이 처음이다. 디지털 전환과 한참 거리가 멀 법한 농기계 회사가 어떻게 CES에서 주목을 받게 되었을까?

숫자로 보는 존 디어

2023년 매출액 613억 달러(약 85조 원)[29]

2023년 영업이익률 21%

2024년 뉴스위크 선정 1,000대 우수 기업 중 **9위**[30]

　러시아-우크라이나 전쟁이 장기화되고 기후 변화가 심화되면서, 식량 안보에 대한 세계적인 관심이 높아졌다. 세계자원연구소(World Resources Institute, WRI)는 2050년 96억 세계 인구가 존속하기 위해서는 생산 농작물의 칼로리가 2006년보다 69% 이상 증가해야 한다고 전망하고 있다.[31] 그러나 갈수록 감소하는 농촌의 노동력과 이에 따른 인건비 급등으로 인류는 더 적은 인력과 비용으로 식량을 생산

과거 존 디어 로고(1912-1936)

출처: John Deere, Public domain, via Wikimedia Commons.

해야 하는 과제를 안고 있다. 이제 기술 없이는 인류가 당면한 식량 난이라는 과제를 해결하기 어려워진 것이다. 이에 따라, 농업 분야에서도 첨단 기술을 접목한 다양한 혁신이 가시화되고 있다.

디지털을 접목한 트랙터

존 디어는 농슬라(농기계의 테슬라)라는 별명을 가진 글로벌 1위 농기계 제조사로, 최첨단 기술을 접목한 혁신적인 제품을 계속해서 선보이고 있다. 이날 존 메이 CEO가 보여준 것은 단순 작업을 수행하는 보통 트랙터가 아니었다. 그는 GPS와 카메라, 센서와 AI로 무장한 무인 트랙터가 수확 작업과 동시에 지나간 바퀴 자국 속으로 다음 농사를 준비하기 위한 씨앗과 물, 비료를 집어넣는 모습을 보여주었다.[32] 농부는 모니터를 통해 실시간으로 무인 트랙터가 작업한 면적을 확인하고 명령을 내릴 뿐이었다. 존 디어의 트랙터는 자율

주행이기 때문에 운전자 없이 과거에 수백 명이 작업해야 했던 양을 처리할 수 있다. 존 디어는 단순했던 농기계에 디지털 기술을 지속적으로 접목함으로써 기존 농기계 시장에서 볼 수 없었던 제품 혁신을 이루어냈다.

디지털 기술 확보를 위한 지속적인 투자

존 디어는 신기술을 접목한 농기계를 개발하기 위해 기술 기업의 인수에 많은 공을 들였다. 대표적으로 AI 스타트업 블루 리버 테크놀로지Blue River Technology를 인수했다. 제초제를 토지 전반에 뿌리지 않고 잡초에만 정교하게 뿌릴 수는 없을까 하는 의문에서 인수가 추진되었다. 트랙터 하단에 설치한 카메라가 토지를 촬영하면 이 회사가 개발한 AI 기술이 촬영된 데이터를 분석하여 잡초와 작물을 구분한다. 잡초에는 정확하게 제초제를 분사하고 작물에는 비료를 떨어뜨린다. 필요한 곳에만 뿌리니 제초제를 90% 가까이 절감할 수 있다.[33] 이 밖에도 존 디어는 2017년부터 2022년까지 약 7조 원을 들여 열 개 이상의 기업을 인수했다.[34] 이처럼 디지털 투자를 통한 제품 경쟁력을 높인 덕분에 존 디어의 제품은 CES에서 수년 동안 주목받을 수 있었다.

연결을 통해 농부의 의사결정을 돕는 오퍼레이션 센터[35]

농기계에 디지털 기술을 도입하는 것으로 끝났다면 존 디어의 제품도 다른 첨단제품과 크게 다르지 않을 것이다. 존 디어의 차별점은 제품 구매 후 '존 디어 오퍼레이션 센터John Deere Operations Center'가 농부의 의사결정을 지원한다는 것이다. 50만 대 이상의 연결된 농기계에서 하루 평균 7,000만 건의 데이터를 수집한[36] 방대한 이력을 바탕으로 농부가 장비를 설정setup하고 작업 계획을 세운다plan. 이후 30초마다 작업 진척 정보를, 5초마다 장비 상태 정보를 제공하여 실시간 현황을 파악할 수 있으며monitor, 작업 결과를 분석analyze하여 인사이트를 얻고 다음 시즌에 반영할 수 있도록 돕는다. 존 디어의 이런 지원을 통해 농부는 더 이상 근면의 상징이 아니라 효율적으로 성과를 내는 비즈니스 의사결정자로 거듭난다. 미국 센트럴 일리노이에서 6대째 옥수수와 콩을 재배하는 농부인 킬머 가족은 "대대로 전수되던 농사 방식과 관행이 있었기에 존 디어라는 첨단 기술을 도입할 때 망설임도 있었지만 기술을 통해 생산성이 올라가고 결국 삶의 질까지 좋아졌다"라며 앞으로 추가될 기술이 기다려진다고 했다.[37]

도약을 위한 준비[38]

존 디어는 '야심찬 도약Leap Ambitions'이라는 비전 아래 2030년까지 재도약을 위해 노력 중이다. 향후 접근 가능한 시장 규모를 1,500억 달러(약 200조 원)로 보고 있다. 이를 달성하는 수단 중 하나로 현재의 세 배에 달하는 150만 대의 장비를 연결하여 보다 강력한 데이터 기반을 구축할 계획이다. 또 다른 하나는 서비스형 솔루션

solutions-as-a-service의 도입이다. 예를 들어, 기계와 오퍼레이션 센터 연결로 이루어지는 서비스를 재정비하여 기본 서비스는 무료로 제공하고 보다 정밀한 분석과 예측과 같은 프리미엄 서비스는 구독형으로 전환하였다.[39] 따라서 고객은 초기 투자비를 줄이고 원하는 기술만 선택하여 구매할 수 있으며 기술이 업그레이드될 때마다 이 구독 모델 하에서 최신 기술에 접근할 수 있다. 고객과 일회성 거래에 그치는 것이 아니라 지속적인 관계 유지가 가능하며 반복적인 매출을 일으켜 기술 개발에 재투자할 수 있는 선순환 모델인 것이다. 존 디어는 2030년까지 이 서비스형 솔루션 모델의 비중을 매출의 10%까지 확대하겠다는 목표를 가지고 있다.

연결을 통한 식량문제 해결

계속되는 혁신을 통해 존 디어는 CES 2022와 2023에서 2개년 연속 '베스트 혁신상'을 수상했다. 베스트 혁신상은 CES 혁신상 중에서도 가장 괄목할 만한 제품에 주는 상으로, 농기계가 모빌리티, 헬스케어 등 첨단 분야와 나란히 수상함으로써 애그 테크AgTech 시대를 가속화했다고 할 수 있다. 존 메이 CEO는 "오늘날 존 디어는 제품에 초인적인 기능을 장착하기 위해 방대한 기술을 도입한다"면서, "이 것은 지구 육지 표면의 3분의 1 이상에 걸쳐 퍼져 있는 50만 대 이상의 존 디어 기계를 연결하는 것으로부터 시작된다"라고 말했다.[40] 그는 이처럼 존 디어 제품이 만들어나가는 혁신의 출발점으로 연결을

존 디어의 대표 제품인 트랙터

출처: John Deere 650R by Keith Evans, CC BY-SA 2.0 https://creativecommons.org/licenses/by-sa/2.0, via Wikimedia Commons.

존 디어 매출액 및 영업이익률

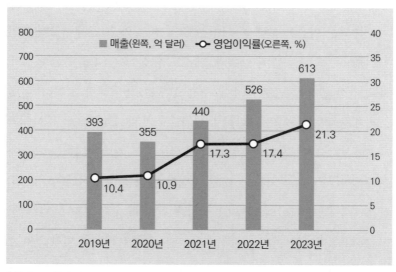

출처: Form 10-K

강조했다. 존 디어가 인류의 생존에 직결된 식량문제에 어떻게 기여해나갈지 앞으로의 행보가 더욱 주목된다.

④ 생태계 관점의 접근

비즈니스에서 말하는 생태계란 조직 간에 상호작용하는 복합적인 네트워크로서 구조상 다양한 이해관계자들이 영향을 주고받는다. 이해관계자로는 고객, 공급사, 파트너, 경쟁사, 규제 기관, 지역사회 등이 있다. 생태계 관점의 접근Ecosystem Orchestration이란 단일 요소가 아닌 더 큰 맥락에서 다양한 이해관계자와의 상호작용을 고려하여 비즈니스 전략이나 문제 해결 방법에 접근한다는 의미이다. 이를 통해 기업은 보다 넓은 시각에서 지속 가능한 기회를 파악할 수 있으며, 이해관계자들과 공동으로 더 나은 솔루션을 창출하면서 긍정적인 협력의 선순환을 형성할 수 있다.

[사례] 생태계 구축으로 AI 반도체 시장을 장악한 엔비디아

"저는 선구자visionary입니다. 별의 탄생을 연구하고 기상 이변을 예측하죠. 저는 조력자helper입니다. 시각장애인에게 길을 안내하고 말할 수 없는 사람에게는 목소리를 주죠. 저는 혁신가transformer입니다. 무한 청정 에너지 시대를 앞당기죠. 저는 트레이너trainer입니다. 보조 로봇이 되어 수술을 돕죠. 저는 치유자healer입니다. 새로운 치료법을

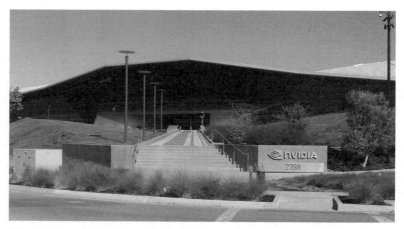

출처: Coolcaesar, CC BY-SA 4.0 https://creativecommons.org/licenses/by-sa/4.0, via Wikimedia Commons.

개발하고 맞춤형으로 환자를 케어하죠. 저는 안내자navigator입니다. 대본을 작성하거나 작곡도 하죠." 여기까지 들으면 초인적인 존재가 스스로를 소개하는 것 같다. 이 존재가 드디어 자신을 밝힌다. "저는 AI입니다." 이어서 족보도 밝힌다. "저는 엔비디아Nvidia, 딥러닝 그리고 뛰어난 인재들 덕에 태어났습니다. 어디에든 존재하죠."[41]

2024년 3월 엔비디아가 주최하는 연례 AI 개발자 콘퍼런스인 GTC(GPU Tech Conference) 2024 행사가 미국 새너제이에서 열렸다. 이 짧지만 강렬한 영상을 끝으로 엔비디아의 창업자이자 CEO 젠슨 황Jensen Huang이 등장했고, 기조 연설을 위해 연단에 올랐다. 열렬히 환호하는 만여 명의 관객을 향해 "여긴 콘서트장이 아니에요"라고 진정시키면서 연설을 시작했다.

숫자로 보는 엔비디아

2024년 매출 609억 달러 (약 84조 원)[42]

시가 총액 세계 1위 (2024년 6월 18일 기준)[43]

GPU 시장 점유율 세계 1위[44]

게임용 그래픽 카드에서 AI 시대의 거인으로

엔비디아는 원래 게임용 그래픽 카드를 만들던 회사였다. 당시에는 대부분의 컴퓨터 작업이 CPU(중앙처리장치)를 사용했다. CPU는 복잡한 연산을 빠르게 처리할 수 있지만 하나의 계산을 끝내야 다음 계산에 들어가는 직렬 프로세싱serial processing이었다. 반면, GPU(그래픽처리장치)는 다수의 코어로 구성된 병렬 프로세싱parallel processing이라 여러 작업을 동시에 처리할 수 있는 장점이 있었다. AI로 처리해야 할 데이터가 폭발적으로 늘어나자 CPU로는 역부족이었다. 2010년대 들어 수많은 데이터 속에 패턴을 발견하는 AI 딥러닝에 GPU의 병렬 처리 방식이 유리하다고 알려지기 시작했다. 젠슨 황은 GPU가 게임을 넘어 AI를 쓰는 모든 산업에 활용될 것을 직감하고 AI에 집중하기 위해 엔비디아의 모든 체계를 바꿨다.

새 GPU 아키텍처 '블랙웰' 발표

젠슨 황의 GTC 2024 키노트 연설의 핵심 중 하나는 차세대 GPU 아키텍처 블랙웰Blackwell의 공개였다. 사실 현존하는 최고의 GPU는 H100이다. 개당 수천만 원에 이르는데 고급 컴퓨팅 작업이 필요한 곳에 핵심적인 부품이다. 예를 들어 메타는 최신 LLM 라마 3.1을 개발하는 데 H100 1만 6,000개 이상을 사용했다.[45] 그런데 이보다 성능이 우수한 블랙웰을 소개하자 빅테크 기업들의 반응이 뜨거웠다. 구글의 CEO 순다르 피차이Sundar Pichai는 "우리는 엔비디아와 오랜 파트너십을 맺어온 것을 행운으로 생각하며, 블랙웰을 구글의 모든 팀에 제공하여 미래를 앞당기기를 희망한다"고 했다.[46] 오픈AI의 CEO 샘 알트만Sam Altman도 "블랙웰은 엄청난 도약이며, AI

엔비디아 볼타 GPU

출처: Christie Hemm Klok, *The New York Times*, 2017.8.29 via gettyimageskorea

컴퓨팅을 향상시키기 위해 엔비디아와 계속 협력하게 되어 기쁘다"
고 했다.[47] 이렇게 빅테크들이 반색을 한 이유는 조금이라도 빨리 블
랙웰을 구매해야만 경쟁에서 우위를 점할 수 있기 때문이다.

엔비디아 생태계의 핵심, 쿠다

AI 업계 많은 전문가들은 GPU 시장에서 엔비디아의 지배적인 위
치는 당분간 계속될 것으로 예견한다. 그 이유는 무엇일까? 제품 경
쟁력이라고 생각하기 쉽지만 그것이 핵심은 아니다. 예를 들어, 인텔
은 최근 가우디3 Gaudi 3라는 AI 칩을 개발했는데 엔비디아의 H100 대
비 전력 효율은 두 배 이상 높고 처리 속도는 1.5배 빠르다고 한다.[48]
사실 GPU를 활용한 애플리케이션이 워낙 다양하다 보니 애플리케이
션별로 강점이 있는 GPU는 각기 다르다. 심지어 엔비디아 자신도 일
부 애플리케이션에서는 열위임을 밝히고 있다.[49]

엔비디아의 핵심 경쟁력은 '쿠다(Compute Unified Device
Architecture, CUDA)'라는 소프트웨어 개발 플랫폼에 있다. 쿠다는 개
발자들이 GPU를 활용하여 애플리케이션을 쉽게 개발할 수 있도록
돕는 툴이다. 초기에 개발된 엔비디아의 GPU는 활용 범위가 제한적
이었다. 개발자들에게 낯설었기 때문이다. 이후 2006년 엔비디아는
개발자들에게 이미 익숙한 C/C++, 파이썬과 같은 언어로 병렬 프로
그래밍을 할 수 있는 플랫폼을 공개하기에 이른다. 마치 애플이 아이
폰(하드웨어)뿐 아니라 애플리케이션(소프트웨어) 생태계를 함께 만들

었듯이 엔비디아도 GPU(하드웨어)와 더불어 소프트웨어 개발 플랫폼 생태계를 만든 것이다.[50] 〈뉴욕타임스〉는 "엔비디아는 반도체 성능도 우수하지만 더욱 중요한 것은 놀라운 생태계를 갖추었다는 것이다"라고 평한 바 있다.[51] 현재 이 생태계 내에 500만 명의 개발자가 포진해 있으며 쿠다는 300개 이상의 라이브러리와 600개 이상의 AI 모델을 제공하고 있다.[52]

특징적인 것은 쿠다를 통해 개발된 애플리케이션은 엔비디아의

엔비디아 생태계의 선순환 모습

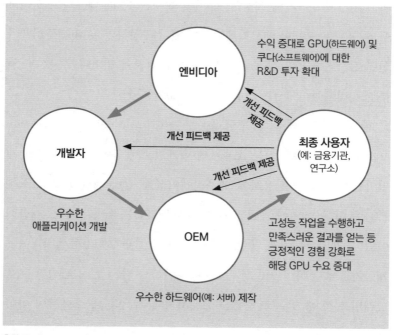

수익 증대로 GPU(하드웨어) 및 쿠다(소프트웨어)에 대한 R&D 투자 확대

엔비디아

개선 피드백 제공

개발자

개선 피드백 제공

최종 사용자
(예: 금융기관, 연구소)

우수한 애플리케이션 개발

고성능 작업을 수행하고 만족스러운 결과를 얻는 등 긍정적인 경험 강화로 해당 GPU 수요 증대

OEM

우수한 하드웨어(예: 서버) 제작

출처: PwC

GPU에서만 사용할 수 있다는 것이다. 따라서 쿠다를 통해 개발자들의 GPU 활용도가 높아져 병렬 컴퓨팅 시장에서 표준으로 자리 잡자 엔비디아를 중심으로 선순환이 일어나기 시작했다. 즉 쿠다가 제공하는 풍성한 라이브러리를 통해 개발자들은 혁신적인 애플리케이션을 개발하고 OEM(예를 들어 서버 제조사)은 이 애플리케이션을 지원하는 하드웨어를 엔비디아의 GPU를 활용하여 제작한다. 최종 사용자end-user가 개발자와 OEM의 혁신을 바탕으로 다양한 작업을 수행하고 긍정적인 경험을 하게 되면 엔비디아 GPU에 대한 수요가 높아지고 개발자와 OEM에 더 많은 기회를 제공하게 된다. 엔비디아는 증가한 수익으로 더 우수한 GPU를 만들고 쿠다의 최적화에 투자할 수 있어 다시 개발자의 애플리케이션 개발에 기여하게 되는 것이다.

안주를 거부하는 BMR

PwC 연구에 따르면, 선도기업은 다른 기업들보다 1.6배 더 높은 확률로 생태계를 활용하여 새로운 고객과 시장에 접근하고, 고객의 니즈에 관한 인사이트를 얻으며, 상호 보완적인 기술과 역량을 확보한다.[53] 엔비디아는 쿠다와 같은 강력한 생태계를 바탕으로 한동안 지금과 같은 지배적인 위치를 점할 수 있을 것으로 보인다. 하지만 엔비디아 역시 리스크를 안고 있다. AMD, 인텔 등과의 경쟁 심화, 지정학적 갈등 등 외부 요인에 취약한 공급망, 반독점법 같은 규제 등을 꼽을 수 있다. 엔비디아가 이러한 리스크에 어떻게 대응할지가 앞으로의 지속 가능한 성공을 결정짓는 중요한 요소가 될 것이다. 젠슨 황은 과거에 "나는 항상 30일 뒤 회사가 망한다고 생각하며 일한다. 이것은 실패에 대한 두려움이 아니라 안주에 대한 두려움이다"라고 언급한 바 있다.[54] 생태계를 구축한 BMR로 대전환을 이룬 엔비디아가 산적한 도전에 맞서는 방식도 이렇게 안주하지 않는 마인드셋에서 비롯될 것으로 예상된다.

⑤ 채널 탈중개화

채널 탈중개화Channel Disintermediation는 제조사가 중간 유통 단계를 생략하고 고객에게 직접 판매하는 방식을 의미한다. 이는 기존 유통 체계를 변화시키며 제조사와 고객 간의 직접적인 상호작용을 가능하게 한다. 대표적인 예로 D2C(Direct-to-consumer) 모델이 있다. D2C 모델을 채택한 기업은 생산부터 판매까지 모든 과정을 직접 관리하여 유통 마진을 줄이고 고객 데이터를 직접 확보하여 고객 경험을 개선할 수 있다는 이점이 있다.

사례 │ 업을 고려한 에이전시 모델, 완성차 제조사

2019년 11월 글로벌 스포츠 브랜드 나이키는 아마존을 통한 판매를 중단하겠다고 선언했다. 고객과 보다 직접적이고 맞춤형 관계를 맺어 경험을 증진하는 데 집중하겠다는 의도였다.[55] 당시 나이키는 온라인 매출의 50% 이상을 아마존에 의존하고 있었기 때문에 우려의 목소리가 높았다.[56] 이후 나이키는 D2C 온라인 채널에서 줄곧 매출 상승을 이루며 D2C의 효과를 증명하는 듯했다. 그러나 실적 부진과 전망 악화로 2024년 6월 28일 주가가 전일 대비 19.98% 폭락하여 상장 이후 가장 큰 하락을 경험하였고 여전히 주당 70달러대에 머물고 있다.[57] 매출도 지난 3년간 10%대 성장을 했으나 직전년 대비 0%대로 정체 중이다. 애널리스트들은 나이키가 D2C로 전환하자 다른 브랜드들이 유통사와 더 긴밀하게 협력할 수 있는 기회가 열렸으며 호카HOKA와 같은 신생 브랜드들도 시장을 위협하고 있다고 분

나이키 매출액(단위: 10억 달러)

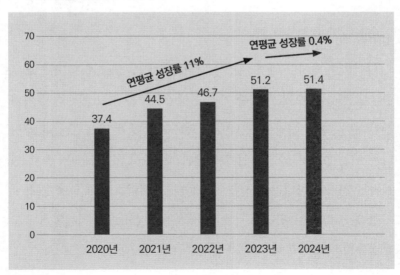

출처: Form 10-K

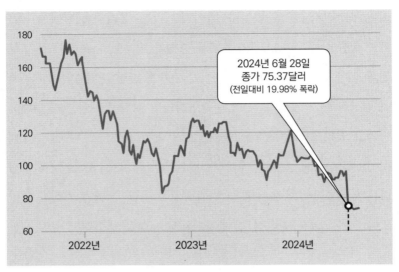

나이키의 최근 주가 (단위: 달러)

2024년 6월 28일
종가 75.37달러
(전일대비 19.98% 폭락)

출처: 구글 파이낸스

석했다.[58]

　나이키 이외에도 안경 제조사 와비파커, 신발 제조사 올버즈Allbirds 등 D2C를 기반으로 성장한 기업도 영업손실을 보고 있으며 주가가 상장 시점 대비 급감하여 새로운 돌파구를 찾기 위해 고심하고 있다.[59] 이는 D2C가 오프라인에서 팔던 제품을 단순히 온라인으로 전환하는 전략이 아니라는 점을 시사한다. 팬데믹 기간에 D2C는 유행처럼 번졌지만, 이제는 각 사가 처한 환경을 고려하여 지혜롭게 유통 모델을 수립해야 한다. 자동차 산업을 예로 들어보자.

자동차 산업의 유통 체계

전통적인 완성차 제조사는 오랜 기간 동안 제조 생태계와 판매 생태계를 명확히 구분하여 운영해왔다. 이는 수십 년간 굳어진 산업 구조로, 각각의 생태계가 고유한 역할과 책임을 가지고 운영되었다.

제조사의 주요 역할은 고품질의 차량을 설계하고 생산하는 것이다. 제조사는 최신 기술을 도입하고, 고객의 요구에 맞춘 다양한 차량 모델을 개발한다. 또한, 제품의 품질 보증과 사후 관리 서비스를 제공하여 소비자 신뢰를 유지한다.

판매사는 제조사의 차량을 소비자에게 판매하는 역할을 한다. 차량을 전시하고, 판매 상담을 진행하며, 금융 상품을 제공하는 등 다양한 판매 활동을 수행한다. 또한 사후 정비 및 부품 판매 채널로서의 역할도 수행한다. 판매사는 소비자와 직접 접촉하며, 차량의 인도와 사후 관리 등의 광범위한 절차를 관리한다. 더불어, 소비자의 피드백을 수집하여 제조사에 전달하는 역할도 한다.

중간 유통 체계의 한계점

중간 유통 체계는 오랜 기간 동안 완성차 제조사에게 많은 이점을 제공해왔다. 첫째, 지역 딜러망을 통해 광범위한 고객에게 접근할 수 있어 판매 범위를 확장할 수 있다. 둘째, 딜러사는 지역 시장에 대한 이해도가 높아, 고객 맞춤형 서비스와 판매 전략을 구사할 수 있다. 셋째, 판매사와 금융사가 협력하여 다양한 금융 상품을 제공함으로써 제조사를 대신하여 소비자의 합리적인 구매 의사결정을 지원한다.

그러나 이러한 중간 유통 체계에는 몇 가지 한계점도 존재한다. 먼저, 딜러사의 독립적인 가격 조정으로 인해 제조사가 최종 판매 가격을 통제하기 어려워 지역별 가격 차이가 발생하고 시장 혼란을 초래할 수 있다. 또한, 딜러사마다 서비스 품질이 달라 일관된 고객 경험을 제공하기 어려우며, 고객 데이터를 실시간으로 활용하기 힘들어 맞춤형 마케팅을 구현하는 데 한계가 있다. 피드백 전달 과정에서도 지연이 발생해 제조사의 신속한 대응이 어려워지고, 중간 유통 과정에서 발생하는 추가 비용으로 인해 최종 판매 가격이 상승해 가격 경쟁력이 저하된다. 브랜드 이미지와 마케팅 전략의 일관성을 유지하기도 어려우며, 재고 관리에 비효율이 발생한다. 이러한 문제 때문에 제조사는 중간 유통 단계를 생략하고 직접 판매하는 모델을 고려하기도 한다.

테슬라의 등장

제조사들이 이러한 한계를 불가피한 산업 구조라고 받아들일 때 테슬라는 다른 접근 방식을 취했다. 테슬라는 설립 초기부터 중간 유통망을 배제하고 소비자에게 직접 판매하는 D2C 모델을 채택했다. 이를 통해 테슬라는 전통적인 딜러 네트워크를 피하고, 소비자와 직접 접촉하여 차량을 판매하고자 자사 웹사이트와 브랜드 스토어를 통해 직접 판매하며, 고객과의 상호작용을 강화했다. 테슬라의 성공은 많은 기존의 완성차 제조사에게 큰 영향을 미쳤고 이로 인해 기존의 유통 방식을 재고하게 되었다.

혁신 롤 모델로서의 적합성

테슬라의 D2C 모델은 업계 내에 많은 영감을 주었지만, 이를 모방하기란 쉽지 않은 일이었다. 테슬라는 설립 초기부터 D2C 모델을 그려가며 성장해왔으며, 이 과정에서 소비자와의 접점을 강화하는 데 주력했다. 반면 기존 제조사들은 딜러 네트워크와의 오랜 관계라는 완성된 그림 위에 새로운 그림을 그려야 하는 상황이었다.

이러한 환경을 고려하면 테슬라의 유통 전략은 기존 제조사들에게 적합하지 않다. 즉 영감의 좋은 원천일 수는 있어도 롤 모델로 추구하기에는 구조적 상이함이 상당하다. 하지만 전통적 제조사들은 기존의 딜러 네트워크와 협력하는 동시에 점진적으로 변화하는 방법을 고민하기 시작했다.

레거시 완성차 제조사의 전략: 에이전시 모델

이러한 고민 끝에 생각해낸 것이 에이전시 모델Agency Distribution Model이다. 기존의 중간 유통 체계를 살짝 비틀어 탄생한 이 모델은 재고 관리, 판매 관리, 서비스 관리 등 판매사(기존 딜러)의 핵심 역할을 제조사가 수행하고, 판매사는 이를 대리인(에이전트)으로서 지원하는 유통 모델이다.

제조사 관점에서 보자면 판매사 대상 도매 사업(B2B)이었던 구조를 최종 고객 대상 소매 사업(B2C)으로 전환하되, 소매 사업을 위한 제반 활동을 판매사와의 대리인 계약으로 수행하는 방식이다. 에이전시 모델은 제조사가 차량의 판매 가격과 서비스 조건을 직접 통제하고, 딜러는 차량 판매보다는 고객 서비스와 경험 관리에 중점을 둔다.

이 모델에는 대표적으로 네 가지 이점이 있다. 첫째, 중간 유통 단계를 생략함으로써, 기업은 유통 비용을 절감하고 직접적인 판매 수익을 얻을 수 있다. 딜러 마진을 줄이고, 가격 경쟁력을 확보함으로써 매출과 수익성을 동시에 향상시킬 수 있다. PwC의 연구에 따르면 에이전시 모델을 완전히 도입한 경우 약 10%의 비용 절감이 가능하여 수익성이 1.5%에서 3% 정도 증가할 수 있다.[60]

둘째, 제조사는 판매 가격을 직접 통제할 수 있다. 이는 가격의 일관성을 유지하여 시장에서의 가격 혼란을 방지할 수 있다. 통일된 가격 정책은 브랜드 이미지를 강화하고, 고객 신뢰도를 높이는 데 기여한다.

셋째, 직접 판매를 통해 제조사는 고객 정보를 직접 수집하고 분석할 수 있다. 이를 통해 고객의 구매 패턴, 선호도, 피드백 등을 직접 파악할 수 있으며, 맞춤형 마케팅과 제품 개발에 활용할 수 있다. 강화된 고객 데이터 분석은 기업이 전략적인 의사결정을 내리는 데 도움을 준다.

넷째, 중간 유통망을 배제함으로써 제조사는 고객과의 직접적인

에이전시 모델 소개

특징	• 딜러가 차량 재고를 소유하지 않으며, 완성차 제조사 또는 판매 법인이 차량 재고를 직접 관리 • 딜러는 지역 에이전트로 전환하여, 제조사 또는 판매 법인이 지급하는 변동 수수료 구조하에 판매 행위를 보상 받음 • 판매 프로세스 일체는 제조사 또는 판매 법인이 직접 관리
기대 효익	• 비용 절감을 통한 수익성 증가 • 모든 소매 네트워크에 일관된 가격 통제 • 고객 정보에 접근할 수 있어 정교화된 마케팅 구현 • 보다 고객 중심적인 판매 프로세스로 개선
선결 조건	• 현행 제조사 또는 판매 법인의 새로운 운영 프로세스 정립 (예: 재고 관리, 에이전트 보상 체계, 현장 판매, 가격 체계) • 디지털 전환과 IT 혁신을 위한 인프라 투자(예: 재고 관리 시스템, CRM 시스템, 전자 상거래 플랫폼, 물류 및 배송 관리 시스템 등) • 판매 법인의 차량 재고 확보를 위한 자금 조달

운영 구조

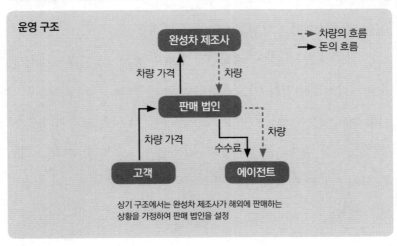

상기 구조에서는 완성차 제조사가 해외에 판매하는
상황을 가정하여 판매 법인을 설정

출처: PwC

상호작용을 강화하고, 일관된 고객 경험을 제공할 수 있다. 이는 고객 만족도를 높이고, 브랜드 충성도를 강화하는 데 중요한 역할을 한다.

어려운 접목과 시행착오

하지만 산업 차원에서도, 완성차 제조사에도 에이전시 모델의 도입과 안착은 쉬운 일이 아니었다. 많은 완성차 제조사들이 에이전시 모델 도입을 선언했다가 철회하거나 연기하는 사례가 발생하고 있다. 예를 들어, 포드는 유럽에서 에이전시 모델을 시도했으나 딜러들의 반발로 철회하였으며 스텔란티스Stellantis는 오스트리아, 네덜란드 등에서 시범 운영했으나 IT 준비에 난항을 겪어 중단한 바 있다.[61] BMW의 미니 브랜드 역시 독일에서 IT 이슈로 인해 도입을 연기했다.[61] 이와 유사하게, 폭스바겐도 일부 시장에서 에이전시 모델을 시도했으나, 딜러 네트워크와의 관계 유지와 시장의 수용도 저조로 인해 도입 시기를 조정했다.[62]

완성차 제조 산업에서 에이전시 모델은 중장기적인 관점에서 중요한 전략적 변화이다. 기존 유통 구조의 탈중개화 논의는 계속될 것이며, 제조사들은 새로운 유통 모델을 통해 더 나은 고객 경험을 제공하고, 시장 경쟁력을 강화할 수 있을 것이다. 이러한 변화는 기업의 지속 가능한 성장을 위한 필수적인 과정으로서 체계적인 접근이 필요하다.

시사하는 바는 무엇인가?

1 **디지털 고객 채널 도입이 전부가 아니다** ｜ 흔히 D2C로의 전환을 고려할 때 디지털 고객 채널의 도입과 강화만으로 충분할 것이라는 착각에 빠지기 쉬우나 이것만으로는 부족하다. 기존의 온·오프라인 판매 프로세스, 시스템, 운영 방식의 변화가 동반되어야 하며, 이는 고객이 당사의 온·오프라인 직영 채널에서 경험할 수 있는 상호작용을 강화하고, 일관된 경험을 제공하기 위해 필수적이다. D2C를 고려한 내부 업무 프로세스의 혁신을 통해, 판매부터 애프터서비스까지 모든 단계에서 고객 만족도를 높일 수 있는 체계를 구축해야 한다. 예를 들어, 기존 중개 유통 시 크게 신경 쓰지 않았던 고객 데이터를 통합 관리하고 분석하는 체계를 도입하여 맞춤형 마케팅을 강화하고 신속하게 고객에게 대응해야 한다.

2 **기존 유통망과의 균형이 중요하다** ｜ 채널 탈중개화를 고려한다면, 기존 유통망과의 관계 관리는 더욱 중요해질 것이다. 특히, 시장을 선도하는 기업도 이러한 관계 관리를 소홀히 할 수 없으며, 후발주자일 경우에는 더욱 그렇다. 지역 시장에서 딜러사의 영향력이 제조사보다 강할 수 있기 때문에, 기존 딜러 네트워크와의 협력 관계를 유지하면서 점진적으로 변화를 추진할 필요가 있다. 딜러사와의 관계를 유지하면서, 새로운 유통 모델을 도입하고 운영하는 과정에서 발생할 수 있는 갈등을 최소화하는 전략을 사전에 마련해야 한다. 이

를 통해 딜러사의 지역 시장에 대한 깊은 이해와 강력한 네트워크를 활용할 수 있다.

3 **첫술에 혁신을 완성할 수는 없다** | 채널 탈중개화를 성공적으로 도입하기 위해서는 MVP(Minimum Viable Product, 최소 기능 제품, 시장의 반응을 보기 위해 최소한의 기능을 구현한 제품 또는 서비스) 기반의 확산을 고민해야 한다. 초기에는 공략이 필요한 고객을 대상으로 최적화된 상품과 온·오프라인 채널을 구상하여, 작게 시작하여 크게 만드는 접근이 필요하다. 이를 통해 제조사로서의 판매 노하우를 점진적으로 확보하고, 탈중개화 범위를 확장해나갈 수 있다. 예를 들어, 특정 지역이나 고객 세그먼트를 대상으로 새로운 판매 모델을 시험해보고, 성공적인 사례를 기반으로 점진적으로 확대해나가는 방식이 유효하다. 이 과정에서 고객 피드백을 신속하게 반영하고, 지속적으로 개선해나가야 한다.

맞춤형 솔루션으로 가는 길

채널 탈중개화는 완성차 제조사에 국한된 이슈가 아니다. 중간 유통망에 의존하는 기업이라면 고려해봐야 하는 BMR 주제이다. 모든 시장에 적합한 단 하나의 유통 모델은 없다. 시장별로 제조사뿐 아니라 딜러, 고객에게도 효익으로 이어지는 맞춤형 솔루션이 필요하다. 그런데 딜러, 고객 등 이해관계자는 서로 다른 기대를 갖고 있으므로 점진적인 조율로 균형을 맞춰나가야 한다. 더불어 운영 모델과 프로세스, 디지털 및 IT 인프라 같은 선결 조건들을 갖추어가는 과정이 절실하다. 이 모든 과정의 끝에 제조사는 고객에게 보다 밀접하게 다가가면서도 수익성 개선도 이루는 수준으로 올라설 수 있을 것이다.

BMR 접근 방법

PwC는 기업의 가치창출과 성장을 위해 BMR을 체계적으로 추진할 수 있는 프레임워크를 보유하고 있다. 이를 기반으로 가치를 창출, 전달, 획득하는 방식을 근본적으로 혁신할 수 있는 기회를 기업에 제공하고자 한다. 프레임워크는 크게 네 단계로 구성되어 있다.

첫째, 전략 수립 단계에서는 BMR을 추진하기 위한 큰 그림을 그린다. 우리의 타깃 고객은 기존 고객인지 잠재 고객인지, 그중에서 어느 특정 세그먼트인지 등을 정한다. 그리고 고객에게 중요한 문제는 무엇이고 충족되지 않은 니즈 또는 페인 포인트는 무엇인지 파악한다. 이에 따라 우리가 보유한 포트폴리오를 검토하여 어떻게 바뀌어야 하는지를 정의해야 한다.

둘째, 구조 설계 단계에서는 앞서 도출한 전략을 실행하기 위한 운

PwC의 BMR 추진 프레임워크

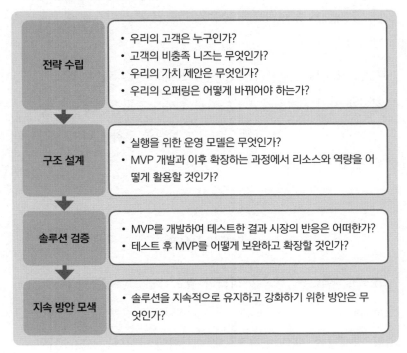

출처: PwC

영 모델을 수립한다. 이 단계에서 중요한 것은 MVP를 제작하고 이후 확장하는 단계에 대한 기획이다. MVP는 솔루션 완성 이전에 시장에서 테스트를 하여 고객의 피드백을 얻기 위한 초기 버전의 제품 또는 서비스로서 새로운 비즈니스 모델을 검증하는 데 있어 중요한 역할을 한다.

셋째, 솔루션 검증 단계에서는 기획한 MVP를 시장에서 실제로 테스트하여 고객의 반응을 수집하고 분석한다. 그리고 미흡한 점을 보완하여 만족스러운 수준으로 고도화되었다고 판단하면 기능을 확장한다. 즉 시장에 본격적으로 내놓을 제품 또는 서비스를 최종적으로 마무리하는 단계이다.

넷째, 지속 방안 모색 단계는 시장에 내놓은 솔루션이 목표로 하는 고객에게 가치를 제공하고 있는지를 주시하고 지속 가능하도록 운영하는 한편, 예상 못 한 점에 있어서는 적절한 조치를 하여 최적화하는 단계이다.

BMR의 시사점

스티브 잡스는 "혁신은 리더와 팔로어를 구분짓는다(Innovation distinguishes between a leader and a follower)"라는 말을 남겼다. 정치적, 경제적, 사회적, 환경적으로 대전환이 일어나는 시기일수록 기존의 관행을 재고하는 것이 중요하다. 재고 결과 변해야 한다는 결론에 도달했다면 혁신이 필요하다. 혁신에서 중요한 것은 자원의 단순 배분spreading이 아니라 전략적 의사결정에 기반한 자원의 재할당relocation이다. PwC의 최근 조사에 따르면 글로벌 CEO의 64%는 매년 20% 이하의 자원만을 재할당하고, 10% 이하만을 재할당한다는 비율도 30%나 되었다. 한편, 자원 재할당 비율이 높을수록 혁신(예: 새로운 제품 및 서비스 개발, 새로운 전략적 파트너십 구축, M&A 등)의 정도와 순이익률이 높은 것으로 드러났다.[63]

혁신을 추진하느라 자원을 많이 재할당했다면 그만큼 잡음도 클 것이라고 충분히 짐작할 수 있을 것이다. 익숙함을 버리고 새 옷을 입어야 하기 때문이다. 특히 비즈니스 모델과 같이 조직의 근간을 전환하는 일(BMR)에서는 더욱 그러하다. 내외부적으로 많은 저항과 우려가 있을 것이다. 대내외 환경에 대한 면밀한 검토와 인식 제고, 비즈니스 모델 전환이 필요하다는 공감, 혁신의 강도와 수단 설계 등 해결해야 할 과제가 산적해 있다. 조직 내 밀접한 협업은 기본이며 외부 전문가의 객관적인 시각과 통찰도 요구된다는 점을 기억하기 바란다. 혼돈의 시대에 한국 기업들이 과감한 비즈니스 모델 전환을 통해 글로벌 시장을 선도하기를 기원한다.

"달걀을 깨지 않고는 오믈렛을 만들 수 없다(You can't make an omelet without breaking eggs)."[64]

1. IPCC(Intergovernmental Panel on Climate Change) Climate Change 2023 Synthesis Report, https://www.ipcc.ch/report/ar6/syr/downloads/report/IPCC_AR6_SYR_LongerReport.pdf.

2. PwC, 'From stagnation to innovation: Make business model reinvention real' (2024년 5월 21일), https://www.pwc.com/gx/en/issues/c-suite-insights/make-business-model-reinvention-real.html.

3. *Harvard Business Review*, "How Winning Organizations Last 100 Years" (2018년 9월 27일), https://hbr.org/2018/09/how-winning-organizations-last-100-years.

4. *CNN*, "The last Sears in the New York area is closing. Just over a dozen remain in America" (2024년 1월 11일), https://edition.cnn.com/2024/01/11/business/sears-new-jersey-location-closing/index.html.

5. 조선일보, "'인터넷이 비디오를 죽이다'… 美 최대 대여점 블록버스터 폐업" (2013년 11월 7일), https://www.chosun.com/site/data/html_dir/2013/11/07/2013110701771.html.

6. *Harvard Business Review*, "Blockbuster Becomes a Casualty of Big Bang Disruption" (2013년 11월 7일), https://hbr.org/2013/11/blockbuster-becomes-a-casualty-of-big-bang-disruption.

7. 조선일보, "비디오 대여 시장 장악했던 블록버스터, 연체료 불만에 둔감해 고객 뺏겨" (2019년 3월 15일), https://weeklybiz.chosun.com/site/data/html_dir/2019/03/14/2019031402158.html.

8. Marc Randolph, *That Will Never Work: The Birth of Netflix and the Amazing*

Life of an Idea, Little, Brown and Company, 2019.

9. Harvard Business School Working Knowledge "Clayton Christensen's 'How Will You Measure Your Life?'" (2012년 5월 9일), https://hbswk.hbs.edu/item/clayton-christensens-how-will-you-measure-your-life.

10. *Harvard Business Review*, "Blockbuster Becomes a Casualty of Big Bang Disruption" (2013년 11월 7일), https://hbr.org/2013/11/blockbuster-becomes-a-casualty-of-big-bang-disruption.

11. 정보통신방송정책연구원, 〈넷플릭스(Netflix)의 미래 전망-재무적 관점을 중심으로〉 (2016년 12월).

12. *CNN*, "Netflix raises prices, offers streaming-only option" (2010년 11월 22일), https://money.cnn.com/2010/11/22/technology/netflix_streaming_plan/index.htm.

13. Form 10-K, https://www.sec.gov/files/form10-k.pdf.

14. 디지털 데일리, "'조금 이상하다'…배우조차 망설였던 넷플릭스 첫 오리지널 콘텐츠" (2022년 2월 15일), https://ddaily.co.kr/page/view/2022021511470572915.

15. Netflix, Letter to Shareholders, https://s22.q4cdn.com/959853165/files/doc_financials/2024/q2/FINAL-Q2-24-Shareholder-Letter.pdf.

16. *Statista*, "ver-the-top (OTT) TV and video revenue worldwide from 2010 to 2029".

17. *Independent*, "Netflix's biggest competition is sleep, says CEO Reed Hastings" (2017년 4월 19일), https://www.independent.co.uk/tech/netflix-downloads-sleep-biggest-competition-video-streaming-ceo-reed-hastings-amazon-prime-sky-go-now-tv-a7690561.html.

18. '2023 위버스 팬덤 트렌드' 보고서, https://weverse.co/news/?q=YToxOntzOjEyOiJrZXl3b3JkX3R5cGUiO3M6MzoiYWxsIjt9&bmode=view&idx=17441850&t=board.

19. 매일경제, "하이브 '위버스', 전세계 팬덤 플랫폼 최초 1억 다운로드 돌파" (2023년 7월 14일), https://www.mk.co.kr/news/it/10784676.

20. 아시아경제, "전 세계 K팝 팬 3일에 한 번 위버스 찾았다 '2023 위버스 팬덤 트렌드" (2023년 12월 21일). https://www.asiae.co.kr/article/2023122110521557338.

21. 파이낸셜뉴스. "방시혁 'K팝 점유율 2% 미만… 엔터업계 삼성, 현대되려면'" (2023년 3월 15일). https://www.fnnews.com/news/202303151209045012.

22. 머니투데이, "크리에이터 팬덤 플랫폼 '디어스' 론칭 채널 확장·서비스 고도화 추진"

(2024년 6월 24일), https://news.mt.co.kr/mtview.php?no=2024062410061014067.

23. 에너지경제연구원, "전력 부문 서비스화(as a Service) 확산과 시사점" (2020년 8월 16일), https://www.keei.re.kr/board.es?mid=a10102060000&bid=0001&act=view&list_no=82015&nPage=1.

24. 엔지, 2024 Engie Key Figures, https://www.engie.com/sites/default/files/assets/documents/2024-05/ENGIE_Key_Figures_of_2023%20%282024%20edition%29_1.pdf.

25. 엔지, 2023 Management Report and Annual Consolidated Financial Statements, https://www.engie.com/sites/default/files/assets/documents/2024-02/2023%20Management%20report%20and%20Annual%20consolidated%20financial%20statements%202.pdf.

26. 엔지 홈페이지, https://www.engie.com/en/businesses/energy-services.

27. Fortune Business Insights (2022).

28. CES Press Release, "CES 2023 on Track for Record Post-Pandemic Growth" (2022년 11월 30일), https://www.ces.tech/news/press-releases/ces-press-release.aspx?NodeID=f9d4dc93-6a93-40a9-97da-fe94749375b7.

29. Form 10-K (2023년 10월말 기준).

30. Newsweek Excellence Index 2024, https://www.newsweek.com/rankings/newsweek-excellence-index-2024 (선정 기준은 재무 성과, 고객과 직원의 만족도, 윤리적 기준과 지속 가능성 추진과 같은 사회적 책임 이행 정도 등).

31. World Resources Institute, "Creating a Sustainable Food Future: Interim Findings" (2013년 12월 2일), https://www.wri.org/research/creating-sustainable-food-future-interim-findings.

32. 한국경제, "'알아서 잡초 구별, 씨앗도 뿌려준다'…식량위기 해법 제시 [CES 2023]" (2023년 1월 6일), https://www.hankyung.com/article/202301065190i.

33. 존 디어 홈페이지, "How Blue River Technology Helps John Deere Feed the World While also Protecting it", https://www.deere.com/en/stories/featured/blue-river-and-john-deere-feed-the-world-while-protecting-it.

34. 한국경제, "트랙터도 자율주행… 농업계의 테슬라 존디어" (2023년 1월 13일), https://www.hankyung.com/article/202201136707i.

35. John Deere Operations Center, https://www.deere.com/en/technology-products/precision-ag-technology/operations-center/features.

36. 존 디어 홈페이지, https://about.deere.com/en-us/our-company-and-purpose/

technology-and-innovation.

37. John Deere Operations Center 중 Customer Stories, https://www.deere. com/en/technology-products/precision-ag-technology/operations-center/ customer-stories.

38. 2023 Business Impact Report, https://www.deere.com/assets/pdfs/common/ our-company/sustainability/business-impact-report-2023.pdf#page=7.

39. 예시는 Gen 4 CommandCenter™ Premium Activation, https://www.deere. com/en/technology-products/precision-ag-technology/guidance/gen-4-premium-activation에서 확인할 수 있다.

40. CTA, State of the Industry and Opening Keynote and John Deere, https:// videos.ces.tech/detail/video/6318240933112/cta-state-of-the-industry-and-opening-keynote-and-john-deere.

41. 엔비디아 홈페이지, https://www.nvidia.com/gtc/keynote.

42. 엔비디아 Company Overview, https://investor.nvidia.com/home/default.aspx (2024년 1월 말 기준).

43. *The New York Times*, "Nvidia Becomes Most Valuable Public Company, Topping Microsoft" (2024년 6월 18일), https://www.nytimes.com/2024/06/18/ technology/nvidia-most-valuable-company.html.

44. CNBC, "Nvidia dominates the AI chip market, but there's more competition than ever" (2024년 6월 2일), https://www.cnbc.com/2024/06/02/nvidia-dominates-the-ai-chip-market-but-theres-rising-competition-.html.

45. Meta, "Introducing Llama 3.1: Our most capable models to date" (2024년 7월 23일), https://ai.meta.com/blog/meta-llama-3-1.

46. 엔비디아 Press Release, "NVIDIA Blackwell Platform Arrives to Power a New Era of Computing" (2024년 3월 18일), https://nvidianews.nvidia.com/news/ nvidia-blackwell-platform-arrives-to-power-a-new-era-of-computing.

47. Ibid.

48. *CNBC*, "Intel unveils latest AI chip as Nvidia competition heats up" (2024년 4월 9일), https://www.cnbc.com/2024/04/09/intel-unveils-gaudi-3-ai-chip-as-nvidia-competition-heats-up-.html.

49. 삼성증권, 애널리스트 리포트, "구관이 명관인 데는 다 이유가 있다". (2023년 2월 21일).

50. *The New Stack*, "Nvidia Hones in on Apple-Like Approach to AI with CUDA" (2023년 3월 23일), https://thenewstack.io/nvidia-hones-in-on-apple-like-

approach-to-ai-with-cuda/?utm_referrer=https%3A%2F%2Fwww.google.
com%2F.

51. *The New York Times*, "Nvidia's Big Tech Rivals Put Their Own A.I. Chips on the Table" (2024년 1월 29일), https://www.nytimes.com/2024/01/29/technology/ai-chips-nvidia-amazon-google-microsoft-meta.html.

52. 엔비디아 Annual Review, https://s201.q4cdn.com/141608511/files/doc_financials/2024/ar/NVIDIA-2024-Annual-Report.pdf.

53. PwC, 'From stagnation to innovation: Make business model reinvention real' (2024년 5월 21일), https://www.pwc.com/gx/en/issues/c-suite-insights/make-business-model-reinvention-real.html.

54. *Forbes*, "The New Intel: How Nvidia Went From Powering Video Games To Revolutionizing Artificial Intelligence" (2016년 11월 30일), https://www.forbes.com/sites/aarontilley/2016/ 11/30/nvidia-deep-learning-ai-intel.

55. *BBC*, "Nike to stop direct sales through Amazon" (2019년 11월 14일), https://www.bbc.com/news/business-50416325.

56. 이코노미스트, "나이키가 유통공룡 '아마존'을 버린 까닭은" (2022년 3월 12일), https://economist.co.kr/article/view/ecn202203120038.

57. 2024년 7월 31일 현재.

58. *Forbes*, "Nike Stock Tanks 20% To 4-Year Low: Why The Sneaker Giant's Struggling" (2024년 6월 28일), https://www.forbes.com/sites/dereksaul/2024/06/28/nike-stock-tanks-almost-20-to-4-year-low-why-the-sneaker-giants-struggling.

59. *CNBC*, "Why direct-to-consumer darlings such as Casper, Allbirds and Peloton are now struggling" (2024s년 2월 10일), https://www.cnbc.com/2024/02/10/why-direct-to-consumer-darlings-casper-allbirds-peloton-now-struggle.html.

60. PwC Strategy&, 'The Agency Distribution Model' (2022년 5월 9일), https://www.strategyand. pwc.com/de/en/industries/automotive/the-agency-distribution-model.html.

61. *Automotive News Europe*, "Ford said to drop agency retail model in Europe" (2024년 4월 8일), https://europe.autonews.com/retail/ford-drops-agency-retail-model-europe-after-initial-2026-delay.

62. *CarDealer*, "Internal system 'likely cause' as VW Group delays agency sales

until at least 2024" (2023년 3월 2일), https://cardealermagazine.co.uk/publish/
exclusive-internal-system-likely -cause-as-vw-group-delays-agency-sales-
until-at-least-2024/280611.

63. PwC, 'From stagnation to innovation: Make business model reinvention real'
(2024년 5월 21일).

64. 영미권 속담.

화이트 스페이스 전략

1판 1쇄 인쇄 2024년 10월 25일
1판 1쇄 발행 2024년 11월 1일

지은이 마크 W. 존슨
옮긴이 PwC컨설팅
펴낸이 김영곤
펴낸곳 ㈜북이십일 21세기북스

정보개발팀장 이리현
정보개발팀 이수정 강문형 최수진 김설아 박종수
외주편집 신혜진
디자인 표지 럼디자인   본문 김수미
출판마케팅팀 한충희 남정한 나은경 최명렬 한경화
영업팀 변유경 김영남 강경남 최유성 전연우 황성진 권채영 김도연
제작팀 이영민 권경민
해외기획실 최연순 소은선 홍희정

출판등록 2000년 5월 6일 제406-2003-061호
주소 (10881) 경기도 파주시 회동길 201(문발동)
대표전화 031-955-2100 **팩스** 031-955-2151 **이메일** book21@book21.co.kr

ⓒ 마크 W. 존슨, 2024
ISBN 979-11-7117-856-8 03320
KI신서 13078

㈜북이십일 경계를 허무는 콘텐츠 리더

21세기북스 채널에서 도서 정보와 다양한 영상자료, 이벤트를 만나세요!
페이스북 facebook.com/jiinpill21 **포스트** post.naver.com/21c_editors
인스타그램 instagram.com/jiinpill21 **홈페이지** www.book21.com
유튜브 youtube.com/book21pub